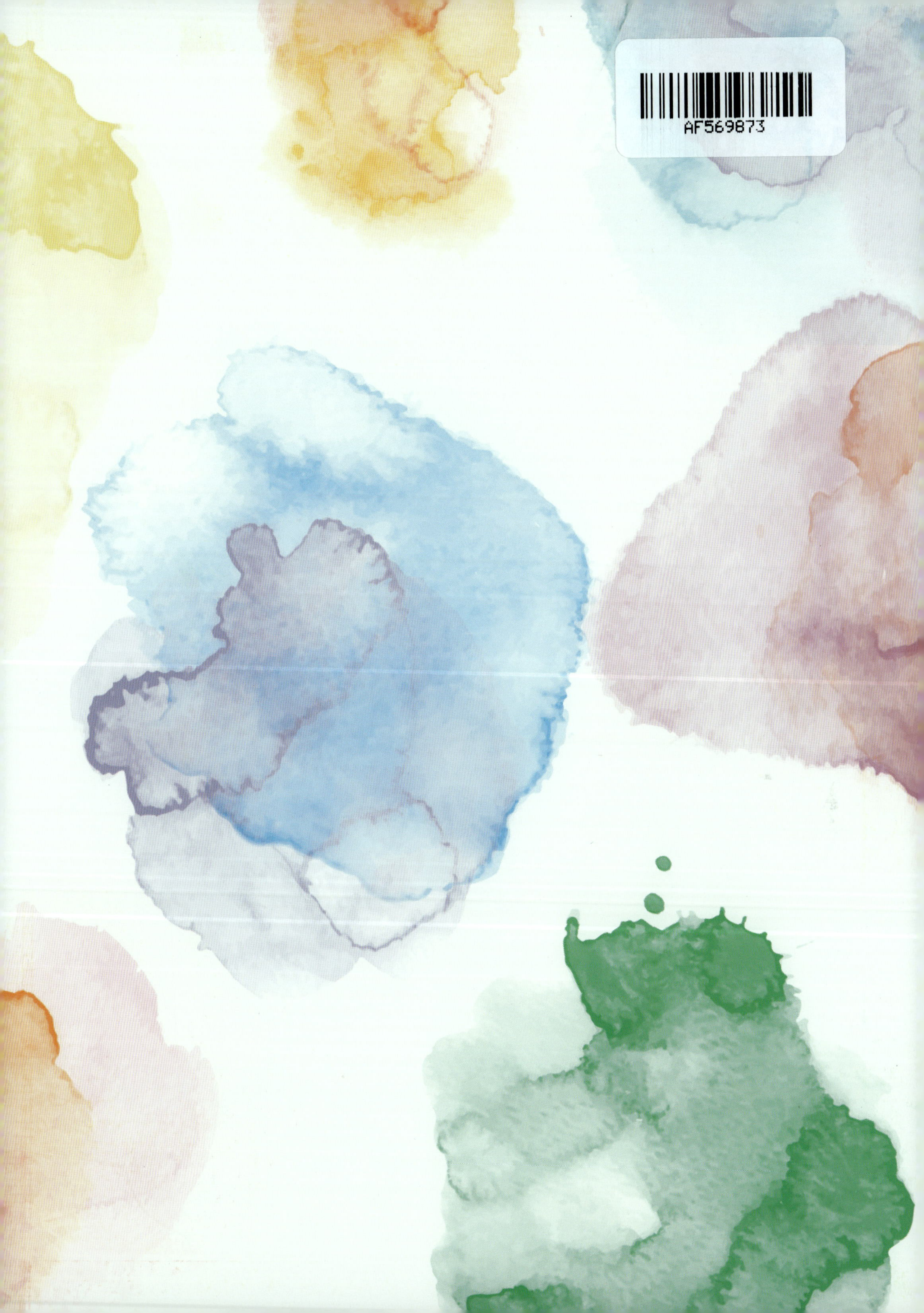

@ BUNTER BASTELN

DAS GROSSE KREATIVE FAMILIENBUCH

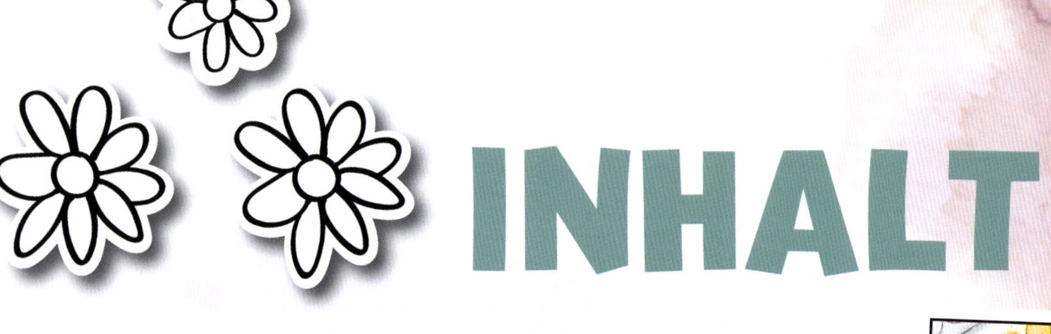

INHALT

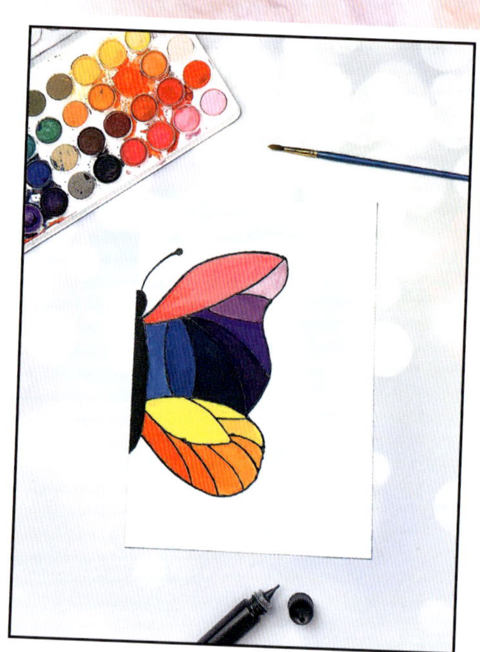

Vorwort 9
Material 10

KREATIV MIT WASSER- UND ACRYLFARBEN

Der Farbkreis 14
Fröhliches Quallen-Pustebild 16
Baum stempeln mit Luftpolsterfolie 18
Wasserfarbenblume auf Leinwand 20
Schmetterling mit Kleber-Kontur 22
Tape-Resist-Familienbild 24
Pinguin-Handabdruck 26
Silhouetten-Kunst mit Salz 28
Nachthimmel mit Blattgold 30

KREATIV MIT PAPIER

Schnipselblumen 34
Schmetterlinge und Tulpen 36
Bunte Papiergirlande 38
Pappteller-Blumenkranz 40
Tiere aus Papierfächern 42
3D-Grußkarten 44
Funkelnde Glitzerquallen 46
Papierlampions 48
Strohhalm-Blume 50
Herzen und Regenbogen aus Papierstreifen 52

KREATIV MIT NATURMATERIAL

Blütenbilder hämmern 56
Rehbock aus Laubschnipseln 58
Frostige Eislichter 60
Blumenwindlicht 62
Glitzerndes Eicheldiadem 64
Blumenstrauß 66
Duftende Blütenseife 68
Blätterdruck mit Strukturpaste 70
Bunte Dot-Mandala-Steine 72

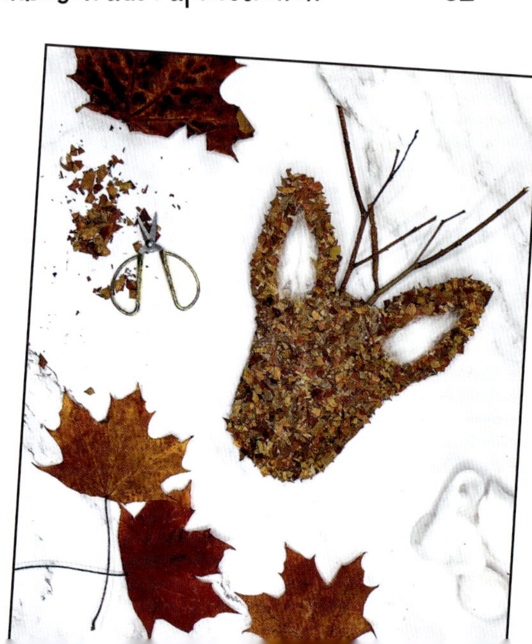

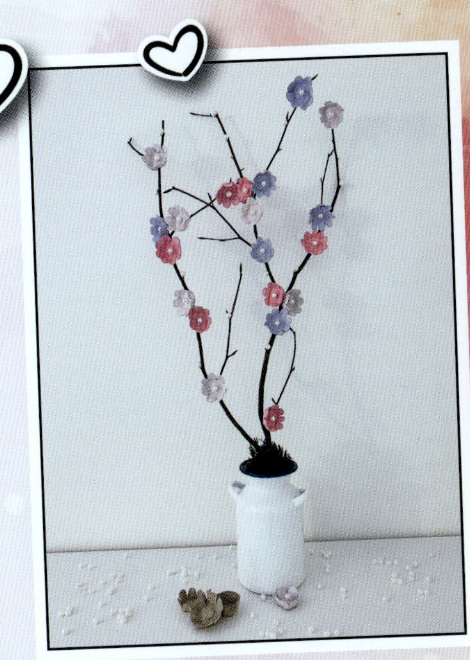

KREATIVE UPCYCLING-IDEEN

Coole Stempelwalze 76
Regenbogen-Stiftehalter 78
Upcycling-Kerzenständer 80
Lustige Klorollentiere 82
Eierpappen-3D-Kunst 84
Tierische Lampe 86
Blühende Müslidosen 88
Mosaikspiegel 90

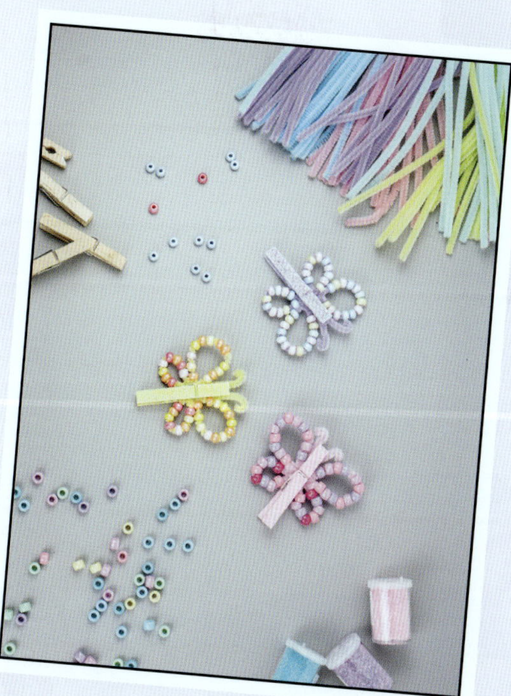

KREATIV IM FRÜHLING UND ZU OSTERN

Eier-Fensterbild 94
Stempelhäschen 96
Samenbomben aus Pappmaché 98
Osterhasenstecker 100
Fächer-Hasen 102
Perlenschmetterlinge 104
Besteckhalter aus Filz 106
Blumengrüße aus Papier 108

KREATIV IM WINTER UND ZU WEIHNACHTEN

Rentier-Adventskalender 112
Bedrucktes Geschenkpapier 114
Glitzernde Christbaumkugeln 116
Pappteller-Pinguin 118
Handmade-Geschenktüten 120
Weihnachtsgrußkarten 122
Schneeflocken aus Kaltporzellan 124
Lustige Geschenkanhänger 126
Silvester-Cake-Topper 128

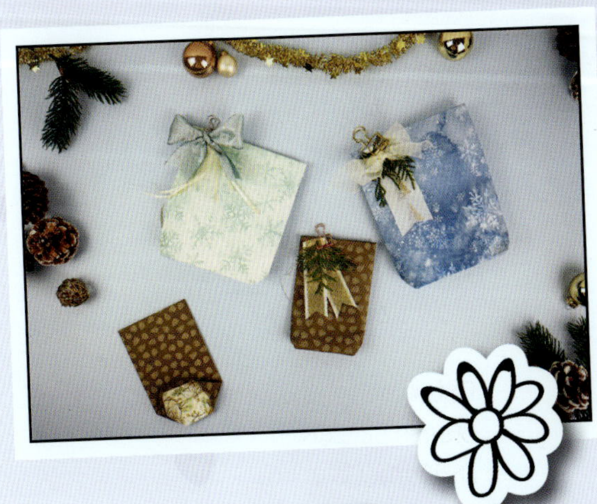

VORLAGEN 130

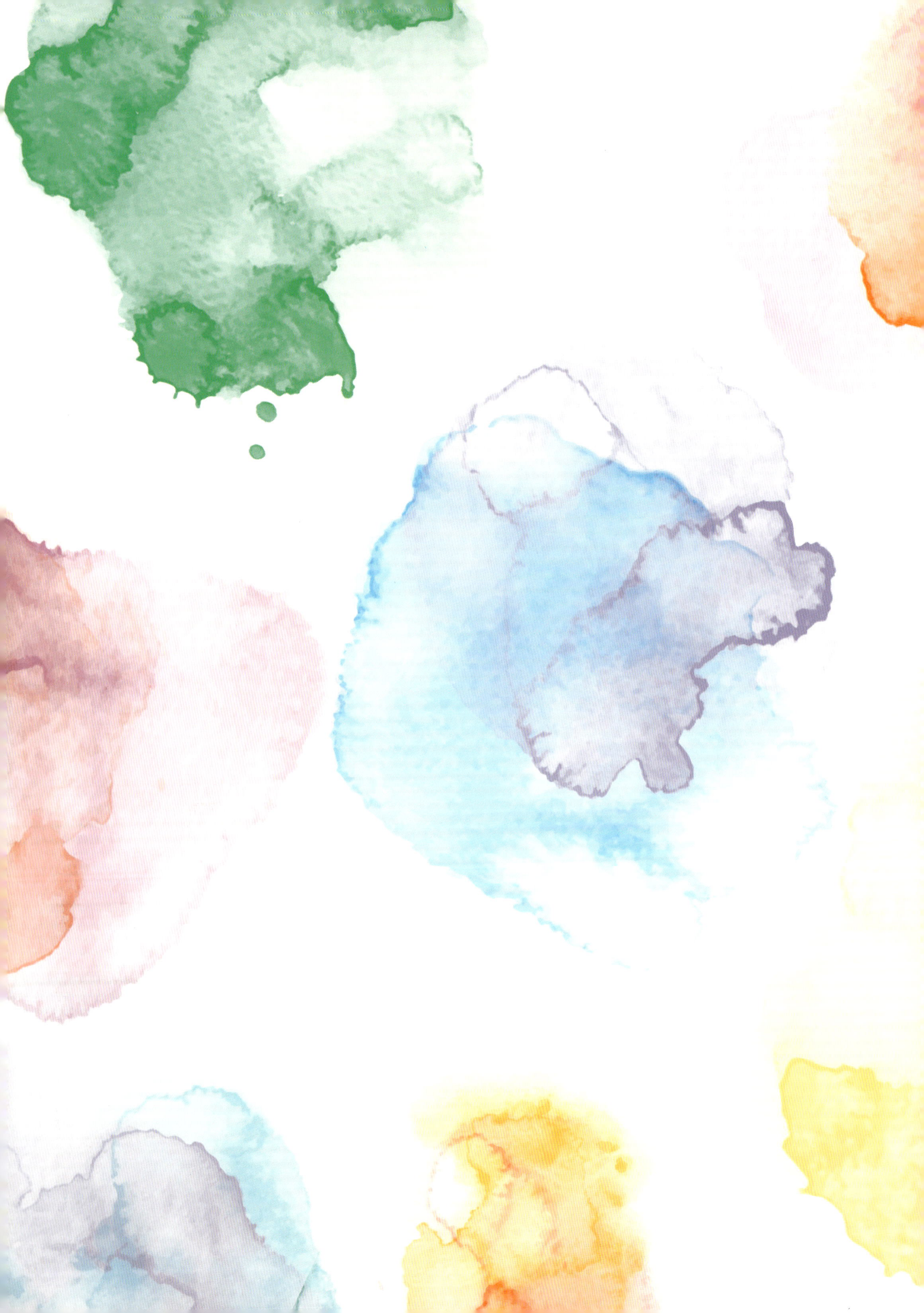

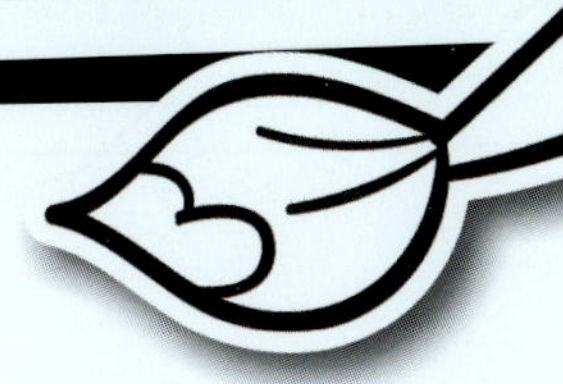

Hallo!

Ich bin Nele von **@bunterbasteln** und bastele seit meiner Kindheit leidenschaftlich gerne. Papier, Farben, Glitzer und all die anderen Materialien haben es mir schon als Kind angetan. Und auch verschiedenste Techniken auszuprobieren und mich an neue Dinge heranzuwagen, reizt mich seit eh und je.

Auf Instagram teile ich meine Ideen als Videos und Bilder, werde aber immer wieder danach gefragt, ob es diese oder jene Anleitung nicht auch etwas ausführlicher gibt – und genau aus diesem Gedanken heraus ist dieses Buch entstanden: für alle, denen kleine Bilder aus dem Internet nicht reichen und die beim Basteln viel lieber eine Schritt-für-Schritt-Anleitung vor sich liegen haben.

Neben einigen meiner beliebtesten Ideen von Instagram findet ihr in diesem Buch viele, viele neue Ideen für Bastler und Bastlerinnen jeden Alters: von einfachen Bastelprojekten für Kleinkinder, bei denen selbst Zweijährige schon eifrig mithelfen können, bis zu Ideen für geübte Kreative, ist für jeden etwas dabei.

Gemeinsam mit Kindern zu basteln ist nicht nur ein schöner Zeitvertreib, sondern fördert die Kinder zudem in den unterschiedlichsten Bereichen: Die Hand-Auge-Koordination wird trainiert, ebenso die Grob- und Feinmotorik. Gleichzeitig wird die Bindung zu den Eltern und Geschwistern gestärkt und ganz nebenbei der Wortschatz erweitert.

Ich freue mich, wenn dieses Buch dazu beiträgt, dass in euren Familien ein bisschen mehr gebastelt wird und ihr so eine schöne und lustige Zeit miteinander verbringt. Es wäre toll, wenn ihr eure entstandenen Werke bei Instagram unter dem Hashtag #bunterbasteln teilt oder mich mit @bunterbasteln auf euren kreativen Projekten verlinkt.

Bunte Grüße,
Nele

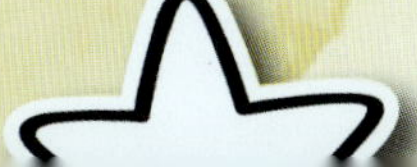

MATERIAL

Die Frage, die mir am häufigsten gestellt wird, ist sicherlich, welche Materialien man unbedingt zu Hause haben sollte. Was gehört zu einer „Bastel-Grundausstattung“ dazu?

Nachdem ich nun seit bald fünf Jahren hauptberuflich bastle und wöchentlich drei bis sechs Projekte umsetze, kann ich eines mit Sicherheit sagen: 90% der Dinge, die man zum Basteln kauft, benötigt man nicht zwingend. Einige Dinge sind hingegen unverzichtbar und werden auch für die meisten Projekte in diesem Buch benötigt. Dazu gehören:

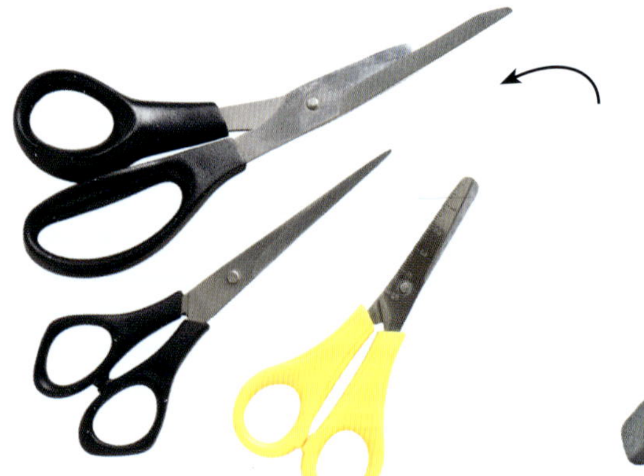

Schere: Ausschneiden macht nur mit einer gut funktionierenden Schere Spaß! Für jüngere Kinder solltet ihr aus Sicherheitsgründen Scheren mit einer abgerundeten Spitze verwenden. Prinzipiell gilt: Jüngere Kinder sollten nur unter Aufsicht von Erwachsenen mit Scheren herumhantieren!

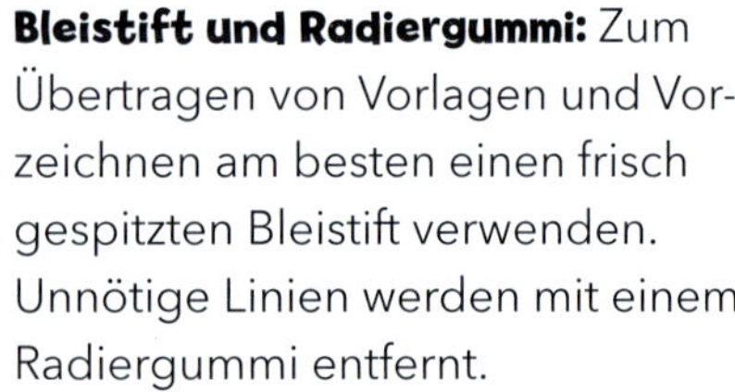

Bleistift und Radiergummi: Zum Übertragen von Vorlagen und Vorzeichnen am besten einen frisch gespitzten Bleistift verwenden. Unnötige Linien werden mit einem Radiergummi entfernt.

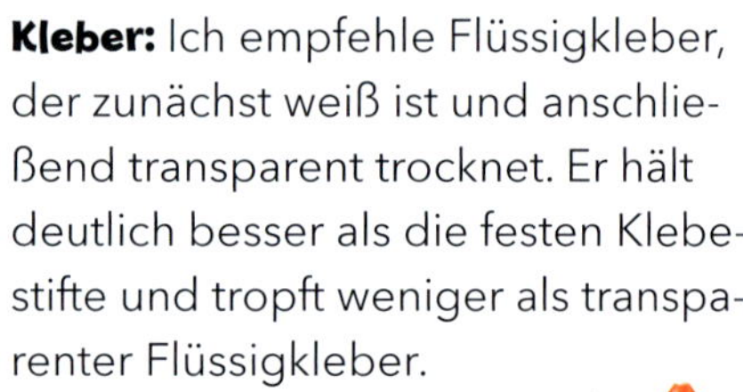

Kleber: Ich empfehle Flüssigkleber, der zunächst weiß ist und anschließend transparent trocknet. Er hält deutlich besser als die festen Klebestifte und tropft weniger als transparenter Flüssigkleber.

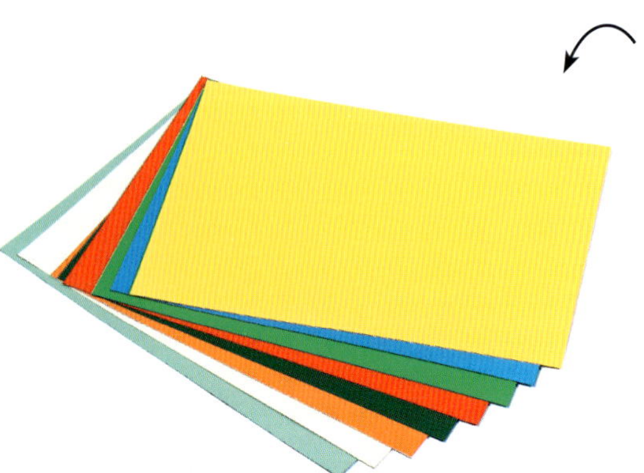

Tonpapier in verschiedenen Farben: Auf jeden Fall sollten die Farben Gelb, Orange, Rot, Grün, Blau, Lila, Braun und Schwarz enthalten sein.

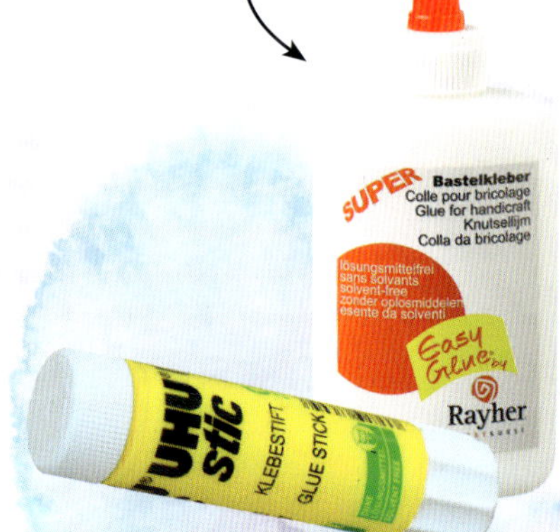

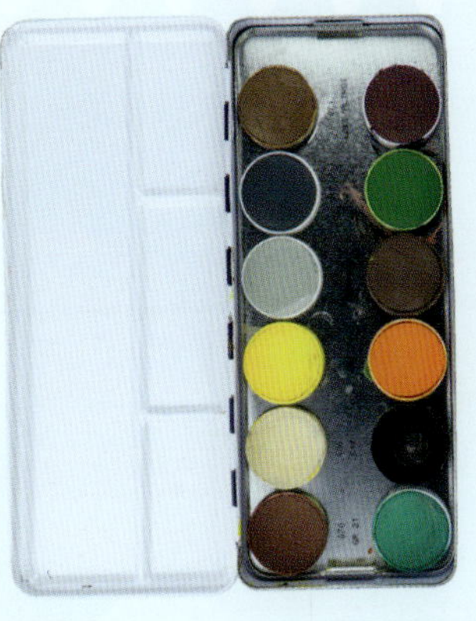

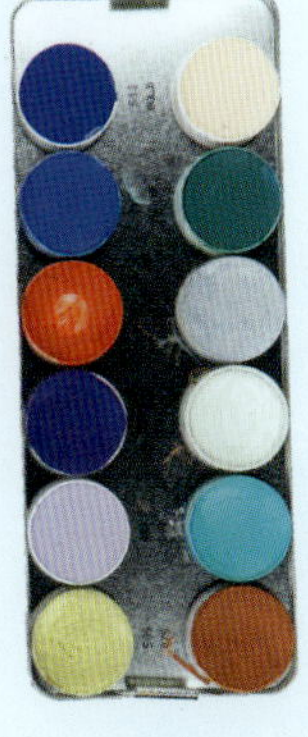

Wasserfarbkasten: Wasserfarben gibt es in kleineren und größeren Kästen in den unterschiedlichsten Farben. Sie sind leicht abwaschbar und lassen sich auch problemlos aus Kleidung herauswaschen. Nach der Benutzung wischt ihr den Kasten einfach mit einem feuchten Tuch ab.

Acrylfarben: Für Kinder idealerweise im Töpfchen! Die Farbe ist deckender als Wasserfarbe, lässt sich aber nur im feuchten Zustand noch abwaschen. Zum Schutz der Kleidung am besten einen Malerkittel oder Papas altes Hemd drüberziehen!

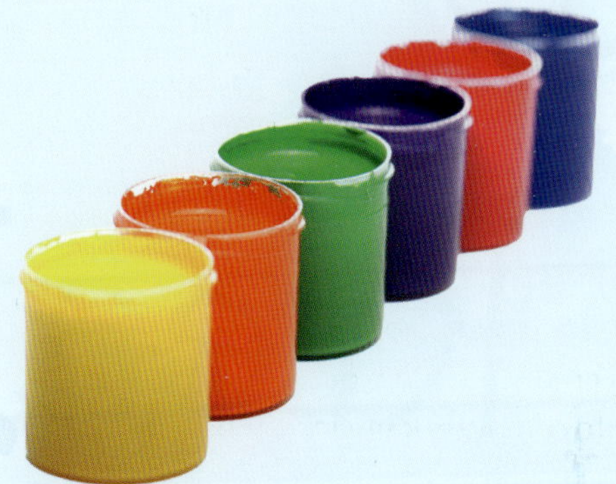

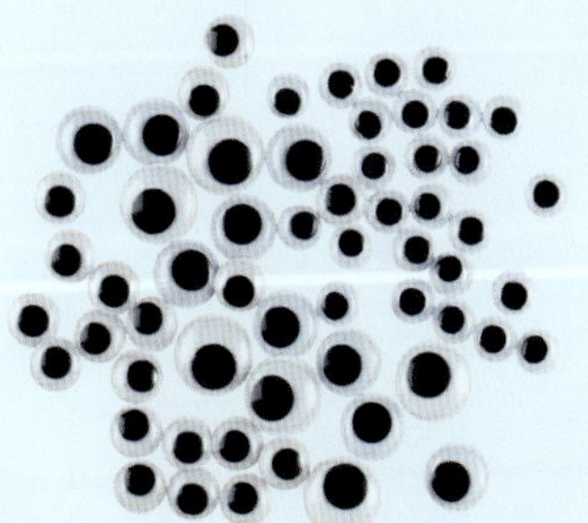

Wackelaugen: Kann man sehr oft verwenden und Kinder lieben sie! Es gibt sie entweder selbstklebend oder ihr müsst selbst etwas Kleber zum Befestigen auftragen.

Pinsel in verschiedenen Größen: Je nach Projekt eignen sich mal feine Haarpinsel oder dickere Borstenpinsel besser.

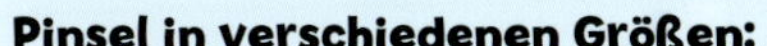

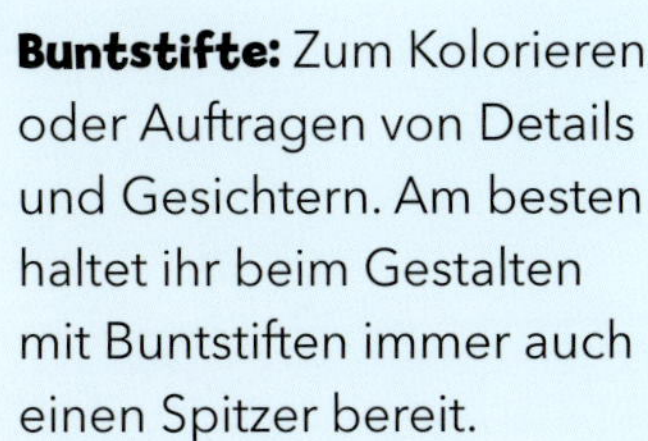

Buntstifte: Zum Kolorieren oder Auftragen von Details und Gesichtern. Am besten haltet ihr beim Gestalten mit Buntstiften immer auch einen Spitzer bereit.

Mit diesem Sortiment werdet ihr deutlich mehr als die Hälfte der Projekte in diesem Buch umsetzen können. Für die übrigen Projekte werden zum Teil Dinge benötigt, die wir in der Natur, im Haushalt oder sogar im Müll finden. Nur für einen kleinen Teil der Bastelprojekte benötigt ihr spezielles Bastelzubehör wie zum Beispiel Chenille-Draht (Pfeifenputzer), Origamipapier, Garn oder Wolle.

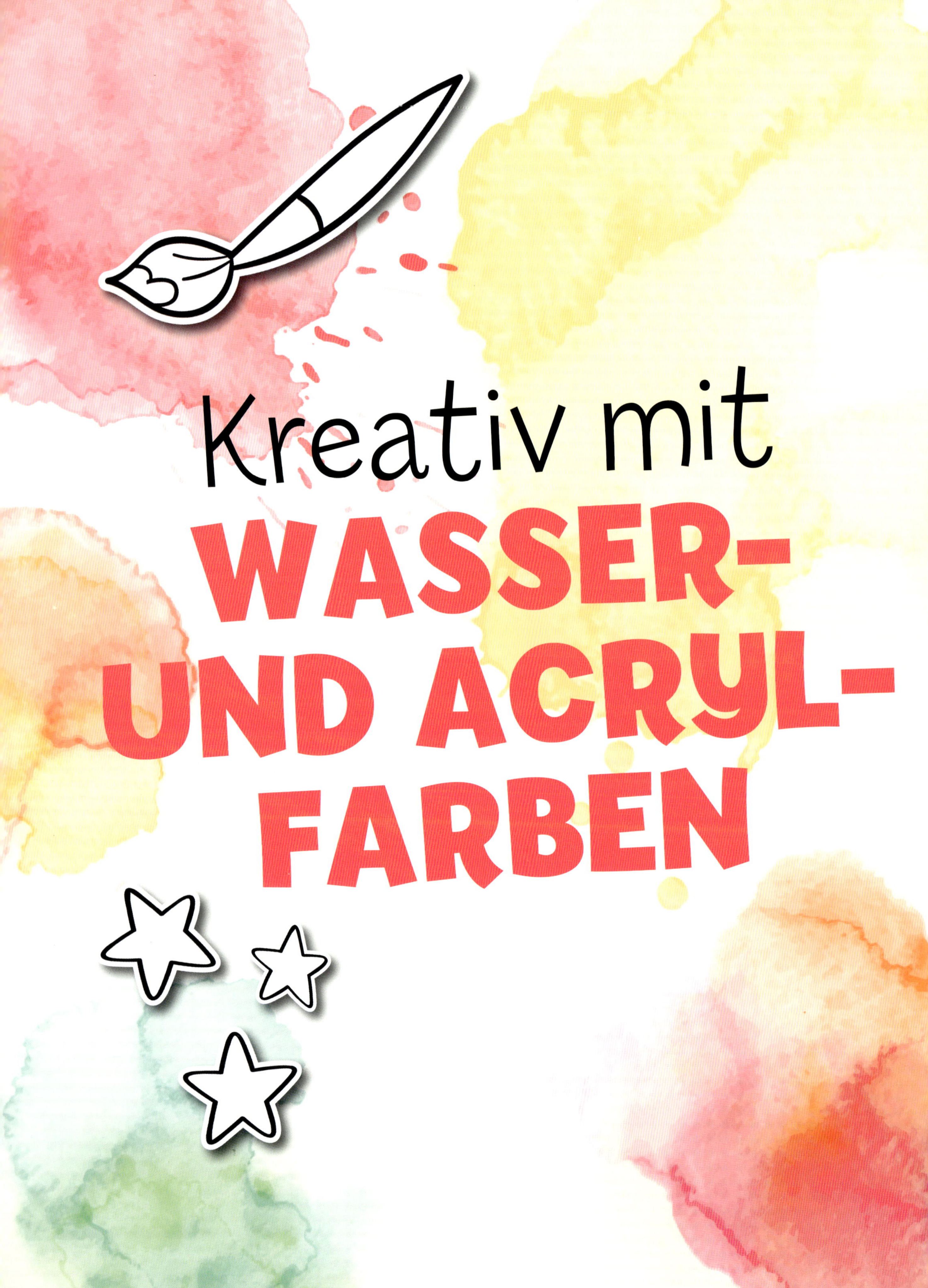
Kreativ mit
WASSER-
UND ACRYL-
FARBEN

Ich liebe Wasserfarben sehr und nutze sie auch wahnsinnig gerne, wenn ich mit Kindern bastle. Warum? Die Farben sind super vielseitig, sie können durch Hinzufügen von mehr oder weniger Wasser von blass bis super knallig verändert werden, Farbkleckse lassen sich leicht aus- und abwaschen und Kinder können Farben nach Lust und Laune mischen, ohne dass danach etwas entsorgt werden muss. Der Farbkasten kann am Ende einfach mit einem feuchten Tuch gereinigt werden und alles ist wieder wie neu.

Acrylfarben lassen sich hingegen nur auswaschen, solange sie noch feucht sind, haben dafür aber eine deutlich höhere Deckkraft und sind auch gut geeignet um Holz, Kunststoff und Steine zu bemalen.

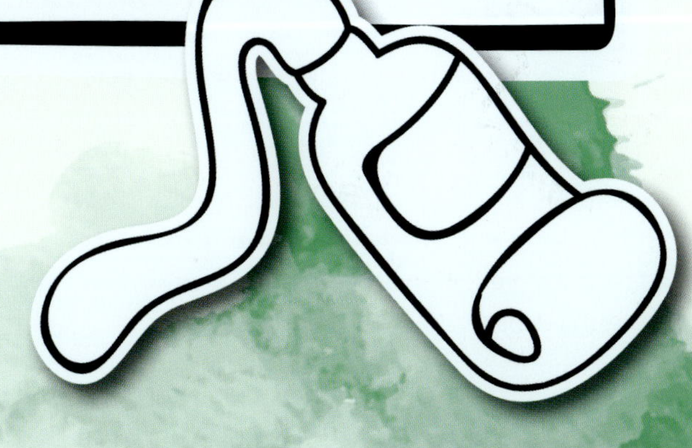

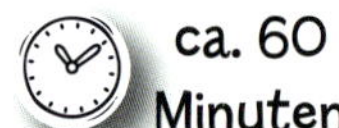

DER FARBKREIS

Bei dieser kreativen Übung geht es darum, ein allgemeines Verständnis für Farben zu entwickeln: Welche Farben sind sich ähnlich? Wie kann man Farben mischen? Außerdem ist es eine tolle Übung, um die Farben des Farbkastens zunächst auszuprobieren.

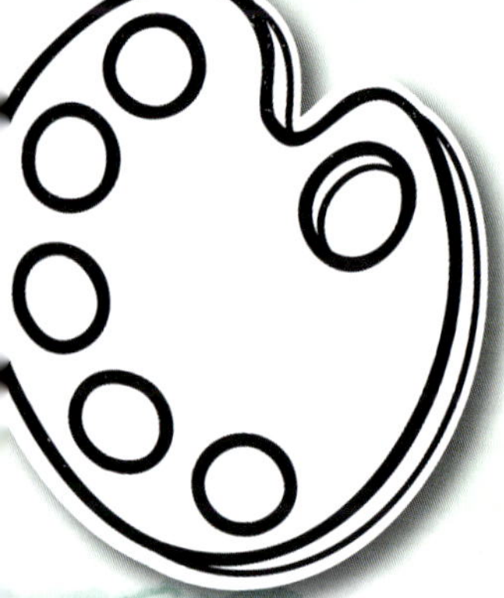

MATERIAL
Aquarellpapierkreis in Weiß, ø 25 cm • Farbkasten • Pinsel • Wasser • Lineal • Bleistift • Radiergummi

1 Faltet den Aquarellpapierkreis einmal in der Mitte und faltet ihn wieder auf. An dieser Mittellinie könnt ihr euch nun orientieren, um den Kreis in 12 gleich große Tortenstücke einzuteilen. Zieht die Linien der Tortenstücke sanft mit einem Bleistift nach. Beachtet, dass man die Linien später sehen kann, wenn sie zu dunkel sind.

2 Nun wird jedes Tortenstück in einer anderen Farbe des Farbkreises angemalt. Die Farben dürfen sich dabei überlappen und vermischen – so wird deutlich, welche Farben beim Mischen entstehen.

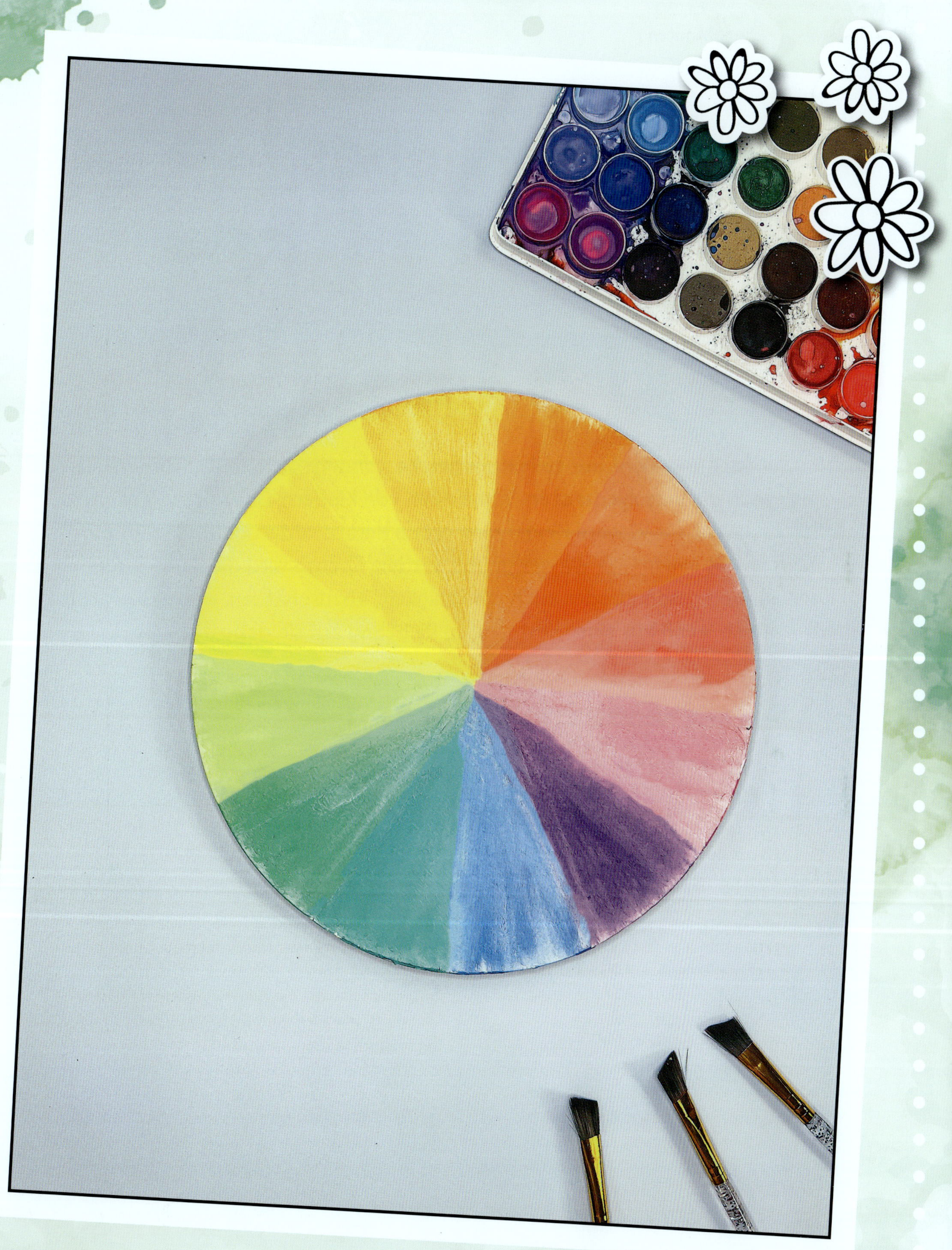

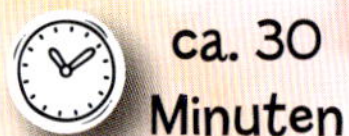

ca. 30 Minuten

Fröhliches QUALLEN-PUSTEBILD

Pustebilder sind nicht nur tolle Kunstwerke, sondern gleichzeitig fördern sie spielerisch die verschiedensten Fähigkeiten von Kindern: Das Pusten aus dem Strohhalm ist für jüngere Kinder eine große Herausforderung und kann zum Beispiel mit einem Glas Wasser geübt werden. Ebenso wird die Hand-Auge-Koordination geschult oder auch die Fähigkeit, abzuschätzen, wohin die Farbe fließt, wenn aus einer bestimmten Richtung auf sie gepustet wird.

MATERIAL

Aquarellpapier in Weiß, A4 • Wasserfarben • Pinsel in verschiedenen Größen • Fineliner in Schwarz, 0,5 mm stark • Strohhalm • Wasser

Vorlage: Seite 143

1 Für die Körper der Quallen rühren wir zunächst die Wasserfarbe an: Dazu nehmen wir mit einem breiten Pinsel mehrmals Wasser auf und geben es auf die Farbe. Die Farbe sollte richtig in Wasser „schwimmen". Nun wird kräftig gerührt, bis das Wasser die Farbe angenommen hat.

2 Wir geben nun Farbe auf das Papier, indem wir sie mehrmals mit dem Pinsel aufnehmen und auf einer Stelle auf dem Blatt auftragen. Wir können dabei nur eine Farbe nutzen oder schon verschiedene Farben miteinander kombinieren. Am Ende sollte es auf unserem Blatt einen richtig flüssigen Farbklecks geben.

3 Dann kommt der Strohhalm zum Einsatz. Wir pusten ordentlich durch den Strohhalm und halten ihn dabei so, dass von unserem Farbklecks „Tentakel" in eine Richtung gepustet werden. Für besonders viele Tentakel kann man zwischendurch immer mal wieder neue Farbe auf das Blatt auftragen.

4 Wenn wir mit der Form unserer Quallen zufrieden sind, lassen wir die Farbe gut trocknen. Danach zeichnen wir noch die Umrisse der Quallenkörper nach.

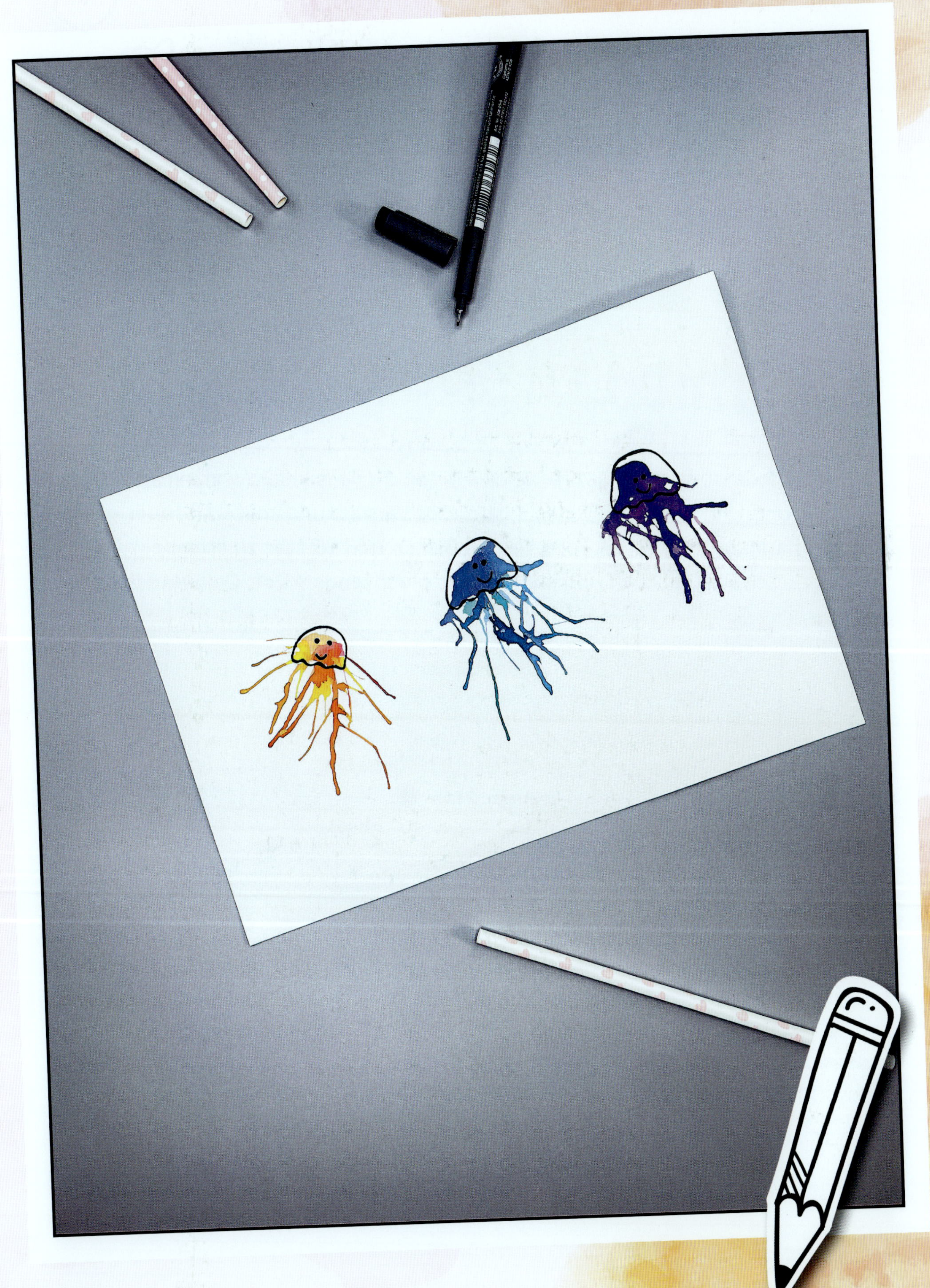

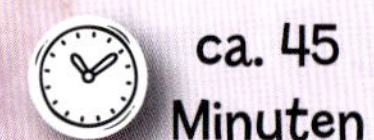

ca. 45 Minuten

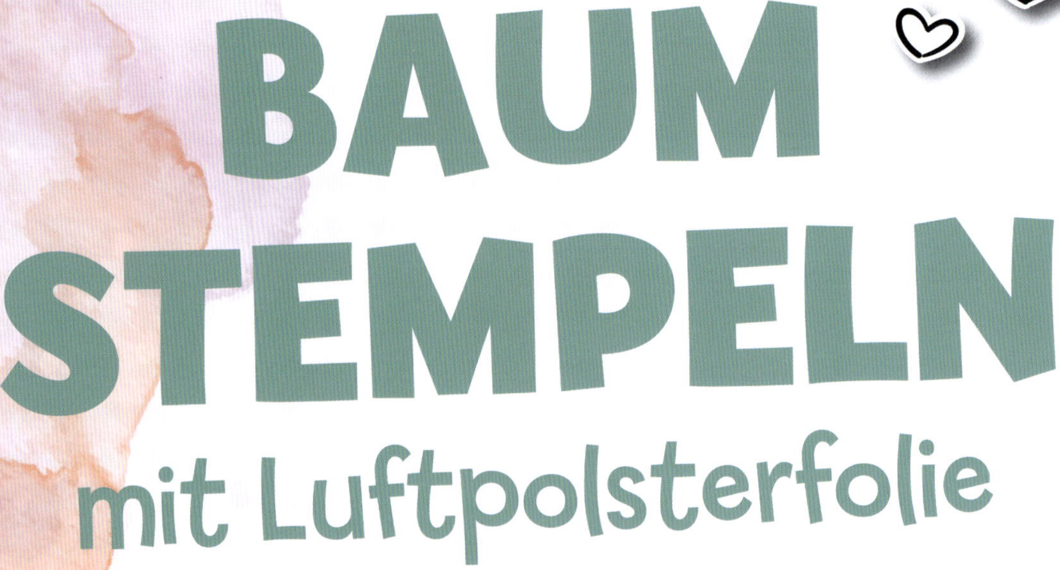

BAUM STEMPELN mit Luftpolsterfolie

Luftpolsterfolie ist einfach faszinierend! Wie toll die Folie knallt, wenn man sie drückt und quetscht! Und auch zum Basteln ist dieses Verpackungsmaterial super geeignet. Für diesen Baum nutzen wir die Folie, um die Blüten und Blätter zu stempeln: Im Frühling in zarten Pastelltönen und im Herbst in leuchtendem Rot, Gelb und Grün.

MATERIAL

Tonpapier in Blau, A4 • Acrylfarbe in Braun • außerdem zusätzlich Acrylfarbe im Frühling in Weiß, Rosa, Gelb; im Sommer in Grüntönen; im Herbst in Rot, Gelb und Grün; im Winter in Weiß • Luftpolsterfolie • Pinsel • Schere • Bleistift • Radiergummi

Vorlage: Seite 132

1 Als erstes übertragen wir die Vorlage für den Baum auf das blaue Tonpapier. Den Baum mit brauner Farbe anmalen und komplett trocknen lassen.

2 Wenn der Baum trocken ist, schneiden wir aus Luftpolsterfolie einen Kreis zu. Dabei sollte der Durchmesser in etwa der Größe der Handfläche der stempelnden Person entsprechen.

3 Die Folienblasen werden nun mit der passenden Acrylfarbe für die gewünschte Jahreszeit bepinselt. Die Farben können sich ruhig dabei vermischen.

4 Nun wird die Folie mit der eingefärbten Seite auf den Baum gedrückt. Einmal über die komplette Rückseite der Folie streichen und diese dann vorsichtig senkrecht nach oben abziehen. Nun wird die Folie erneut mit Farbe bemalt. Diesen Schritt wiederholen, bis die Äste und auch der Boden ausreichend bedeckt sind.

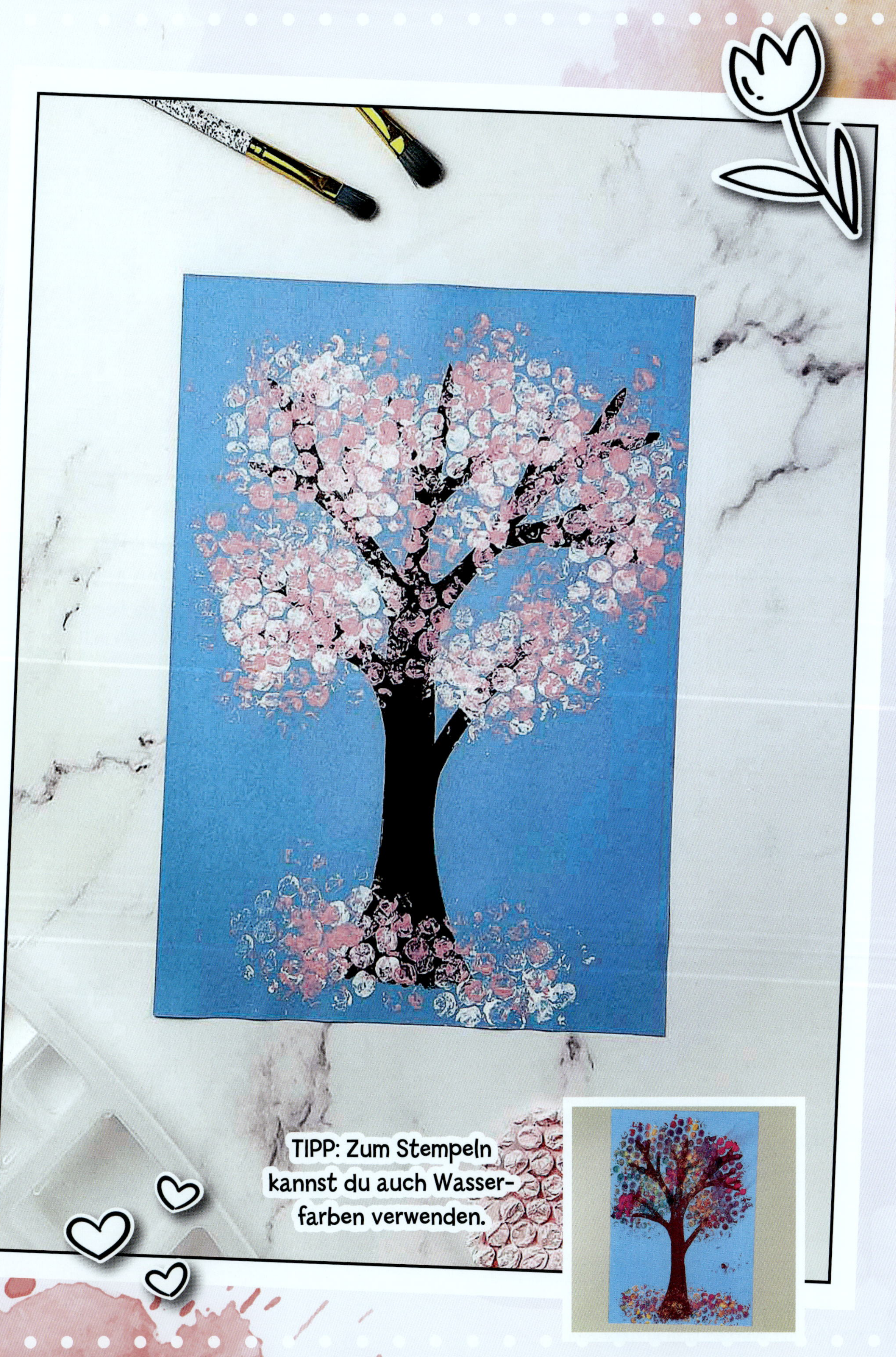

TIPP: Zum Stempeln kannst du auch Wasserfarben verwenden.

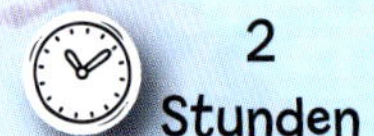

2 Stunden

WASSER-FARBENBLUME auf Leinwand

Auf dem schwarzen Hintergrund kommen die Wasserfarben-Blütenblätter besonders gut zur Geltung und leuchten förmlich. Wer mag, kann auch bereits bemalte Blätter verwenden, die sonst nur in der Schublade liegen würden.

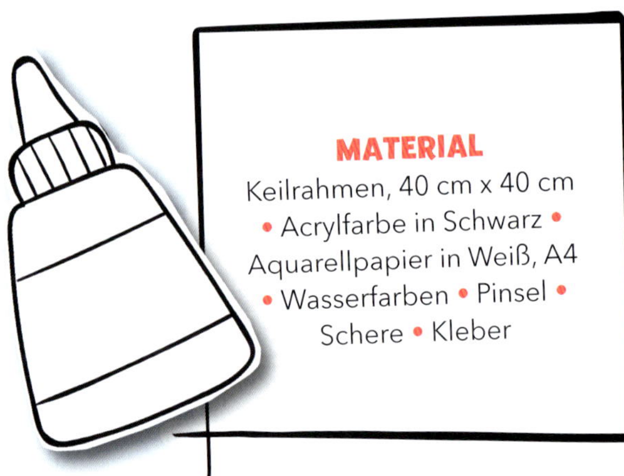

MATERIAL

Keilrahmen, 40 cm x 40 cm • Acrylfarbe in Schwarz • Aquarellpapier in Weiß, A4 • Wasserfarben • Pinsel • Schere • Kleber

1 Für die Blütenblätter bemalen wir das Aquarellpapier mit Wasserfarben und lassen es gut trocknen. Der Effekt wird am eindrucksvollsten, wenn wir die Farbe stark mit Wasser verdünnen und eher helle Farben wählen (Lila, Hellblau, Rosa etc.). Für die Blütenmitte malen wir zudem einen Kreis in Gelb oder Orange an.

2 Wir grundieren dann den Keilrahmen inklusive der Kanten in Schwarz und lassen die Farbe gut trocknen.

3 In der Zwischenzeit schneiden wir das getrocknete Aquarellpapier zu: Aus der orange bzw. gelb bemalten Fläche schneiden wir einen Kreis mit einem Durchmesser von etwa 2,5 bis 3 cm aus. Aus dem restlichen Papier schneiden wir Blütenblätter in verschiedenen Größen aus.

4 Wenn die Farbe auf dem Keilrahmen getrocknet ist, legen wir aus der Blütenmitte und den -blättern die Blume. Dazu kommt die Blütenmitte unten links in die Ecke und die Blütenblätter werden nach oben hin rundherum um die Mitte angeordnet. Wenn euch die Anordnung der Blume gefällt, werden alle Teile mit Kleber festgeklebt.

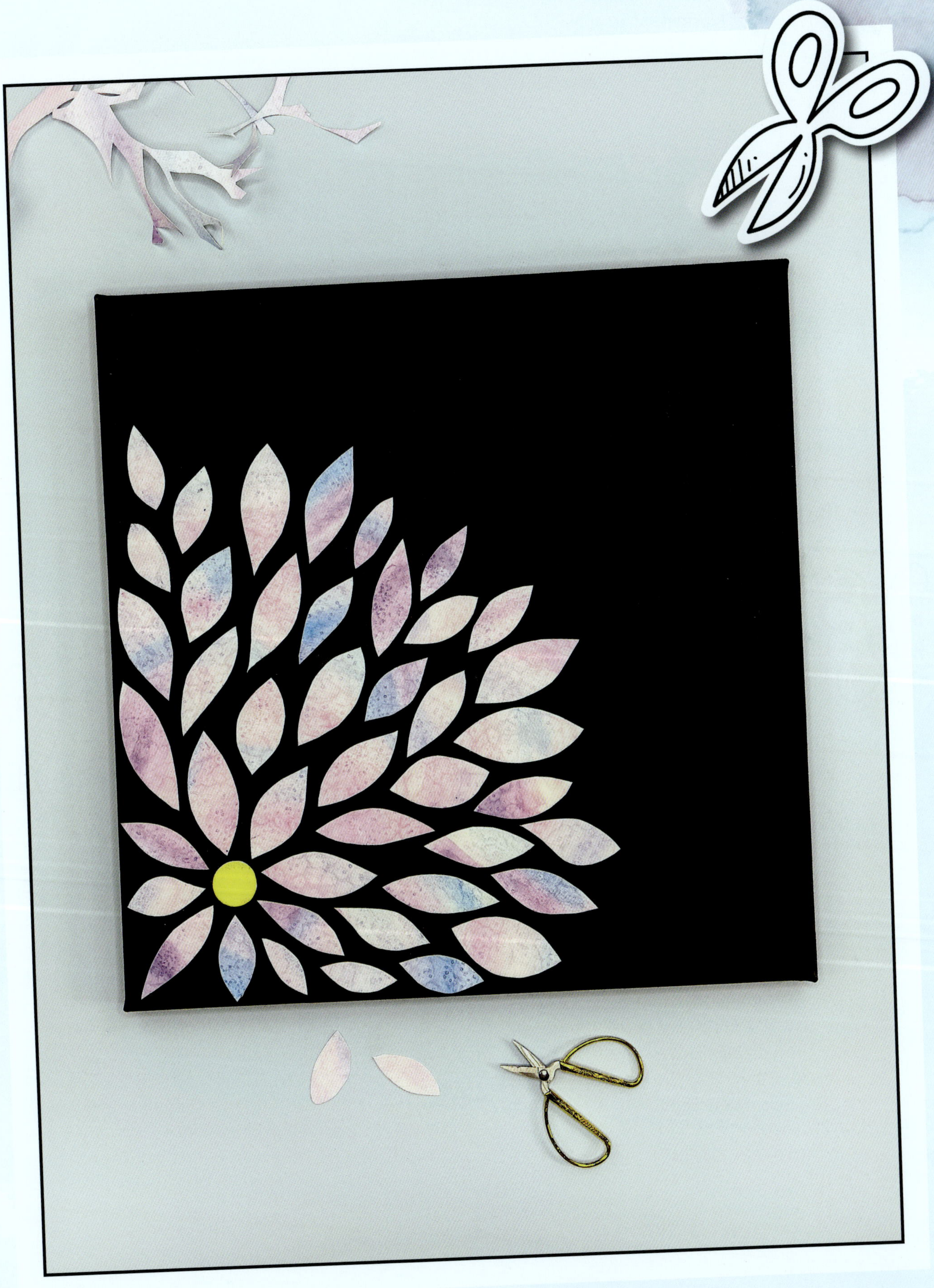

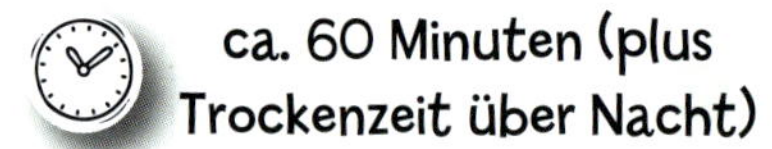

ca. 60 Minuten (plus Trockenzeit über Nacht)

SCHMETTERLING mit Kleber-Kontur

Das Besondere an diesem Schmetterling ist seine Kontur: Anstelle eines normalen schwarzen Stifts benutzen wir ein schwarzes Klebstoffgemisch. Was dieses Gemisch so besonders macht? Es lässt sich durch die Wasserfarben nicht aufweichen und bietet ihnen einen festen Rahmen, über den sie nicht verlaufen und sich nicht vermischen können.

MATERIAL

Klebstoff, der nach dem Trocknen nicht mehr klebrig ist (z. B. Vinylkleber, Art Potch etc.) • Acrylfarbe in Schwarz • Flasche mit großer Öffnung und Tülle (z. B. leerer Deko-Pen, leere Window-Color-Flasche, manchmal kann die Flasche vom Kleber selbst verwendet werden) • Aquarellpapier in Weiß, A4 • Farbkasten • Pinsel • Wasser • Bleistift • Radiergummi

Vorlage: Seite 133

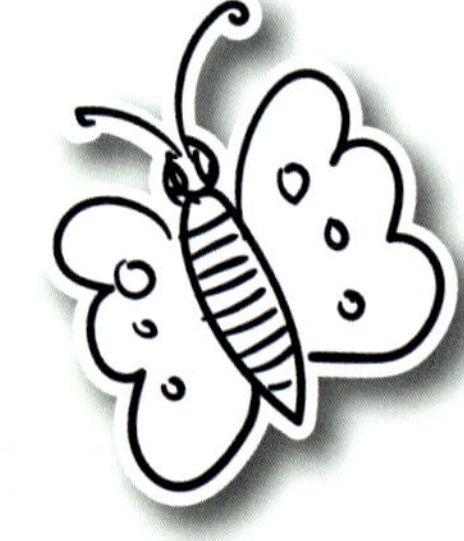

1 Zunächst stellen wir das schwarze Klebergemisch her: Dafür vermischen wir zwei Teile Kleber mit einem Teil schwarzer Acrylfarbe, bis eine homogene Masse entsteht. Diese Masse füllen wir nun in die Flasche mit Spritztülle (falls die Flasche des Klebers dafür geeignet ist, kann die schwarze Farbe direkt zum Kleber gefüllt und dort gut vermischt werden).

2 Nun übertragt ihr die Vorlage für den Schmetterling mit Bleistift auf ein Blatt Aquarellpapier. Die Bleistiftlinien werden dann mit dem schwarzen Kleber nachgezogen. Die Kontur am besten über Nacht trocknen lassen.

3 Wenn der schwarze Kleber komplett getrocknet ist, könnt ihr den Schmetterling nach Lust und Laune mit den Wasserfarben anmalen.

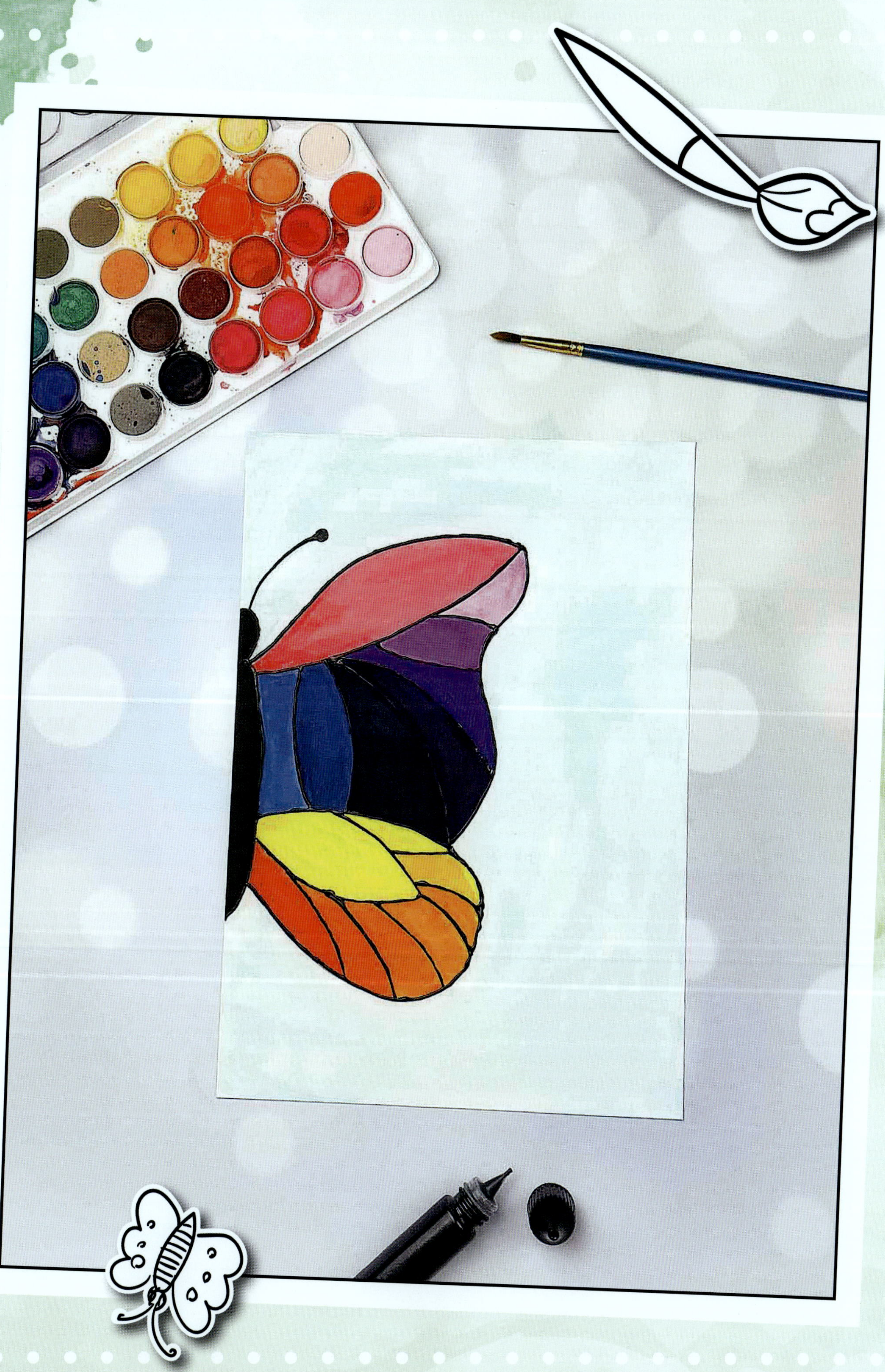

TAPE-RESIST-FAMILIENBILD

„Tape-Resist-Bilder" sind Bilder, die dadurch entstehen, dass bestimmte Bereiche eines Bildes abgeklebt und dann das gesamte Papier bunt gestaltet wird. Am Ende zieht man das Tape ab und erhält so weiße Flächen, die ein bestimmtes Wort oder eine Form abbilden.

MATERIAL

Aquarellpapier in Weiß, DIN A3 • Tape (z.B. Malerkrepp), 2 cm breit • Acrylfarbe in beliebigen Farben • Bleistift • Lineal • Nadel

1 Zunächst markieren wir mit dem Tape den Bereich, in dem unser Schriftzug stehen soll. Dafür messen wir oben und unten jeweils 7 cm ab und markieren die waagerechten Linien mit je einem Streifen Tape.

2 Nun Markieren wir die Mitte dieser beiden Streifen (bei einem DIN A3 Blatt liegt diese bei 21 cm). Für den Schriftzug „Familie" liegt die Mitte des Worts etwa bei dem hinteren Teil des M. Wir beginnen nun also das Wort mit dem Tape abzukleben, ausgehend von unserer Mitte (also dem M). Die senkrechten Teile der Buchstaben sind jeweils 10 cm lang, die waagerechten Teile oben und unten beim E und beim L sind 5 cm lang, die kurze Waagerechte in der Mitte vom E ist 4 cm lang (Abb. 1).

3 Wenn das Wort komplett abgeklebt ist, kann man zusätzlich noch ca. 0,5 cm vom Rand abkleben, das sieht schön aus und befestigt gleichzeitig das Bild auf der Unterlage, was die nächsten Schritte erleichtert.

4 Nun benötigen wir die Acrylfarbe: Mit verschiedenen Techniken kann das ganze Bild in Farben nach Wahl gestaltet werden. Wir haben uns dafür entschieden, die Farbe mit den Fingern zu tupfen und für jedes Familienmitglied eine eigene Farbe zu nehmen. Besonders wichtig ist es, die Kanten des Klebebandes komplett mit Farbe zu bedecken. Wenn alles bedeckt ist, lassen wir die Farbe gut trocknen (Abb. 2).

5 Wenn die Farbe komplett trocken ist, entfernen wir mithilfe einer Nadel vorsichtig das Tape (Abb. 3).

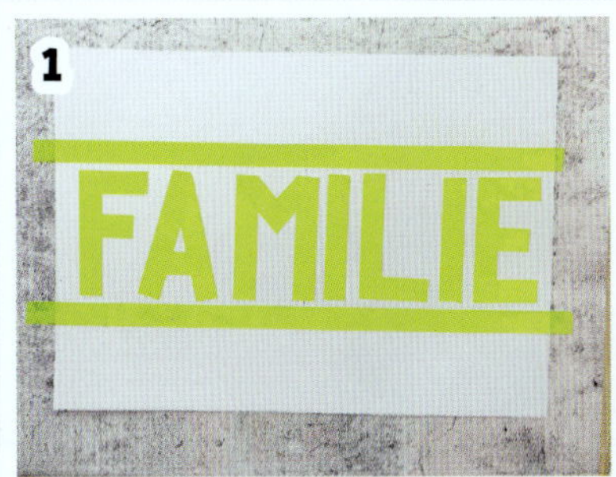
1
FAMILIE

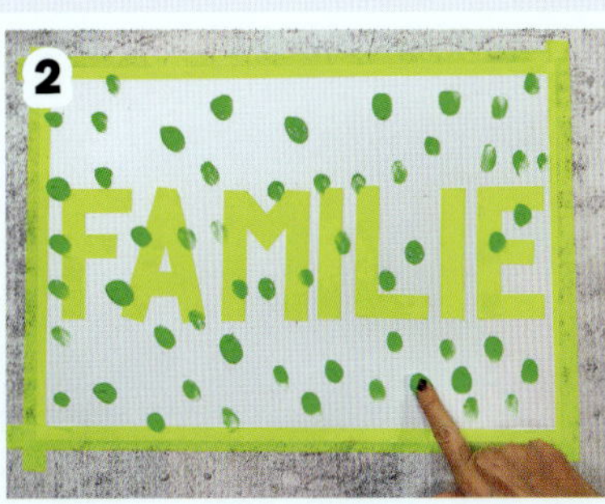
2
FAMILIE

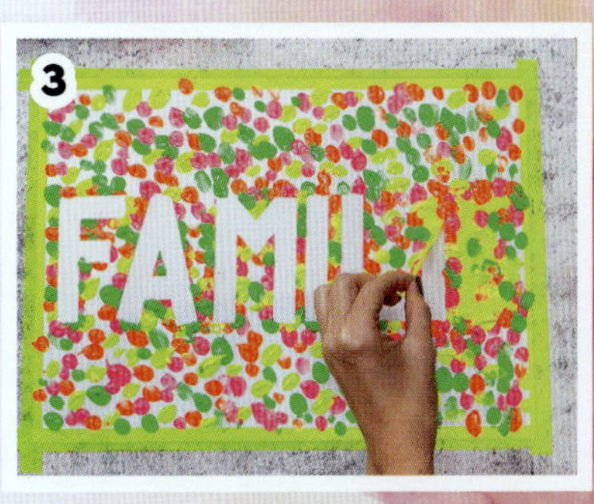
3

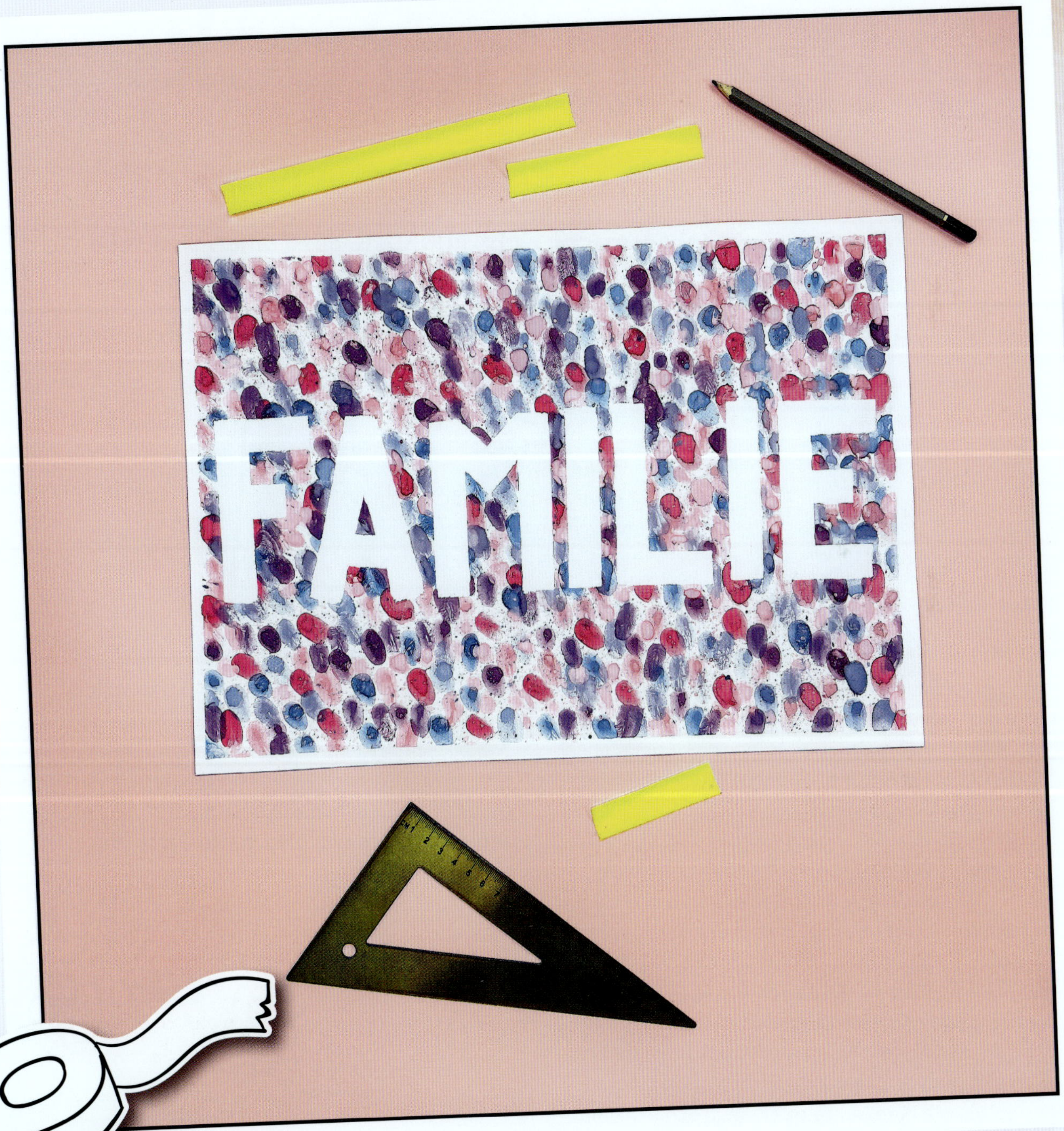

50 Minuten

PINGUIN-Handabdruck

Handabdrücke zu machen, macht nicht nur Spaß, es ist auch eine tolle Erinnerung für später. So können Kinder direkt sehen, wie groß die eigenen Hände schon geworden sind und wie klein sie mal waren.

MATERIAL

Papier in Blau, A4 • Acrylfarbe in Weiß, Orange, Blau und Schwarz • Pinsel

1 Zunächst wird die Handfläche, mit der gestempelt werden soll, komplett weiß angemalt. Diese Hand wird dann mit viel Druck auf das Papier gepresst. Die weiße Farbe gut trocknen lassen.

2 Um die Pinguine entstehen zu lassen, malt ihr mit schwarzer Acrylfarbe den Frack, die Flügel und den Kopf jeweils um die Fingerabdrücke herum. Ebenfalls mit Schwarz malt ihr die Augen auf. Mit Orange malt ihr dann einen Schnabel und an den Fingerspitzen die Flossen. Wenn ihr mögt, könnt ihr nun noch mit verschiedenen Farben lustige Accessoires wie eine Mütze oder einen Schal malen.

3 Zuletzt wird die Umgebung gestaltet: Der „Eisberg", auf dem die Pinguine stehen, ist von blauem Wasser umgeben und mit Weiß könnt ihr weitere Eisberge einfügen. Ein paar hellblaue Wellen auf der dunkelblauen Wasserfläche runden das Ganze ab.

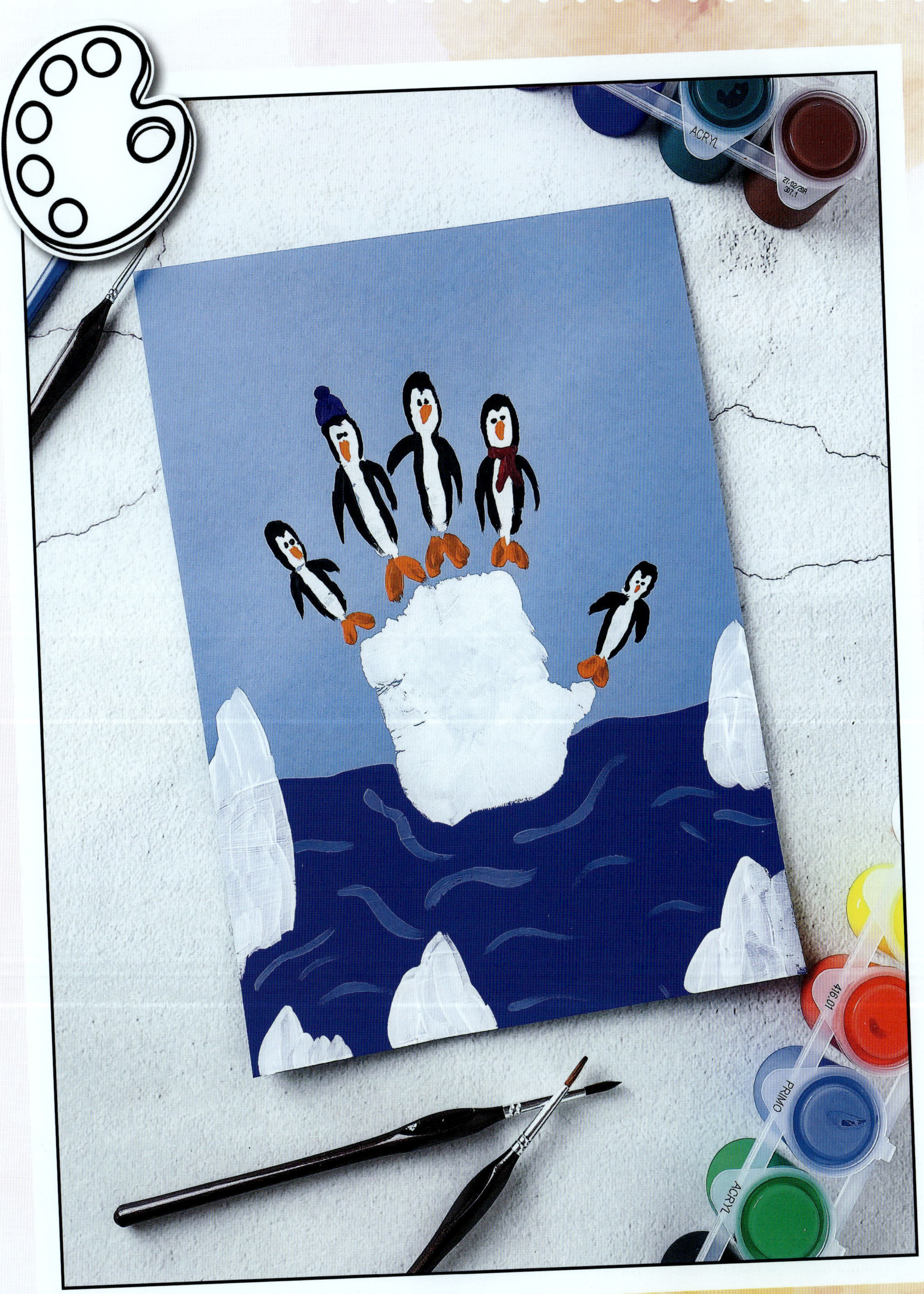
ACRYL
416.01
PRIMO
ACRYL

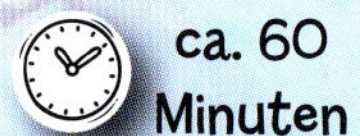

ca. 60 Minuten

Silhouetten-KUNST MIT SALZ

Salz und Wasserfarben ergeben eine faszinierende Kombination, die immer wieder tolle Effekte schafft! Das Salz wird über die noch flüssige Farbe gestreut. Aufgrund seiner physikalischen Eigenschaften, zieht es das Wasser an, wodurch die Farbe sich um das Salz herum stärker konzentriert. Nach dem Trocknen kann man das Salz abreiben, doch die besonderen Muster bleiben bestehen.

MATERIAL

Aquarellpapier in Weiß, A4 • Wasserfarben • Salz • 2x Transparentpapier in Weiß, A4 • Transparentpapierrest in Gelb • Tonpapier in Schwarz, 20 cm x 20 cm • Glitzer in Silber oder Weiß • Wasser • Pinsel • Schere • Kleber

Vorlage: Seite 134

1 Für den Himmel pinseln wir das Papier zunächst komplett mit Wasser ein und verteilen dann Farbe darauf. Die Farbe könnt ihr mischen und ineinanderlaufen lassen. Über die noch feuchte Farbe streuen wir ein bis zwei Prisen Salz. Nun alles gut trocknen lassen.

2 Sobald die Farbe getrocknet ist, können wir das Salz vorsichtig vom Papier reiben.

3 Dann geht es ans Gestalten der Landschaft: Für die Schneelandschaft reißen wir das Transparentpapier längs in Streifen und kleben diese überlappend an den unteren Rand des Himmels.

4 Übertragt nun die Vorlage für das Haus auf das Tonpapier und schneidet es aus. Hinter die Fenster kleben wir das gelbe Transparentpapier. Das Häuschen wird in die Schneelandschaft gesetzt und dort mit Kleber befestigt.

5 Für einen noch eindrucksvolleren Effekt kann die Schneelandschaft nach Belieben mit Glitzer verziert werden.

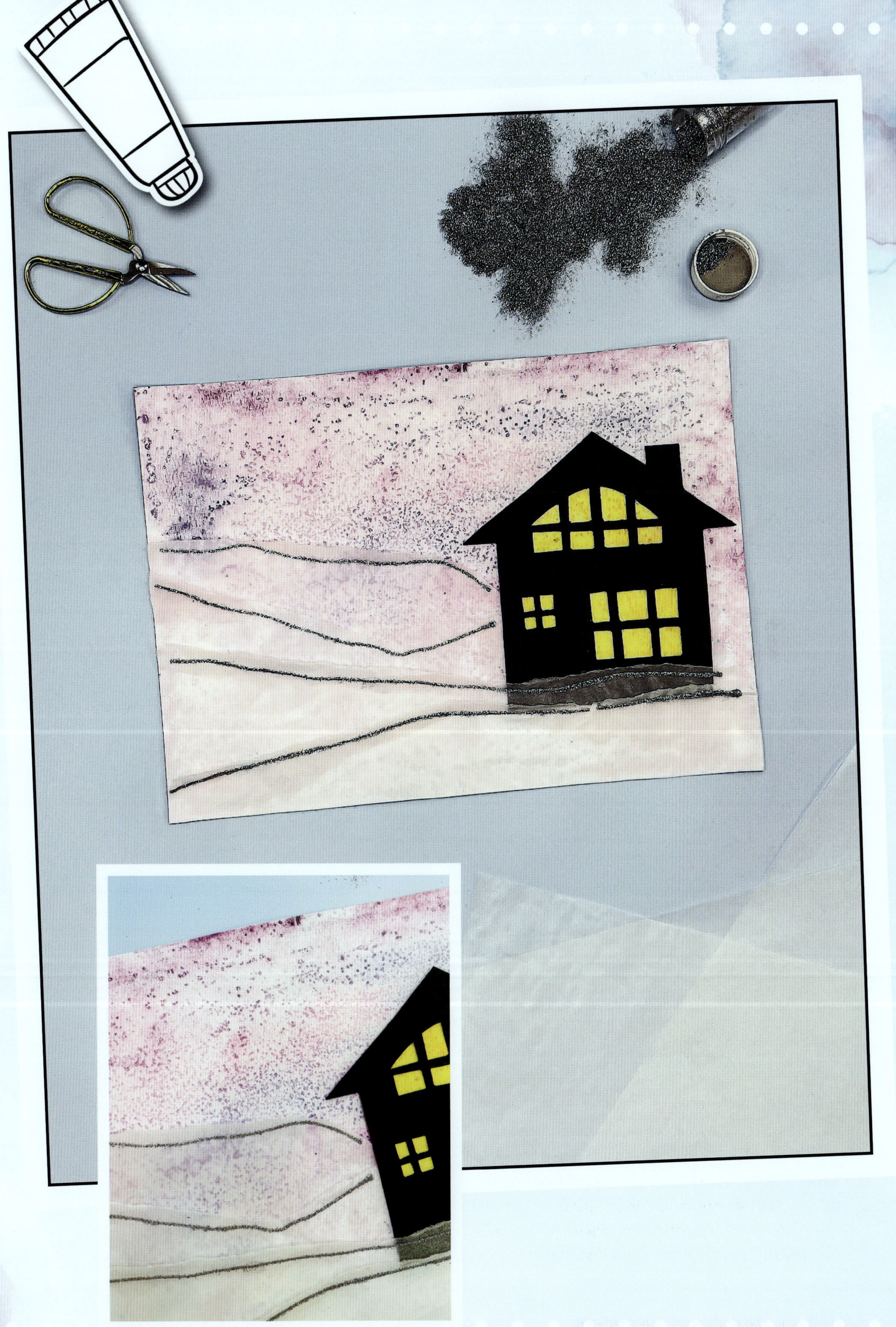

90 Minuten

NACHTHIMMEL mit Blattgold

Blattgold ist ein unglaublich tolles Material, mit dem man ohne viel Aufwand wunderschöne Akzente gestalten kann. Kinder lieben dieses glänzende Material sehr und sind auf Werke, die damit veredelt werden durften, besonders stolz.

MATERIAL

Aquarellpapier in Weiß, A4 • Wasserfarben in Schwarz, Blau und Lila • Anlegemilch für Blattgold (alternativ: Klebstoff, der nach dem Trocknen klebrig bleibt) • Blattgold, mindestens 15 cm x 15 cm • Pinsel in verschiedenen Größen • Wasser • Bleistift • Radiergummi

Vorlage: Seite 135

1 Zuerst wird der schwarze Nachthimmel gestaltet. Dafür nehmen wir viel schwarze Wasserfarbe mit wenig Wasser auf – so wird die Farbe besonders deckend – und grundieren das Aquarellpapier.

2 Noch bevor die schwarze Farbe getrocknet ist, mischen wir verschiedene Blau- und Lilatöne in das Schwarz. Für jede Farbe nehmen wir einen frischen Pinsel und rühren die Farben wieder mit nur wenig Wasser an. Unser Ziel ist es, einen Nachthimmel zu gestalten, indem die Farben ineinanderlaufen und so einzigartige Verläufe entstehen. Wenn wir mit dem Nachthimmel zufrieden sind, lassen wir diesen gut (am besten über Nacht) trocknen.

3 Wenn die Farbe getrocknet ist, übertragen wir die Vorlage für den Mond. Dann füllen wir den Mond komplett mit Anlegemilch aus und lassen die Anlegemilch gut trocknen, sodass sie schön klebrig ist.

4 Nun wird das Blattgold auf die Anlegemilch gelegt und mit einem Pinsel vorsichtig festgedrückt. Alle überstehenden Kanten und Ecken werden abgerieben.

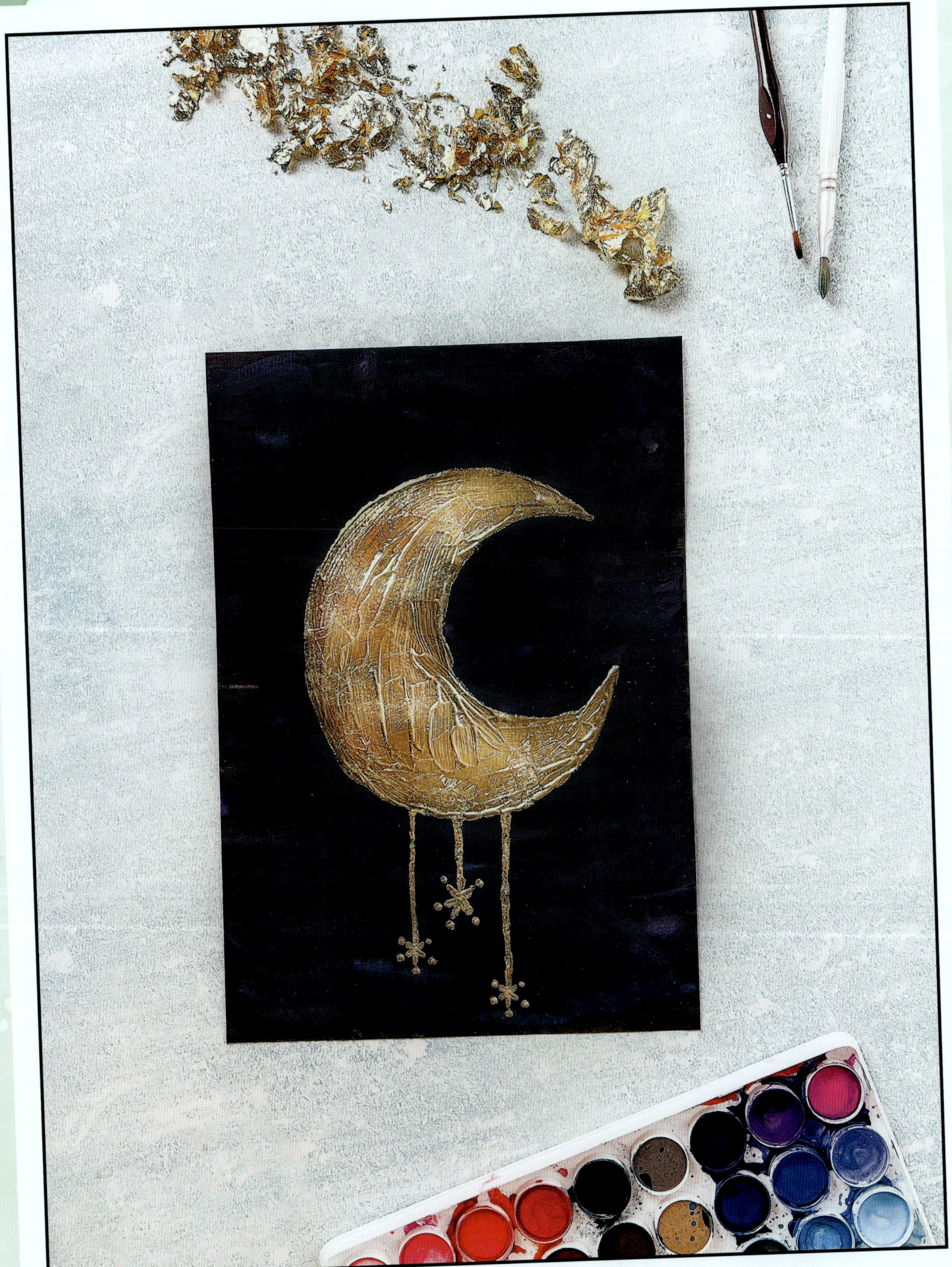

Kreativ mit PAPIER

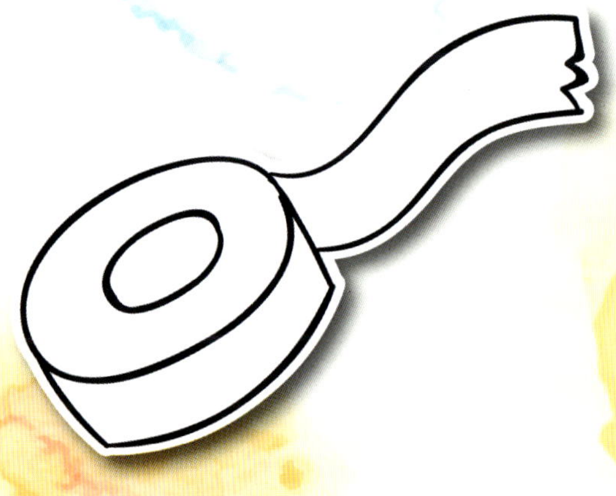

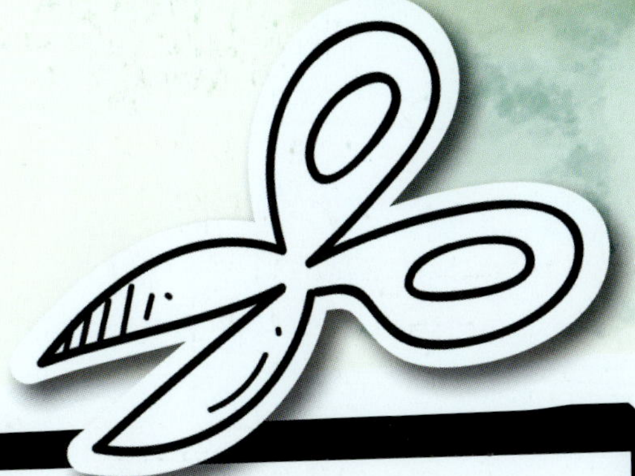

Papier ist ein wunderbares Material zum Basteln, da es nicht nur wahnsinnig vielseitig ist, sondern uns auch erlaubt, mehrdimensional zu gestalten: wir können es rollen, falten, aneinanderkleben und ineinanderstecken, um allerlei plastische Kunstwerke zu erschaffen.

Bei der Wahl des Papiers solltet ihr vor allem auf die Stärke achten: Das dünne Druckerpapier liegt bei 80 g/m², Tonpapier hat meist um die 130 g/m² und Fotokarton beginnt in der Regel bei 300 g/m². Je mehr g/m², desto robuster ist das Papier – es lässt sich dann aber auch nicht mehr so leicht falten oder schneiden. Vor allem wenn man mit jüngeren Kindern arbeitet, sollte man dies im Hinterkopf behalten, um Frust zu vermeiden.

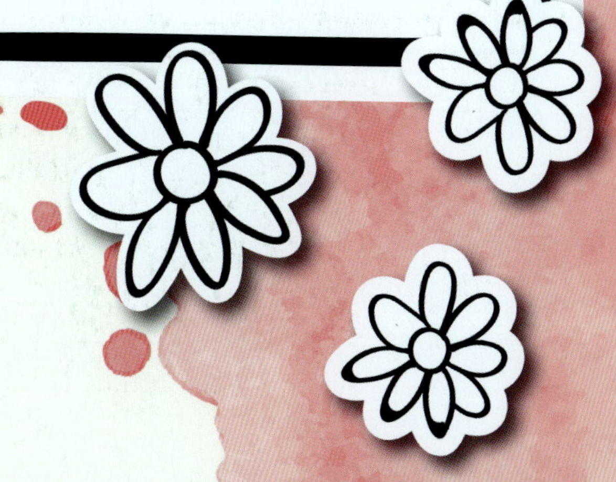

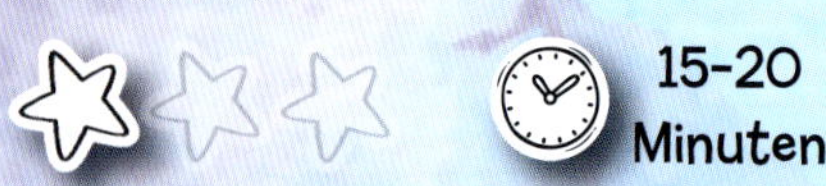

15-20 Minuten

SCHNIPSEL-BLUMEN

Wenn ihr viel bastelt, habt ihr in der Regel jede Menge Papierschnipsel übrig, mit denen ihr meistens gar nichts anzufangen wisst. Für die Schnipselblumen nutzen wir genau diese und kreieren so aus Resten wunderschön bunte Deko. Wer keine Papierreste hat, kann natürlich auch einfach buntes Papier zerreißen und für dieses Projekt nutzen.

MATERIAL

Papierreste in diversen Farben • Versandkarton • Schere • Bleistift • Radiergummi • Kleber

Vorlage: Seite 136/137

1 Zunächst wird die Vorlage auf den Versandkarton übertragen und ausgeschnitten. Achtung: Versandkarton ist in der Regel sehr dick und störrisch, jüngere Kinder können diesen oft noch nicht schneiden und auch ältere benötigen vielleicht etwas mehr Hilfe als sonst.

2 Dann werden die Papierreste in kleinere Schnipsel zerrissen.

3 Nun wird ordentlich Kleber auf die Kartonblumen aufgetragen und die Schnipsel darauf befestigt. Die Blumen sollten am besten über Nacht trocknen und können dann als Deko verwendet werden.

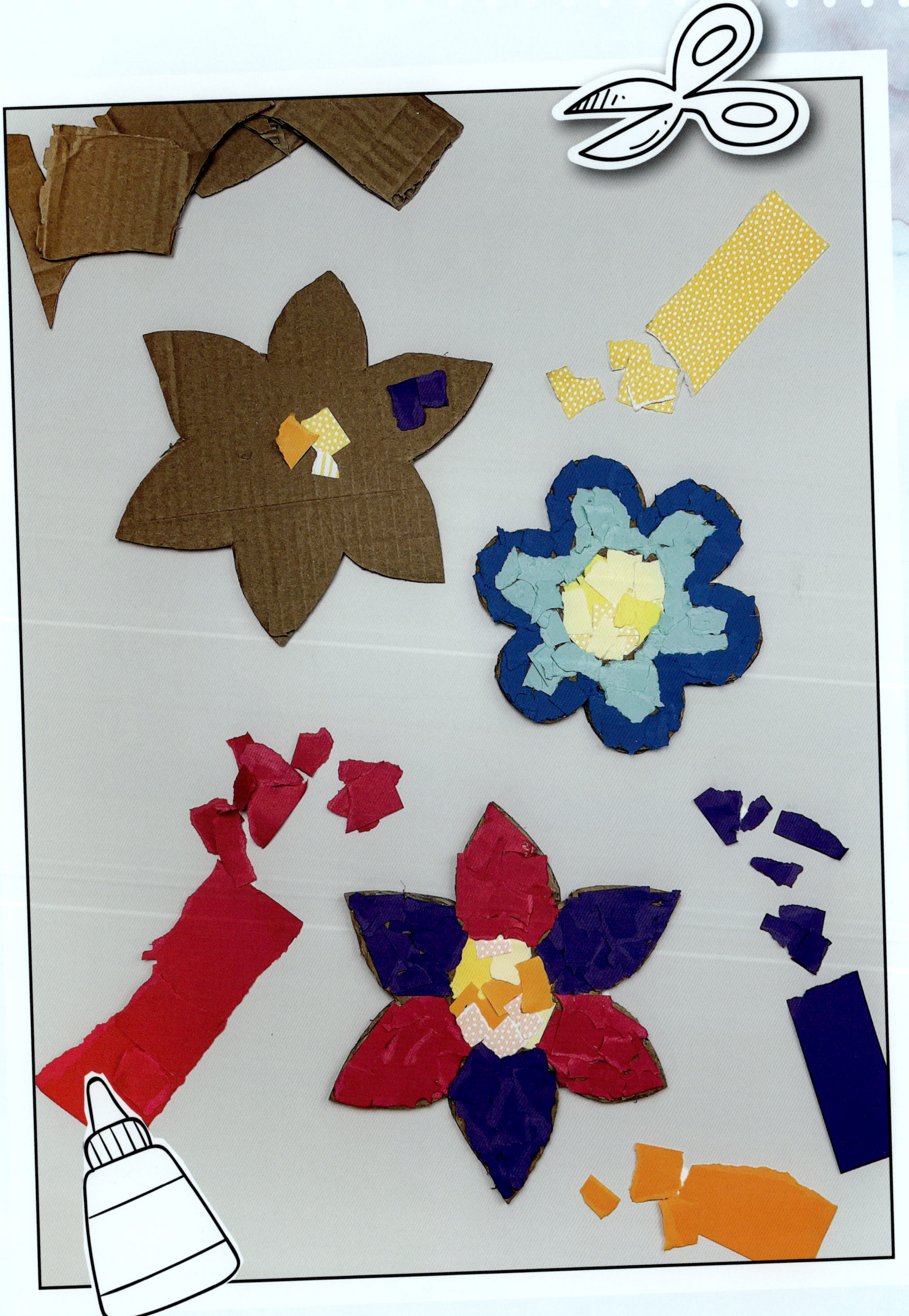

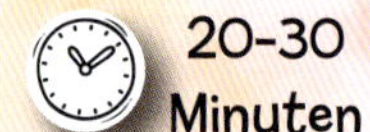

SCHMETTERLINGE UND TULPEN

Das Besondere an diesen Tulpen und Schmetterlingen? Die Blüte der Tulpe und die Flügel des Schmetterlings werden genau gleich gefaltet! Ideal ist diese einfache Bastelei als schöne Fensterdeko für den Frühling oder Sommer.

MATERIAL

für die Schmetterlinge: Origamipapier in Pastellfarben, 10 cm x 10 cm • Tonpapierrest in Braun

für die Tulpen: Origamipapier in Pastellfarben, 10 cm x 10 cm • Eisstiel in Grün • Tonpapierrest in Grün

außerdem: Bleistift • Schere • Kleber

Vorlage: Seite 132

Grundanleitung

1 Legt das Origamipapier vor euch hin (Abb. 1).

2 Faltet das Papier diagonal. Ein Dreieck entsteht (Abb. 2).

3 Faltet das Dreieck nun in der Mitte (Abb. 3).

4 Öffnet die letzte Faltung wieder. Jetzt legen wir die rechte untere Kante des Dreiecks an die Faltlinie aus Schritt 3 (Abb. 4).

5 Wiederholt den letzten Schritt mit der linken unteren Kante des Dreiecks (Abb. 5).

Schmetterlinge

1 Für die Schmetterlinge falten wir nach Grundanleitung zwei Origamiblätter in derselben Farbe. Dies werden die Flügel des Schmetterlings.

2 Dann übertragen wir die Vorlage für den Körper auf das Tonpapier und schneiden diesen aus. Zum Schluss kleben wir die Flügel links und rechts von unten am Körper fest.

Tulpe

1 Die Tulpenblüte falten wir nach Grundanleitung aus einem Origamiblatt.

2 Dann wird die Tulpenblüte am oberen Ende eines grünen Eisstiels festgeklebt.

3 Nun übertragen wir die Vorlage für das Blatt auf das grüne Tonpapier, schneiden das Blatt aus und kleben es ebenfalls am Eisstiel fest.

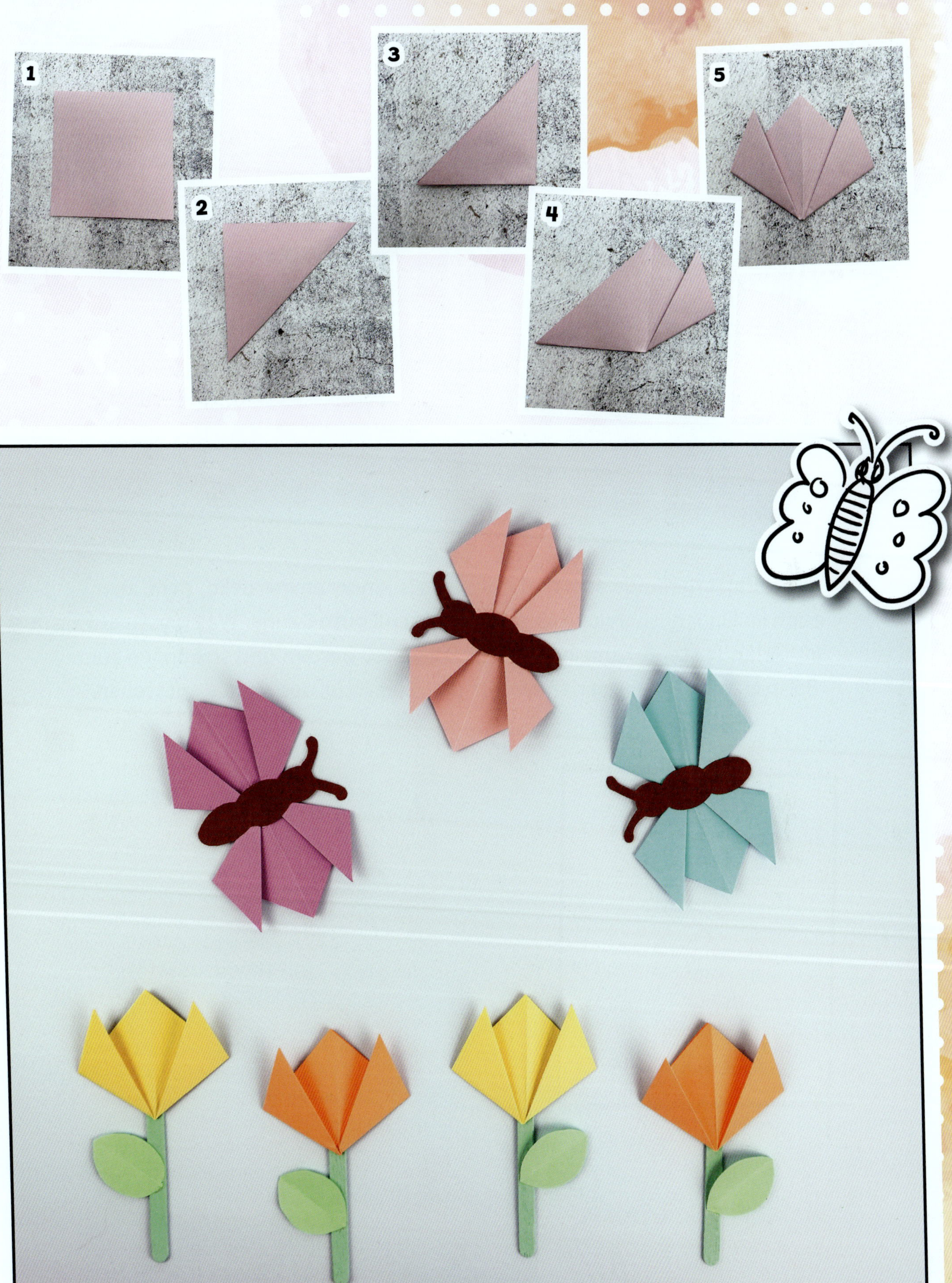
1
2
3
4
5

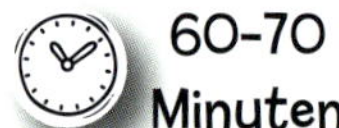

60-70 Minuten

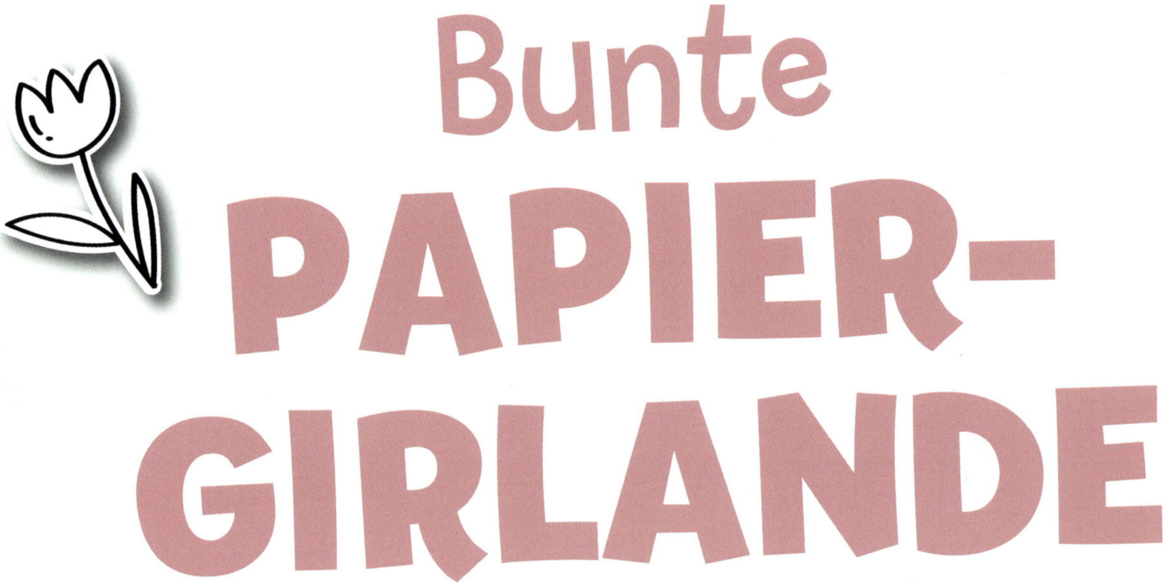

Bunte PAPIER-GIRLANDE

Diese Papiergirlande eignet sich super als Kinderzimmerdeko, sieht aber auch im Eingangsbereich toll aus und macht gute Laune. Was genau auf der Girlande steht, kann individuell angepasst werden und so können zum Beispiel auch Namensgirlanden für die Zimmertür des Kindes entstehen.

MATERIAL

Verpackungskarton (z.B. von Cornflakes, Müsli, Versandkartons etc.) • Papier in Weiß, A4 • Acrylfarbe in Pastellfarben • Band zum Befestigen • nach Belieben Dekoblumen o.Ä.

Pinsel • Kleber • Schere • Locher

Vorlage: Seite 138-140

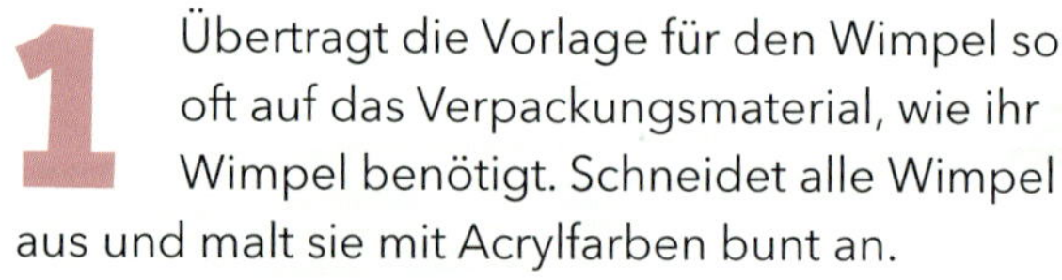

1 Übertragt die Vorlage für den Wimpel so oft auf das Verpackungsmaterial, wie ihr Wimpel benötigt. Schneidet alle Wimpel aus und malt sie mit Acrylfarben bunt an.

2 Nun werden die Wimpel jeweils einmal links und rechts an der oberen Kante gelocht. Fädelt das Band durch die Löcher, sodass alle Wimpel nebeneinander aufgereiht sind.

3 Aus weißem Papier schneidet ihr die Buchstaben für eure Wunschbotschaft aus. Klebt jeweils einen Buchstaben auf einen Wimpel.

4 Verzieren könnt ihr die Girlande ganz nach Belieben und sie so an jeden Anlass anpassen. Ich habe mich hier für bunte Blümchen entschieden und diese jeweils auf die Wimpel aufgeklebt.

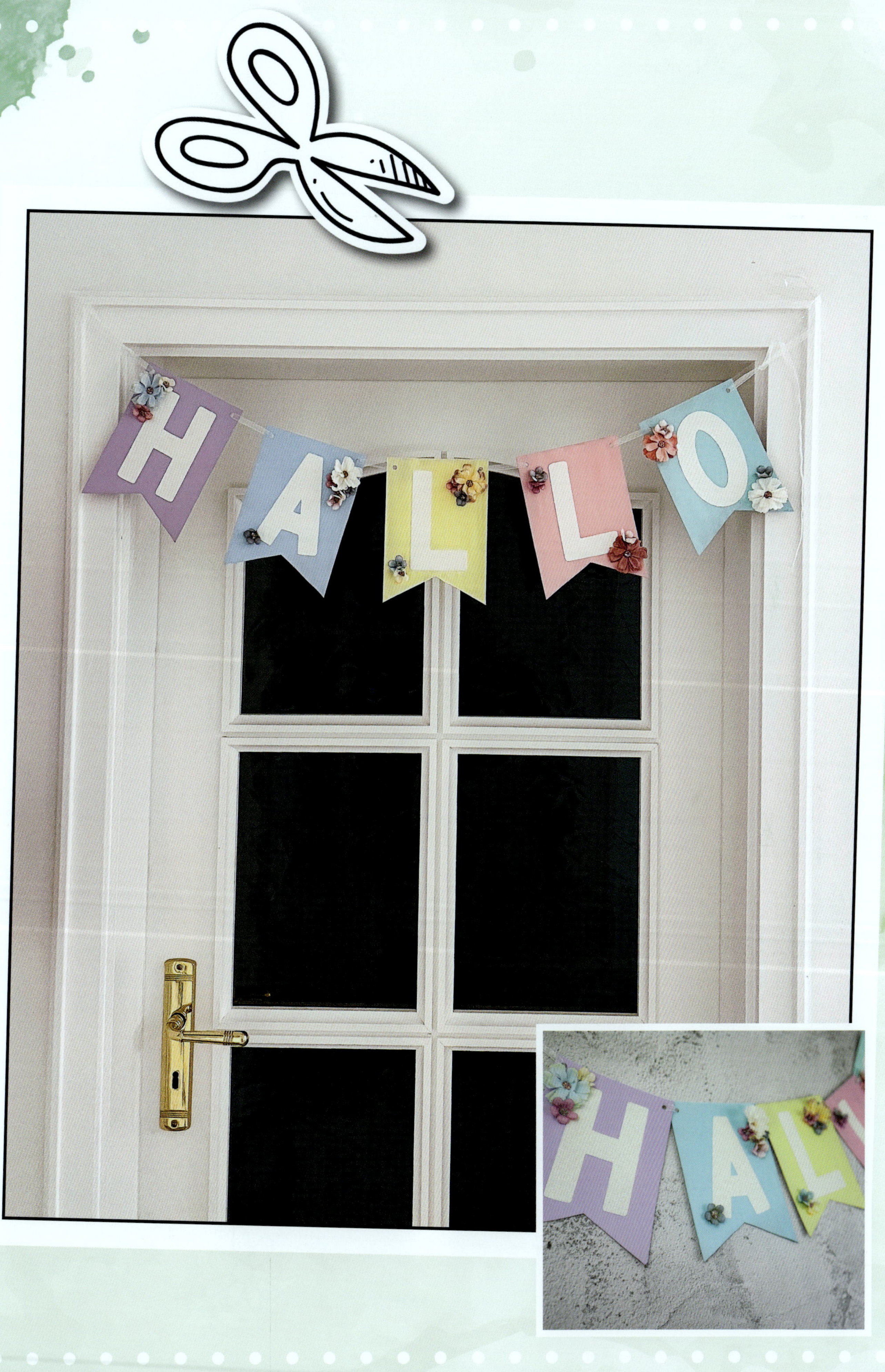
HALLO

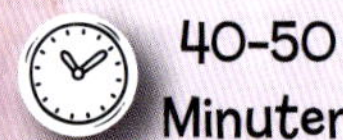
40-50 Minuten

PAPPTELLER-BLUMENKRANZ

Dieser Blumenkranz kann nicht nur ganz individuell gestaltet werden – er wird auch niemals verblühen! Wer hat, der benutzt für die Blümchen einen Papierstanzer, man kann sie aber natürlich auch selbst aus Papier ausschneiden.

MATERIAL

Pappteller in Weiß • Acrylfarbe in Grün • Papierreste in verschiedenen Farben • Stück Wolle, ca. 20–30 cm lang • evtl. Stanzer mit Blütenmotiv • Pinsel • Schere • Kleber

Vorlage: Seite 149

1 Zunächst wird der Boden des Papptellers herausgeschnitten. Dann malt ihr den äußeren Rand grün an und lasst die Farbe gut trocknen.

2 Übertragt nun die Vorlage für die Blumen auf die Papierreste und schneidet sie aus. Falls ihr einen Blümchenstanzer habt, könnt ihr die Blumen alternativ auch ausstanzen. Alle Blümchen werden dann auf dem grünen Pappring mit Kleber befestigt.

3 Zum Schluss wird die Wolle zu einer Schlaufe gelegt und mit Kleber hinten am Blumenkranz befestigt. Nun kann der Blumenkranz aufgehängt werden.

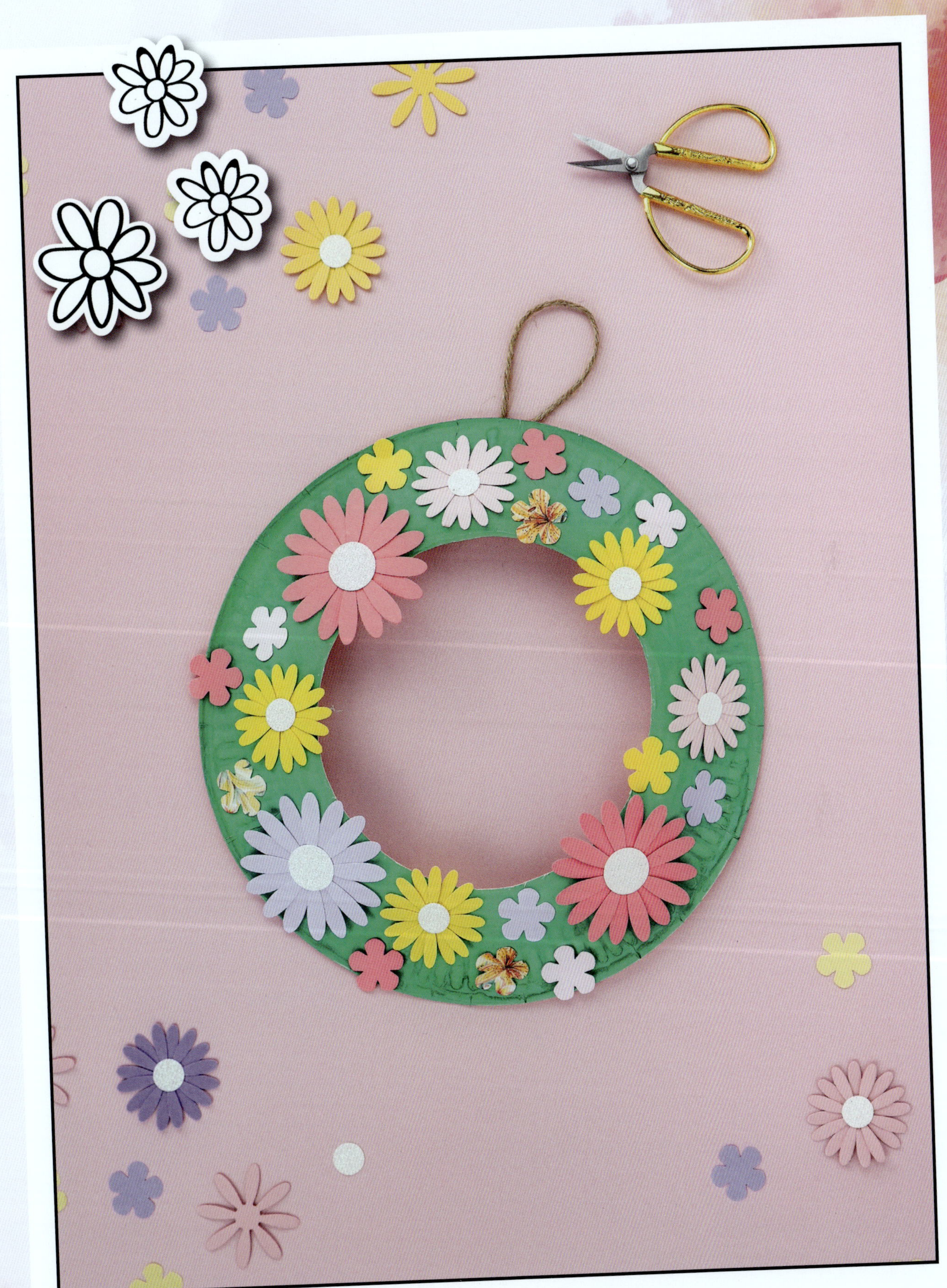

45 Minuten

TIERE AUS PAPIERFÄCHERN

Diese Tiere haben für Kinder einen besonderen Reiz, da sie sehr plastisch wirken. Dabei brauchen wir keine besonderen Materialien und die Herstellung ist recht einfach. Das Falten der Hexentreppe ist für jüngere Kinder noch eine Herausforderung, hier kann es sinnvoll sein, dass Eltern das Papier einmal vorfalten.

MATERIAL

für das Faultier: Tonpapier in Braun, A5 • Tonpapierrest in Beige • Fineliner in Schwarz • Stift in Braun

für das Lama: Tonpapier in Weiß, A5 • Wasserfarben in Blau und Lila • Pompons • Fineliner in Schwarz

außerdem: Schere • Kleber

Vorlage: Seite 141/142

Faultier

1 Übertragt die Vorlage für den Körper auf das braune Tonpapier und schneidet ihn aus. Faltet den Köper dann nach Vorlage zu einer Hexentreppe. Legt die Hexentreppe in der Mitte zusammen und klebt sie zu einem Fächer fest.

2 Übertragt die Gliedmaßen und den Kopf auf das braune Tonpapier. Schneidet alle Elemente aus. Arm und Bein werden vorne auf den Fächer geklebt, der Kopf von hinten.

3 Übertragt das Gesicht auf das beige Tonpapier, zeichnet die Gesichtszüge auf und schneidet es aus. Klebt das Gesicht auf den Kopf.

Lama

1 Übertragt die Vorlage für den Körper auf das Tonpapier und schneidet ihn aus. Malt mit Wasserfarben Längsstreifen auf das Tonpapier - das soll das Muster der Decke auf dem Lama sein (Abb. 1). Lasst die Farbe gut trocknen.

2 Faltet den Köper dann nach Vorlage zu einer Hexentreppe. Legt die Hexentreppe in der Mitte zusammen und klebt sie zu einem Fächer fest (Abb. 2).

3 Nun wird die Vorlage für die Beine, den Kopf und den Schwanz auf das weiße Tonpapier übertragen und alle Elemente ausgeschnitten. Alle Teile werden von hinten an den Fächer geklebt.

4 Zum Schluss bekommt das Lama noch ein Gesicht und eine Trense aufgemalt. Zusätzlich wird es mit Pompons verziert, die auf den Fächer geklebt werden.

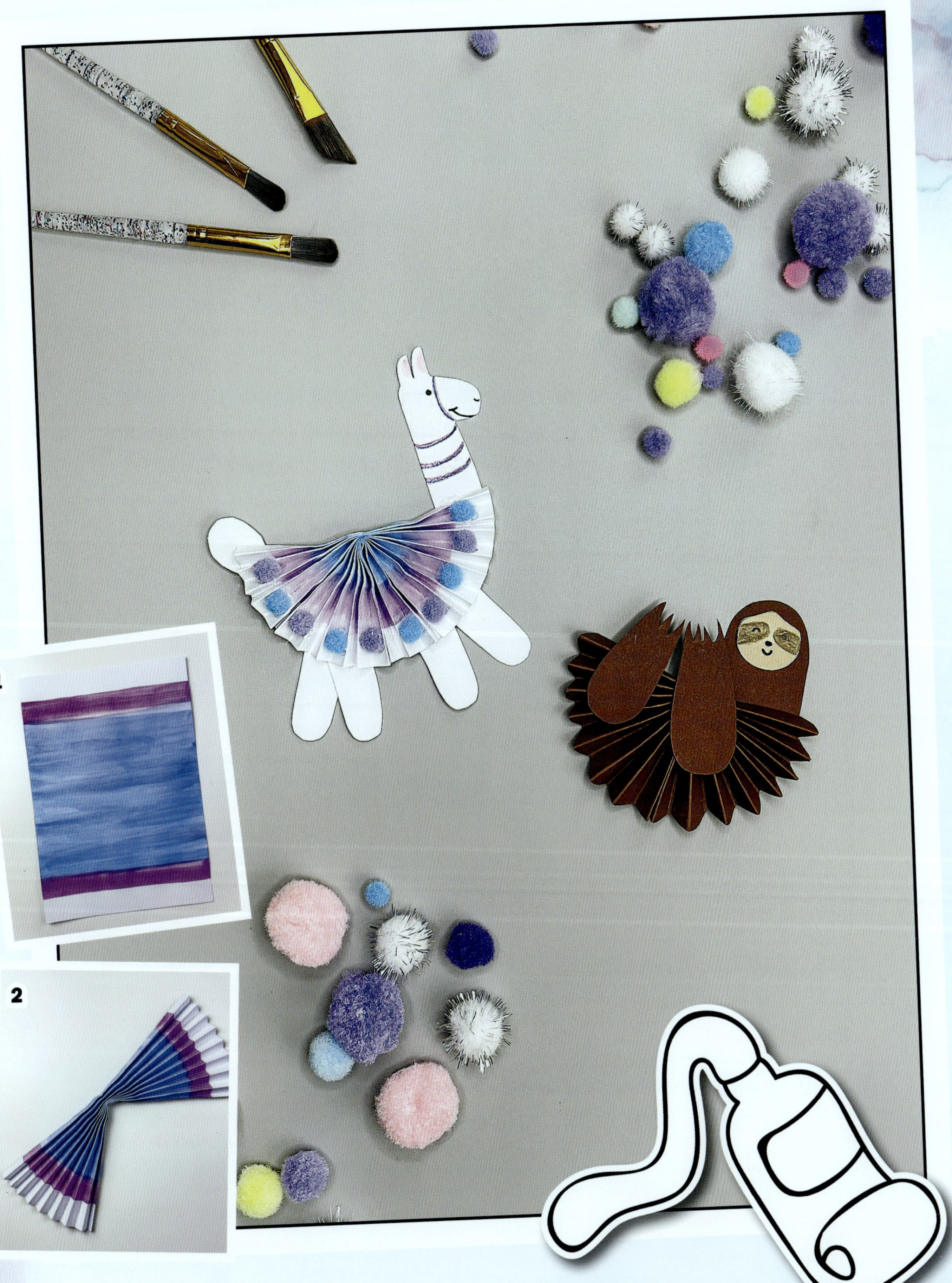
1
2

  60 Minuten

3D-GRUSS-KARTEN

3D-Karten zu basteln, macht nicht nur großen Spaß - auch der Empfänger dieser besonderen Karte wird sich sicherlich beim Öffnen freuen und über das raffinierte Bild, das sich zeigt, staunen.

MATERIAL

Sonnenblume:
Kartenrohling in Rosa • Tonpapier in Weiß und Gelb, A5 • Tonpapierrest in Braun

Heißluftballon:
Kartenrohling in Gelb • Tonpapier in Weiß, A5 • Tonpapierrest in Rot, Orange, Gelb, Dunkelgrün, Hellblau, Lila und Braun • Stickgarnrest in Braun

außerdem:
Kleber • Schere

Vorlage: Seite 134

Sonnenblume

1 Übertragt die großen Blütenblätter 13-mal und die kleinen Blütenblätter zehnmal auf das gelbe Tonpapier und schneidet diese aus.

2 Übertragt die Blütenmitte (großer Kreis) einmal und die kleinen Punkte 35-mal auf das braune Tonpapier und schneidet diese auch aus.

3 Nun faltet ihr das weiße Tonpapier längs in der Mitte und öffnet es wieder. Am Falz in der Mitte richten wir die Sonnenblume aus. Legt aus den großen gelben Blütenblättern einen Kreis in der Mitte der Karte, klebt die Blütenblätter jeweils an der Kante, die zur Blütenmitte zeigt, fest. So können die Blütenblätter schön vom Papier abstehen.

4 Legt nun mit den kleineren Blütenblättern einen zweiten Kreis auf den ersten und klebt auch hier die Blütenblätter nur an der Kante, die zur Blütenmitte zeigt, fest.

5 Zum Schluss wird die Blütenmitte aufgeklebt. Die kleinen braunen Punkte werden auf der Mitte mit Kleber befestigt. Biegt nun die Blütenblätter sanft nach oben, sodass sie leicht vom Papier abstehen.

Heißluftballon

1 Übertragt die Vorlage für den Heißluftballon je einmal auf Tonpapier in Rot, Orange, Gelb, Dunkelgrün, Hellblau und Lila. Die Vorlage für das Körbchen übertragt ihr auf braunes Tonpapier. Schneidet alle Teile aus.

2 Faltet die Heißluftballons jeweils in der Mitte. Klebt dann immer eine Hälfte eines Luftballons auf eine Hälfte eines jeweils anderen. Um einen schönen Regenbogeneffekt zu erzielen, solltet ihr in folgender Reihenfolge zusammenkleben: Rot, Orange, Gelb, Dunkelgrün, Hellblau und dann Lila.

3 Faltet das weiße Tonpapier längs in der Mitte und öffnet es wieder. Am Falz in der Mitte richten wir den Heißluftballon aus.

4 Faltet das Körbchen an den in der Vorlage markierten Linien. Tragt auf die kurzen, umgefalteten Seiten Klebstoff auf und klebt den Korb ein Stück unter dem Ballon auf der weißen Karte auf. Zum Schluss bringt ihr das Stickgarn links und rechts als Verbindung zwischen Korb und Ballon an.

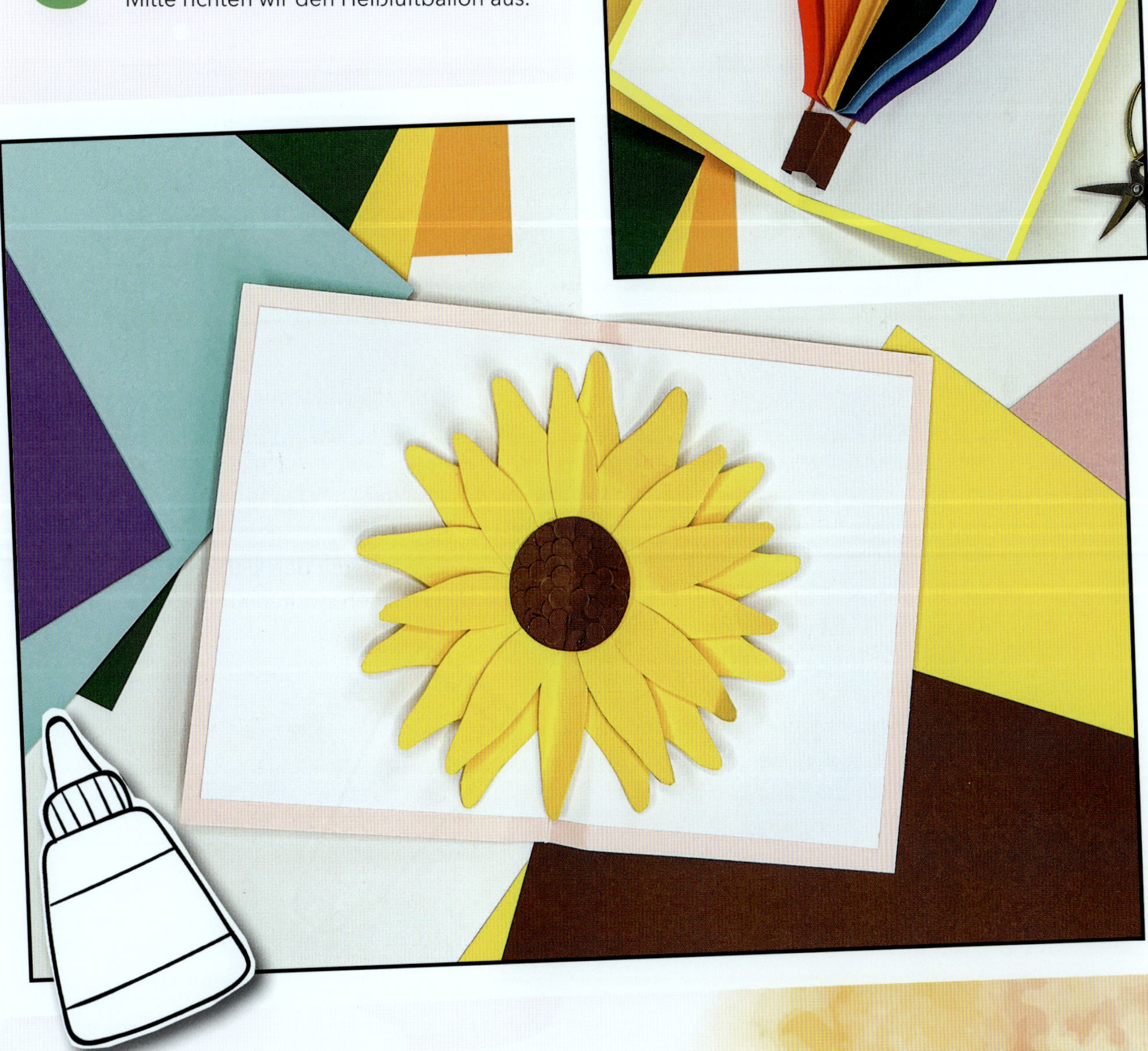

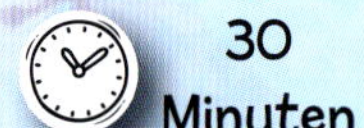
30 Minuten

FUNKELNDE Glitzerquallen

Glitzer lieben alle Kinder und in Kombination mit Pfeifenputzern entstehen hier lustige Kraken, die in einer zauberhaften Unterwasserwelt leben.

MATERIAL

Tonpapier in Blau, A3 • Glitzerkartonrest in Pink, Lila, Blau und Grün • je 2 Pfeifenputzer in Rosa, Lila, Hellblau, Mintgrün und Dunkelgrün

Vorlage: Seite 143

1 Übertragt die Vorlage für den Krakenkörper jeweils auf das Glitzerpapier und schneidet die Körper aus. An die untere Kante jeder Krake mithilfe einer Schere oder eines kleinen Lochstanzers acht Löcher einfügen.

2 Alle Pfeifenputzer, bis auf die dunkelgrünen, schneidet ihr nun jeweils in vier gleich große Stücke – ihr erhaltet so also in jeder Farbe acht Krakenarme. Diese werden in die Löcher am Krankenkörper gefädelt und einmal oben verdreht, sodass sie festsitzen. Die Tentakel am Ende eindrehen und nach Belieben umbiegen und formen. Dann klebt ihr die Krakenkörper auf dem blauen Tonkarton fest.

3 Zum Schluss schneidet ihr die dunkelgrünen Pfeifenputzer in unterschiedlich lange Stücke, formt sie zu Algen und klebt sie ebenfalls auf das Tonpapier. Nach Lust und Laune könnt ihr noch zusätzlich weiße Luftbläschen sowie etwas Glitzer als Deko anbringen.

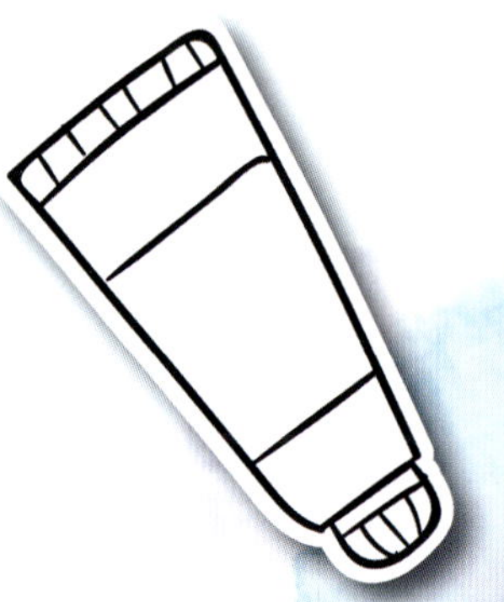

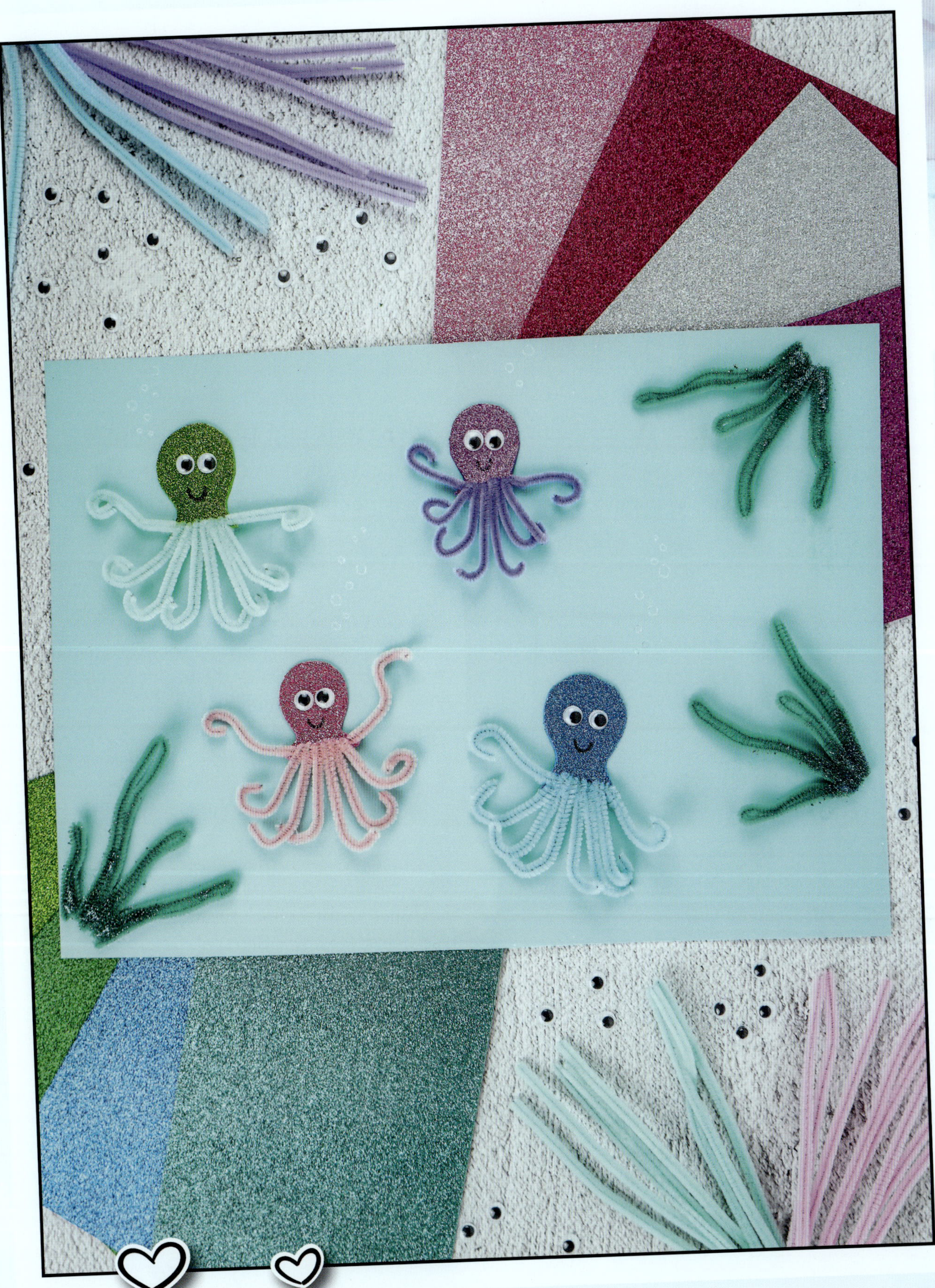

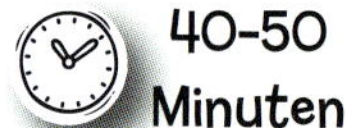
40-50 Minuten

PAPIER-LAMPIONS

Diese dekorativen Lampions sind schnell gebastelt und sehen besonders schön aus, wenn sie im Sommer auf der Terrasse oder in den Bäumen im Garten hängen. Wer mag, kann die Lampions noch mit Bommelborte oder hübschen Bändern verzieren.

MATERIAL

Tonpapier in Grün-Gold, 25 cm x 30,5 cm • Tonpapier in Violett, 2 cm x 30,5 cm • Band, 40 cm lang • Cutter • Schneideunterlage • Lineal • Schere • Kleber

1 Zunächst setzen wir jeweils 2 cm vom oberen und unteren Rand des Tonpapiers in Grün-Gold eine Markierung – das sind die Bereiche, die später nicht eingeschnitten werden sollen.

2 Nun markieren wir, wo längs geschnitten werden soll. Dazu setzen wir alle 0,5 bis 1 cm eine senkrechte Linie von der oberen bis zur unteren Markierung aus Schritt 1. An diesen Linien wird dann mit dem Cutter geschnitten.

3 Wenn ihr alle senkrechten Linien eingeritzt habt, wird das Tonpapier einmal waagerecht in der Mitte gefaltet und dann wieder aufgeklappt.

4 Nun wird das Papier so gerollt, dass die langen Seiten leicht überlappen. Dort wird der Lampion zusammengeklebt.

5 Einen der beiden Papierstreifen am unteren Rand des Lampions festkleben.

6 Für die Aufhängung die Enden des Bandes unter den zweiten Papierstreifen stecken, diesen dann mit Kleber am oberen Rand der Laterne befestigen.

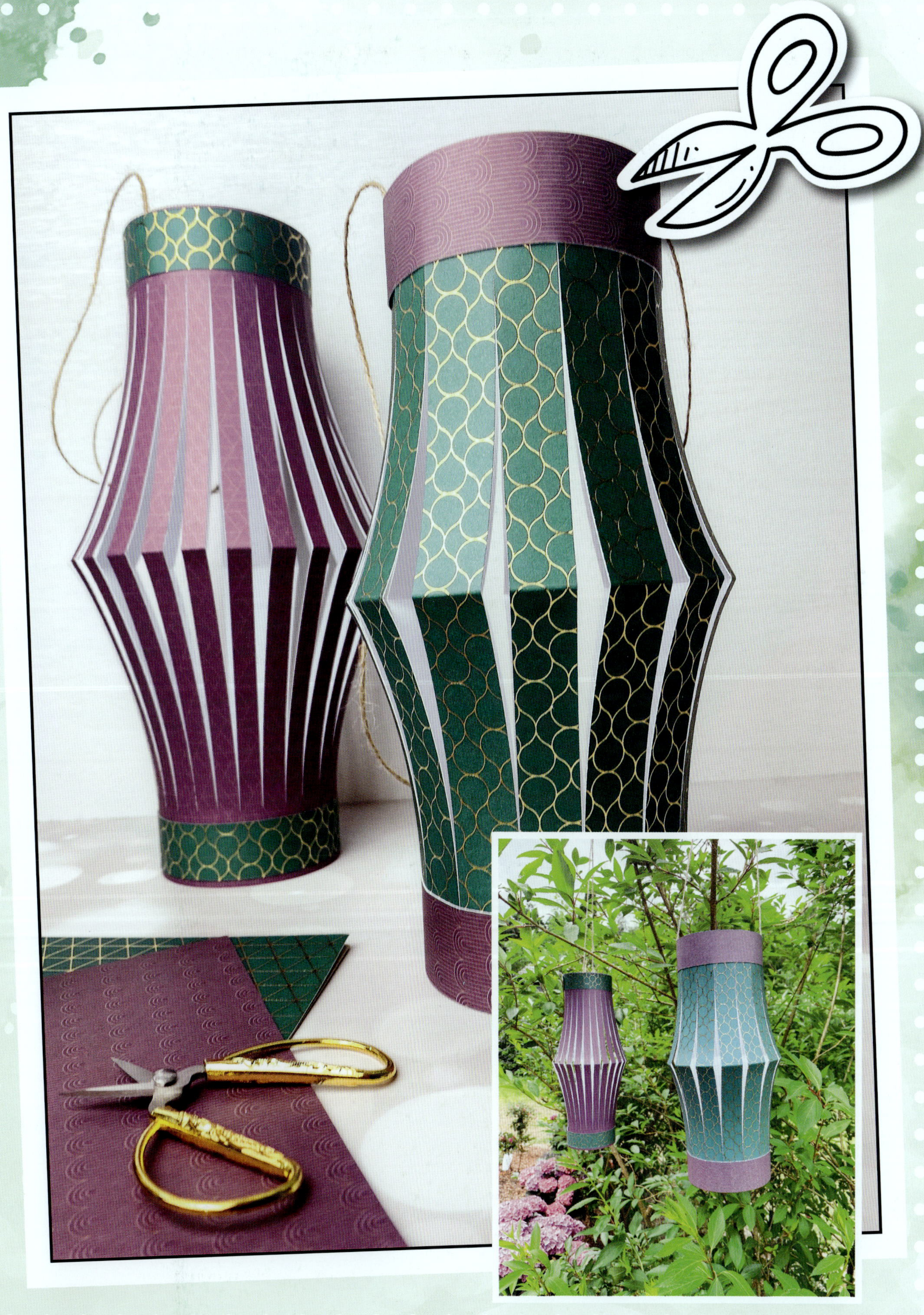

Strohhalm-BLUME

Diese Blumen verblühen auch nach Jahren nicht und eignen sich durchaus als Tischdeko in einer hübschen Vase. Die Herstellung ist nicht kompliziert, erfordert aber doch einige Schritte und beim Zuschneiden des Papiers muss zum Teil recht filigran gearbeitet werden.

MATERIAL

3x Faltpapier in Orange, 15 cm x 15 cm • 3x Faltpapier in Grün, 15 cm x 15 cm • 2x Faltpapier in Dunkelgelb, 15 cm x 15 cm • Papierstreifen in Hellgelb, 1 cm x 30 cm • Strohhalm in Grün • Kleber

1 Für die Blüten werden alle Faltpapiere folgendermaßen gefaltet: Wir beginnen mit dem orangen Papier und falten es einmal in der Mitte. Die linke und rechte Ecke an der offenen Kante werden dann jeweils nach oben zur Mitte gefaltet, sodass ein Dreieck entsteht. Dieses Dreieck klappen wir anschließend in der Mitte zusammen.

2 Zeichnet auf das nun entstandene Dreieck zwei Blütenblätter. Achtet darauf, dass die geschlossene Spitze des Dreiecks dabei nach unten zeigt! (Abb. 1)

3 Schneidet die Blütenblätter aus, wobei die Ränder links und rechts nicht zu weit eingeschnitten werden dürfen. Öffnet die Faltungen und ihr habt die erste Blüte.

4 Wiederholt die Schritte 1 bis 3 mit allen übrigen Faltpapieren. Dabei solltet ihr beachten, dass die Blütenblätter auf den gelben und grünen Papieren deutlich kleiner aufgezeichnet werden sollten.

1

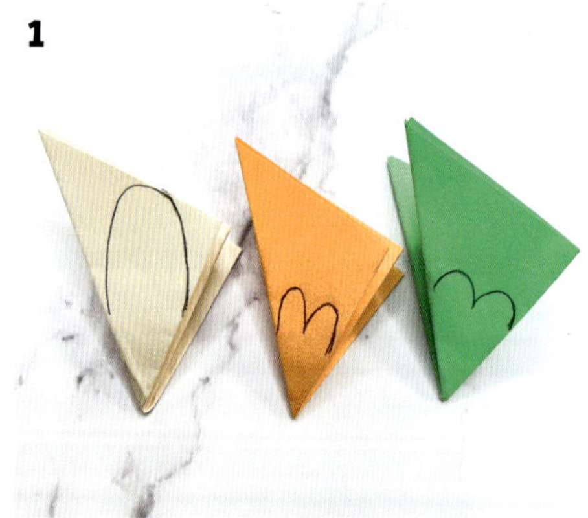

2

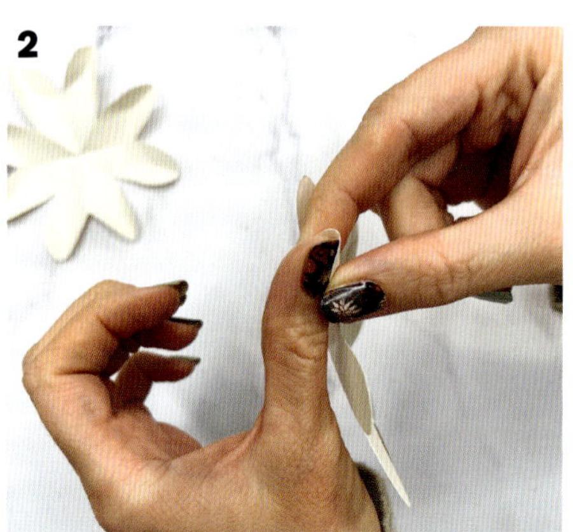

5 Um die Blume etwas plastischer zu gestalten, werden bei allen entstandenen orangen und gelben Blütenkränzen die Blütenblätter ein wenig von der Mitte aus nach oben geknickt. (Abb. 2)

6 Für die Blütenmitte wird der hellgelbe Papierstreifen an einer der langen Seiten im Abstand von 1–2 mm bis zur Mitte eingeschnitten. Dann wird der Papierstreifen eingerollt.

7 Nun setzen wir die Blume zusammen. Dazu werden die Blütenblätter etwas versetzt aufeinander geklebt – zuerst die großen Blüten, dann die kleineren. Zum Schluss wird in die Mitte der aufgerollte Papierstreifen aufgeklebt, dabei die Fransen vorsichtig nach außen drücken.

8 Um die Blume am Strohhalm zu befestigen, wird dieser am oberen Ende in regelmäßigen Abständen etwa 2 cm weit eingeschnitten. Die Einschnitte knickt ihr danach nach außen. Schneidet nun in den grünen Blätterkranz ein Loch und steckt den Strohhalm hindurch. Dann wird die Blüte auf die Einschnitte im Strohhalm gesetzt. Fixiert Blüte, Strohhalm und Blätterkranz mit Kleber (Abb. 3).

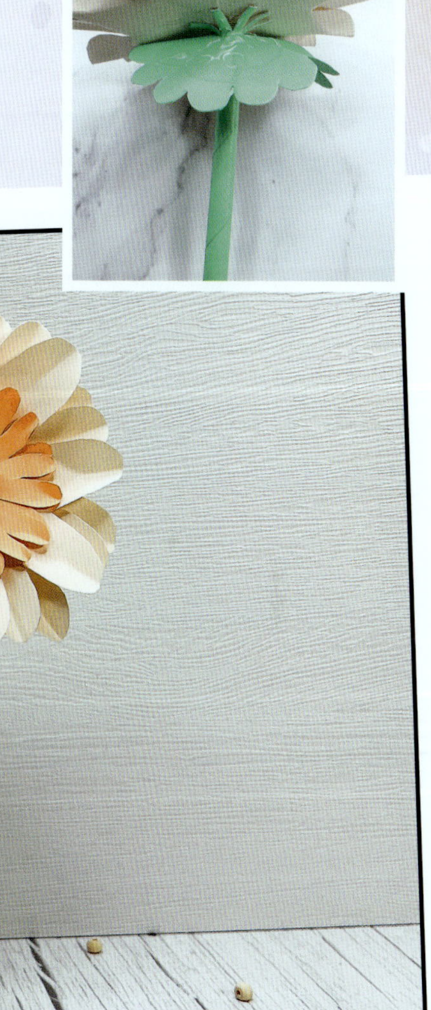
3

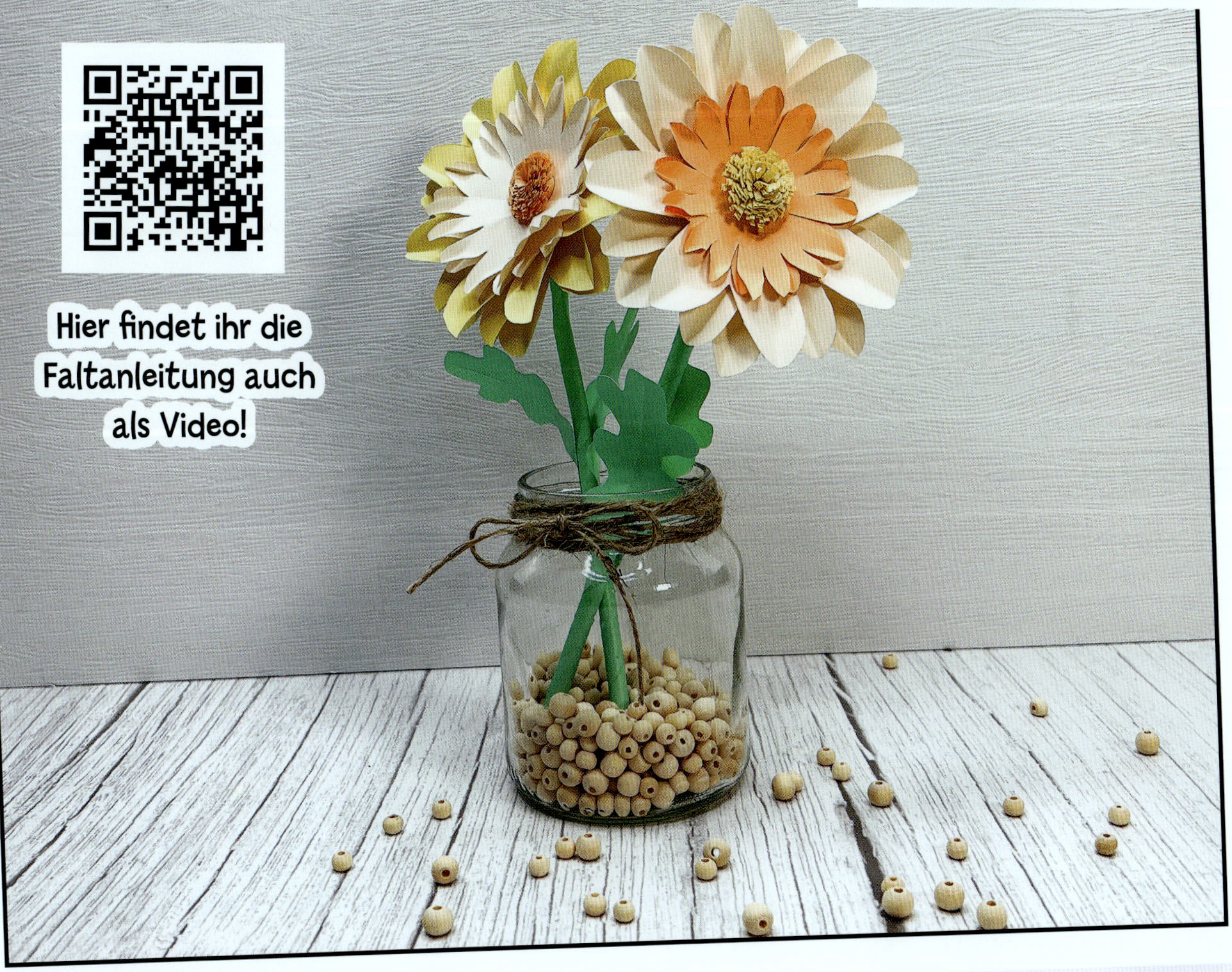

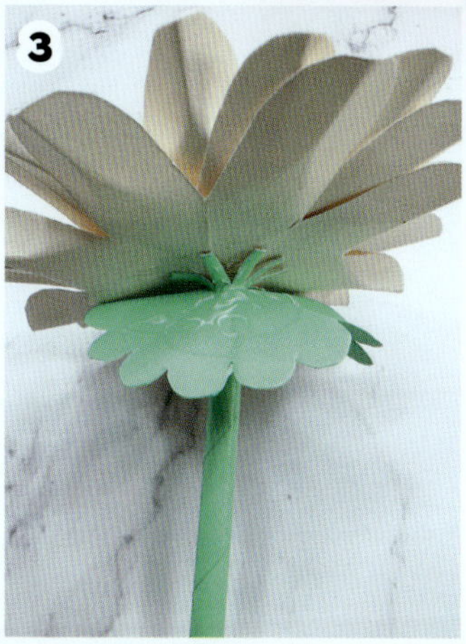

Hier findet ihr die Faltanleitung auch als Video!

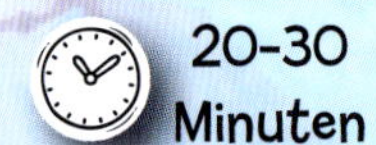

20-30 Minuten

HERZEN UND REGENBOGEN aus Papierstreifen

Diese filigranen Gebilde faszinieren nicht nur Kinder! Die benötigten Papierstreifen könnt ihr entweder zugeschnitten kaufen oder ihr schneidet sie selbst aus Papierresten aus. Am schönsten wirken dabei Ombré-Farbverläufe oder die klassischen Regenbogenfarben.

MATERIAL

für die Regenbogen:
7 Papierstreifen in unterschiedlichen Farben, 1 cm x 15/17/19/20/22/24/26 cm • 2 Wattebäusche

für die Herzen:
2 Papierstreifen, 1 cm x 14 cm • 2 Papierstreifen, 1 cm x 17 cm • 2 Papierstreifen, 1 cm x 21 cm

Regenbogen

1 Die Papierstreifen werden zunächst der Größe nach nebeneinandergelegt. Dann werden alle Papierstreifen, angefangen beim längsten, jeweils an einem Ende aufeinander geklebt (Abb. 1a). Bis der Kleber trocknet, könnt ihr die Enden mit einer Wäscheklammer fixieren.

2 Diesen Schritt wiederholt ihr nun auch mit den anderen Enden der Papierstreifen. Da die Papierstreifen immer kürzer werden, entsteht ein Bogen. Auch hier fixieren wir wieder mit einer Wäscheklammer, bis alles trocken ist (Abb. 1b).

3 Zum Schluss klebt ihr je einen Wattebausch an die Enden des Regenbogens.

Herzen

1 Zunächst werden die Papierstreifen sortiert: Für ein Herz benötigen wir zwei Bögen aus jeweils drei Papierstreifen. Wir legen also zweimal je einen Streifen mit 21, 17 und 14 cm nebeneinander (Abb. 2a).

2 Die ersten drei Papierstreifen werden nun auf beiden Seiten an den Enden aufeinander geklebt. Dann klebt ihr die beiden Enden zusammen, sodass ein Bogen bzw. eine Schlaufe entsteht (Abb. 2b). Das Ganze mit einer Wäscheklammer fixieren und den zweiten Teil des Herzes ebenso herstellen.

3 Zum Schluss kleben wir beide Bögen/Schlaufen an den unteren Enden aneinander.

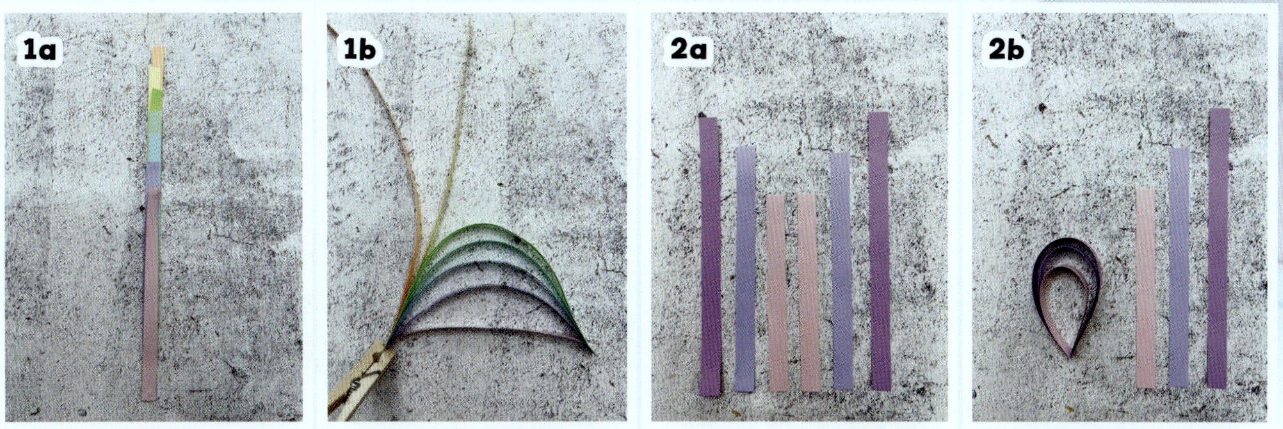
1a
1b
2a
2b

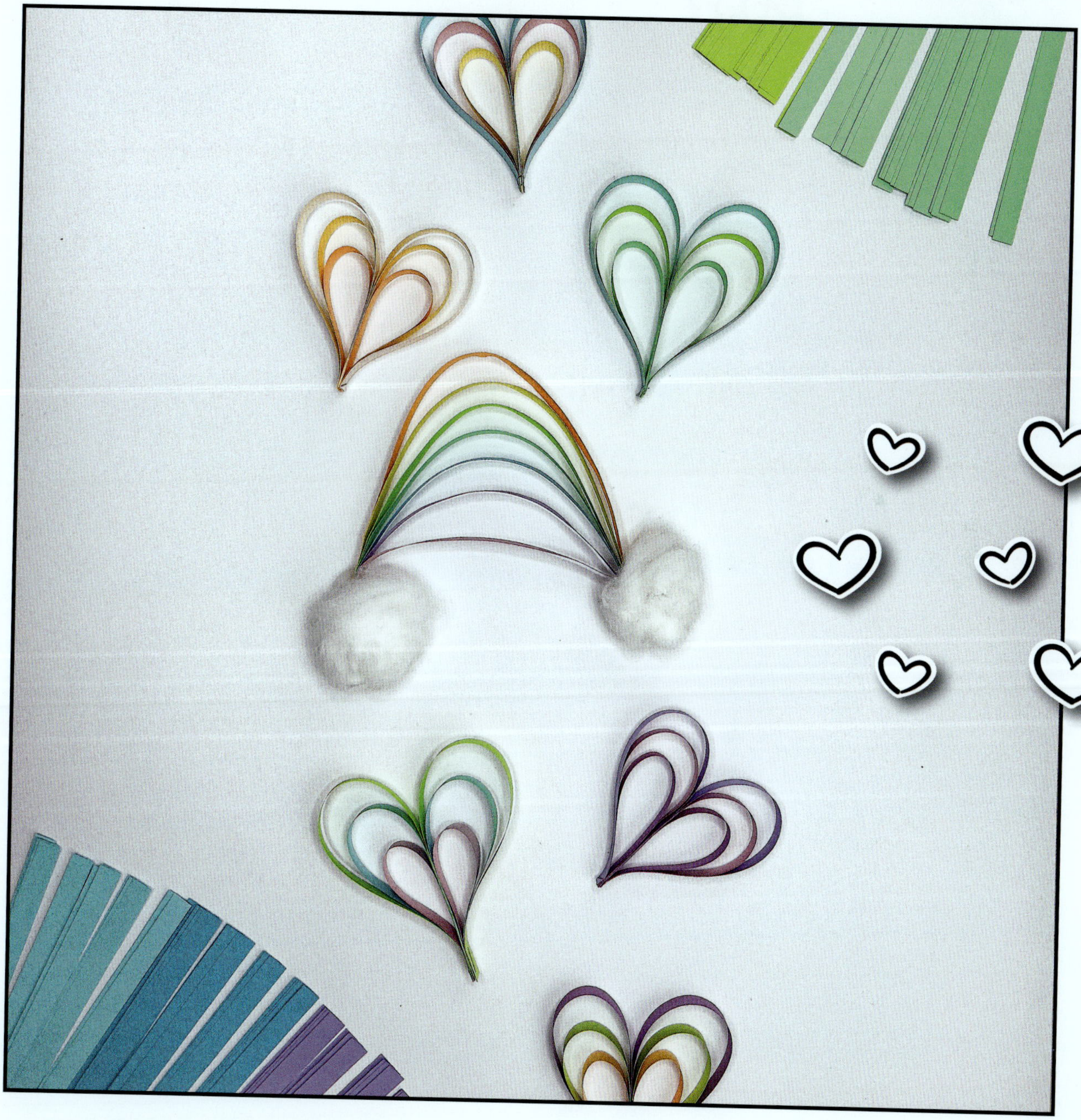

Kreativ mit NATUR-MATERIAL

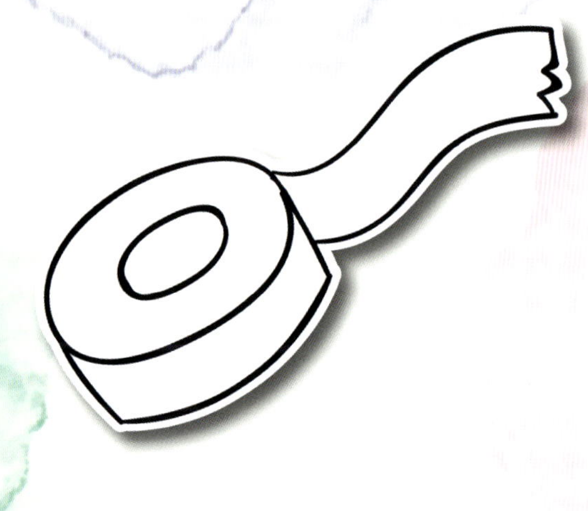

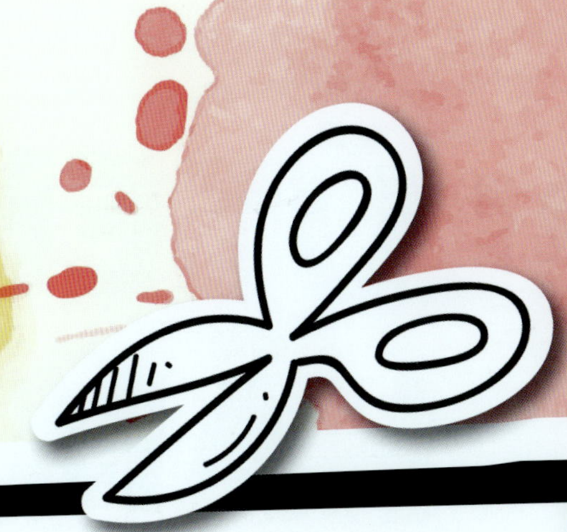

Die meisten Kinder sind geborene Sammler! Egal ob Blätter, Steine, Äste, Eicheln, Kastanien oder Blumen: die Natur scheint diese Sammelleidenschaft geradezu zu beflügeln. Umso schöner, wenn man dann aus den gesammelten Schätzen etwas ganz Besonderes basteln kann.

Beim Basteln mit Naturmaterial sollte man jedoch immer im Hinterkopf behalten, dass nicht alles lange „schön“ bleibt. Blätter und Blumen sollten vor dem Verarbeiten in der Regel gepresst werden, weil sie sonst schon nach wenigen Stunden verwelkt sein können. Eicheln, Kastanien und Ähnliches hält lange, wenn es vorher gut getrocknet wurde. Feucht fangen diese Schätze schnell an zu schimmeln.

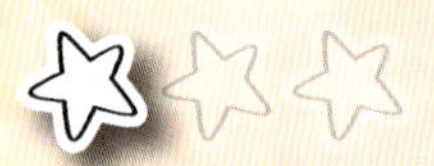

15-20 Minuten

BLÜTENBILDER HÄMMERN

Hammer üben nicht nur auf jüngere Kinder eine große Faszination aus, auch ältere lieben es, mit Werkzeug zu arbeiten und dieses zu erkunden. Bei diesem Projekt können auch kleinere Kinder erste Erfahrungen mit dem Hammer sammeln und gleichzeitig etwas Schönes erschaffen. Dabei ist die Verletzungsgefahr gering, da der Hammer mit beiden Händen festgehalten werden kann.

MATERIAL
diverse Blüten in verschiedenen Farben • Aquarellpapier in Weiß, A4 • Klarsichtfolie • Hammer

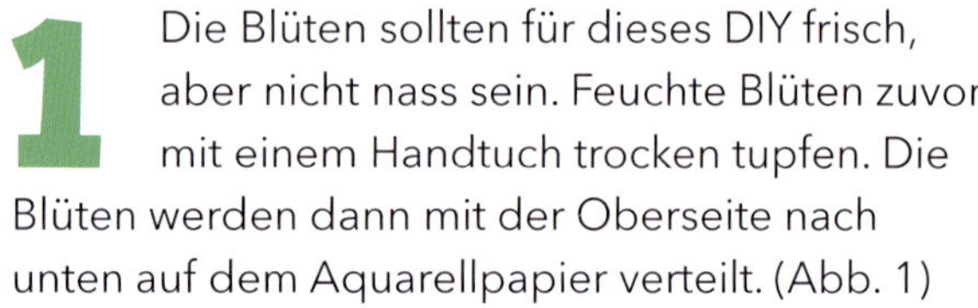

1 Die Blüten sollten für dieses DIY frisch, aber nicht nass sein. Feuchte Blüten zuvor mit einem Handtuch trocken tupfen. Die Blüten werden dann mit der Oberseite nach unten auf dem Aquarellpapier verteilt. (Abb. 1)

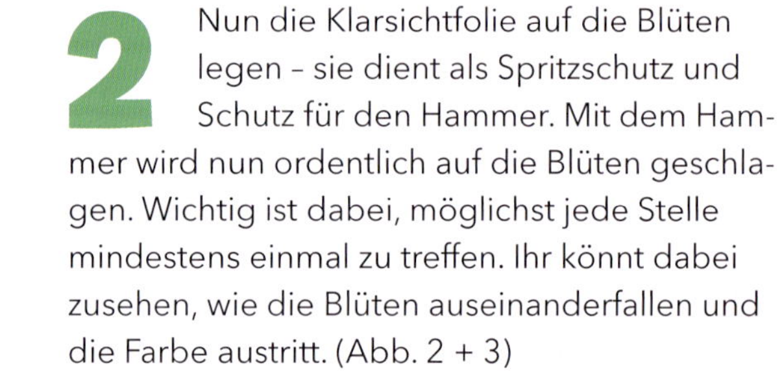

2 Nun die Klarsichtfolie auf die Blüten legen – sie dient als Spritzschutz und Schutz für den Hammer. Mit dem Hammer wird nun ordentlich auf die Blüten geschlagen. Wichtig ist dabei, möglichst jede Stelle mindestens einmal zu treffen. Ihr könnt dabei zusehen, wie die Blüten auseinanderfallen und die Farbe austritt. (Abb. 2 + 3)

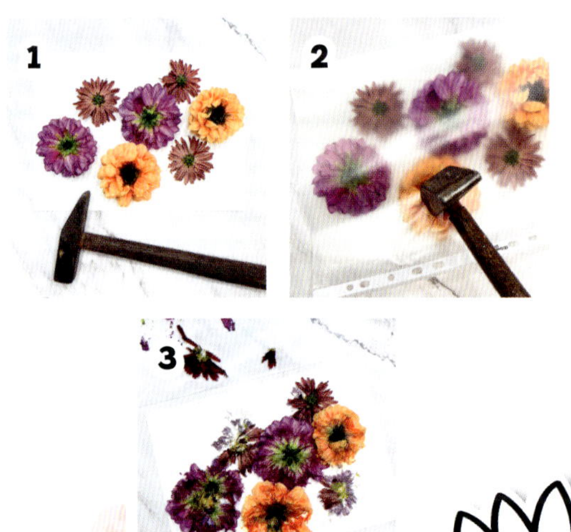

3 Wenn alle Blüten ordentlich zerquetscht wurden, nehmt ihr die Folie ab und entfernt die Blüten vom Papier. Nun wird das Blütenmuster sichtbar. Alles gut trocknen lassen und dann nach Belieben weiterverarbeiten.

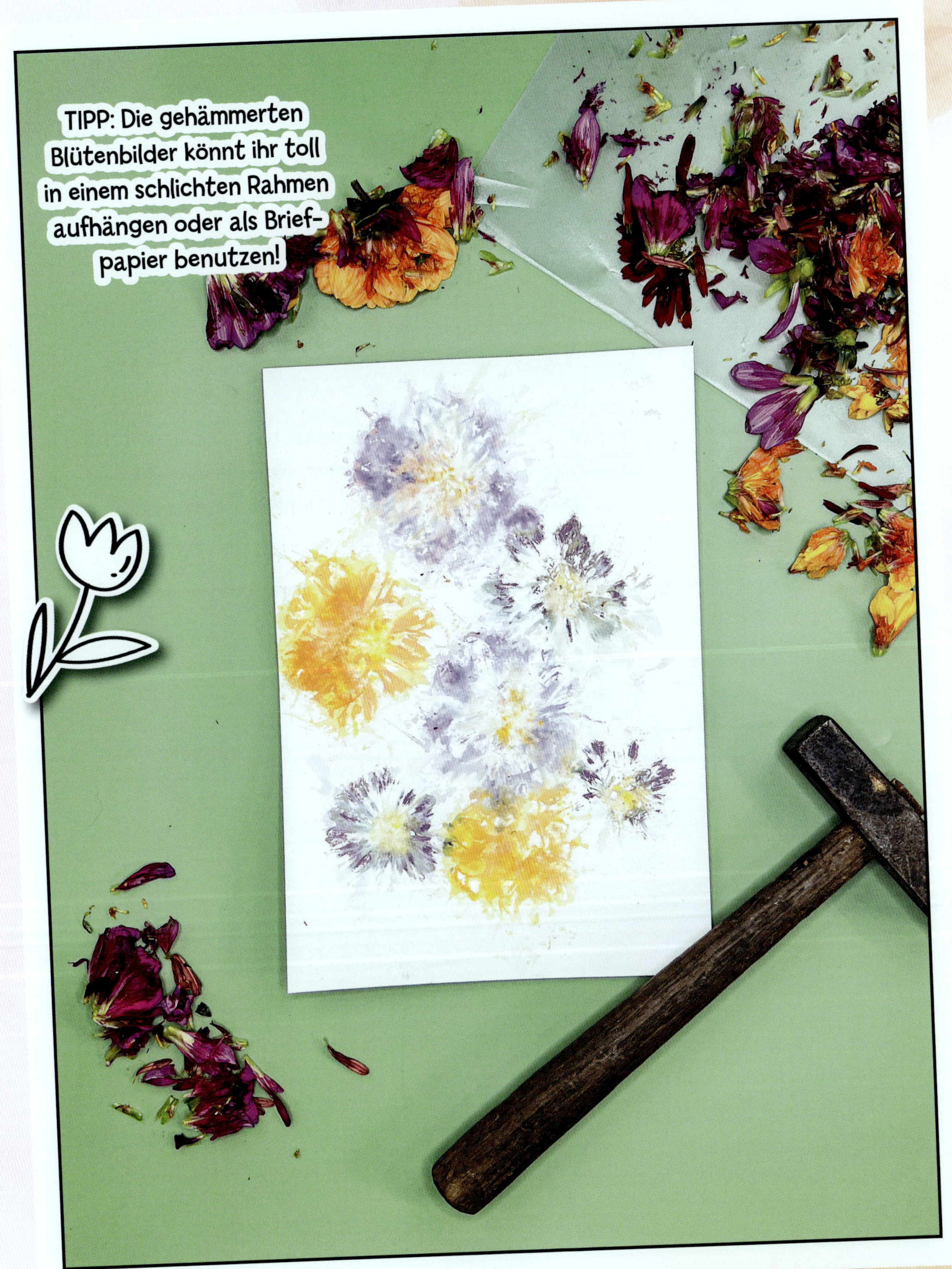
TIPP: Die gehämmerten Blütenbilder könnt ihr toll in einem schlichten Rahmen aufhängen oder als Brief-papier benutzen!

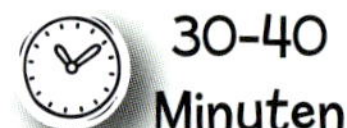

REHBOCK aus Laubschnipseln

Dieser süße Rehbock wird mit gesammelten Naturschätzen gestaltet und eignet sich gut als Wanddeko für das Kinderzimmer. Die Blätter sollten vor dem Verarbeiten gepresst werden, damit der Rehbock lange hält.

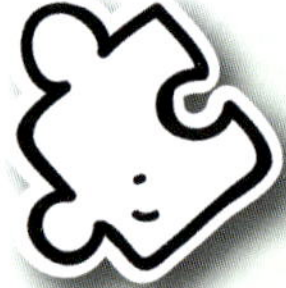

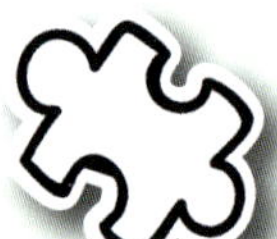

MATERIAL

Verpackungskarton, ca. 25 cm x 30 cm • gepresste Blätter • 2 Zweige, etwa 15 cm lang • Wattebäusche • Art Potch (Serviettenkleber) • Heißkleber • Bleistift • Schere

Vorlage: Seite 144

1 Als erstes übertragen wir die Vorlage für den Rehbock auf den Verpackungskarton und schneiden sie aus.

2 Dann werden die getrockneten Blätter in kleine Schnipsel geschnitten oder gerissen. Auf den Rehbock-Kopf tragen wir Art Potch auf, lassen dabei allerdings das Innere der Ohren frei. Verteilt nun die Schnipsel, sodass der gesamte Kopf davon bedeckt ist und lasst alles gut trocknen. (Abb. 1)

3 Nun wird auf das Ohreninnere Art Potch aufgetragen und dort die Watte befestigt. Dazu die Wattebäusche auseinanderreißen und in die gewünschte Form ziehen.

4 Zum Schluss werden die zwei Zweige am Kopf des Rehbocks mit Heißkleber befestigt.

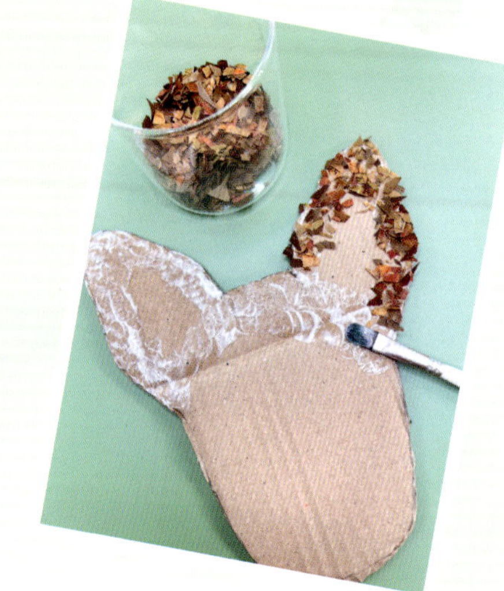

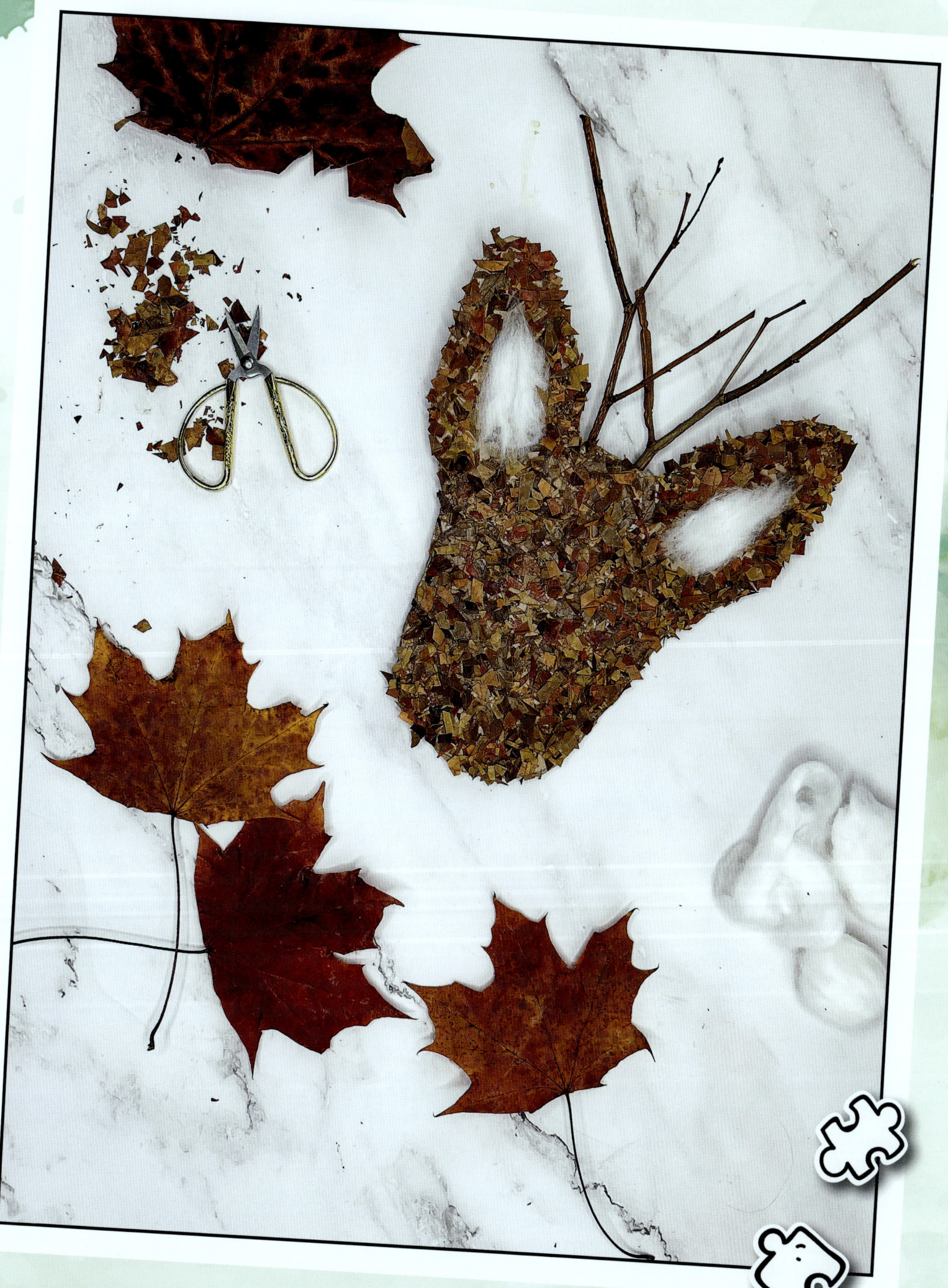

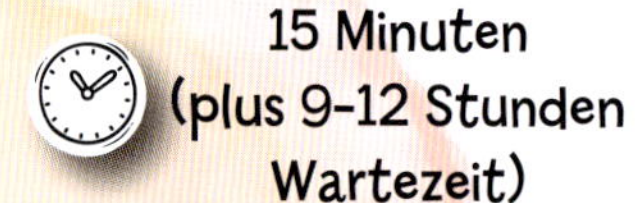

15 Minuten (plus 9-12 Stunden Wartezeit)

FROSTIGE EISLICHTER

Diese DIY-Idee setzt ihr idealerweise um, wenn für die folgenden Tage richtig schön frostige Temperaturen angesagt sind. Je länger es friert und kalt bleibt, desto länger kann man die schönen Lichter im Garten bestaunen.

MATERIAL

Luftballon • Wasser • Schale • Schere • LED-Lichterdraht (idealerweise mit Timer oder Fernbedienung)

1 Füllt den Luftballon über dem Waschbecken mit Wasser auf. Der Ballon sollte nicht mehr als zu Dreivierteln gefüllt werden, sonst kann er beim Befüllen platzen. Verschließt den Ballon mit einem Knoten (Abb. 1). Achtung: Der Wasserballon wird ziemlich schwer. Am besten haltet ihr beim Befüllen eine Schale unter den Ballon, auf der er aufliegen kann, damit er nicht am Hals reißt, wenn das Gewicht zu groß wird.

2 Legt den befüllten Ballon nun nach draußen (wenn es bereits friert) oder ins Tiefkühlfach (wenn es noch nicht friert, ihr die Lichter aber schon vorbereiten wollt). Um komplett durchzufrieren, sollte der Ballon draußen etwa 10-12 Stunden liegen bleiben, im Tiefkühlfach bei -21 °C waren bei uns 9 Stunden völlig ausreichend. Vor dem Entnehmen könnt ihr den Ballon einmal abtasten und vorsichtig klopfen, um zu schauen, ob die Außenwand bereits gefroren ist.

3 Der Ballon wird dann über dem Waschbecken mit einer Schere aufgeschnitten und das Wasser im Innenraum, das noch nicht gefroren ist, abgelassen. In der Regel findet man eine Stelle, die noch nicht gefroren ist, an der man es einfach abgießen kann. Sollte der Ballon tatsächlich rundherum gefroren sein, klopft mit einem spitzen Gegenstand (Meißel, spitze Seite eines Hammers, geschlossene Zange etc.) ein kleines Loch in die Eiskugel.

4 Zum Schluss wird der Lichterdraht in den Innenraum der Eiskugel gelegt und angemacht. Sucht euch draußen einen schönen Platz aus (zum Beispiel auf dem Fenstervorsprung oder im Garten vor dem Fenster) und schon könnt ihr bei Dunkelheit die schönen Lichter bestaunen.

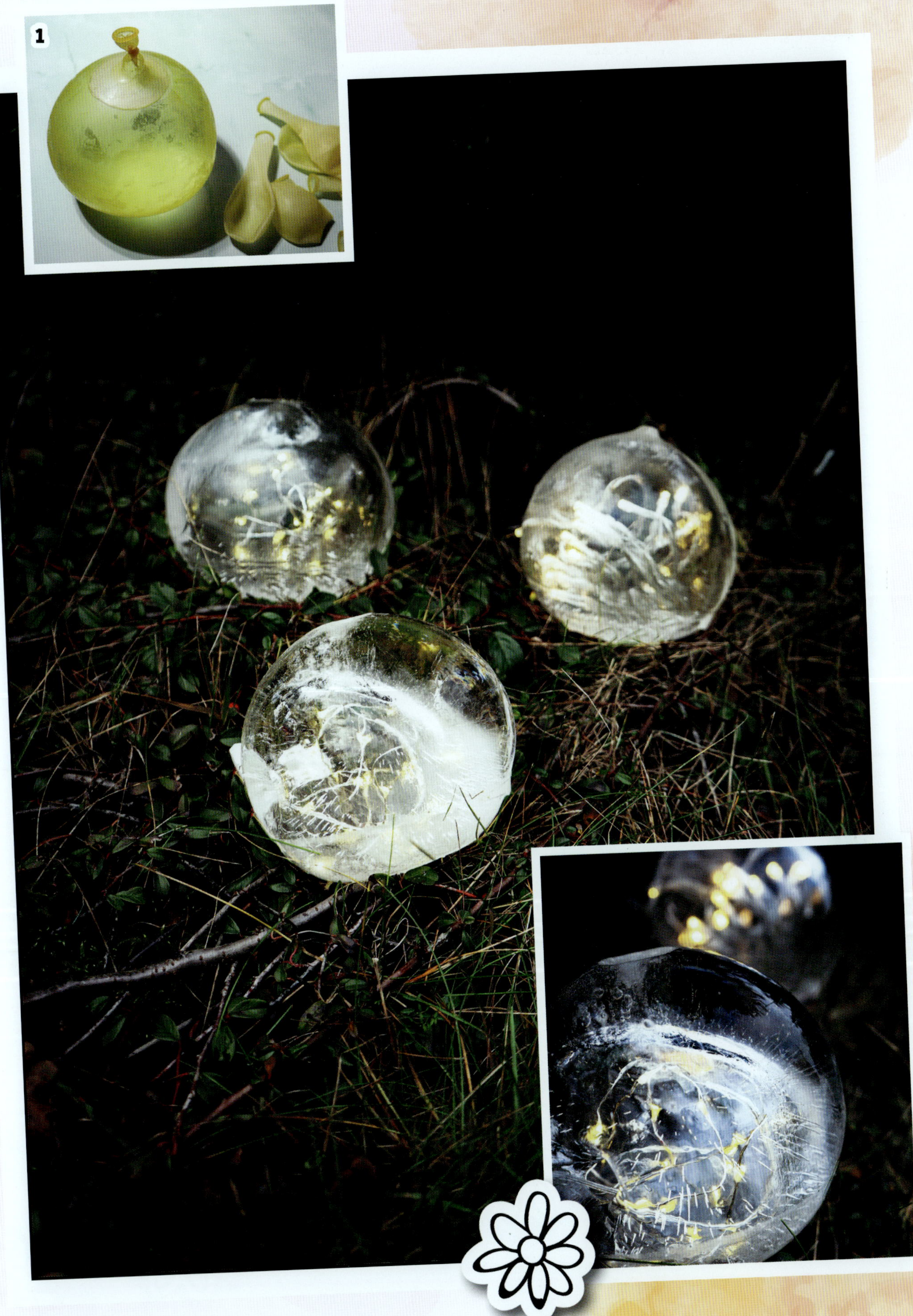
1

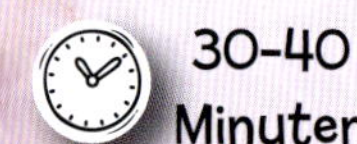

BLUMEN-WINDLICHT

Dieses Windlicht ist ein schöner Blickfang auf dem Tisch und hält ewig, da die zarten Blüten durch das Glas und den Kleber gut geschützt sind. Wenn die Kerze dann angezündet wird, leuchtet ihr Schein wundervoll durch die Blütenblätter und zaubert tolle Muster an die Wände.

MATERIAL

leeres Schraubglas (z. B. von eingelegtem Gemüse) • getrocknete und gepresste Blüten oder Blätter • Art Potch (Serviettenkleber) • Juteschnut, ca. 50 cm lang • Pinsel

1 Damit die Blüten gut auf dem Glas halten, pinseln wir dieses zunächst komplett mit einer dünnen Schicht Art Potch ein. Die Blüten werden dann vorsichtig auf diese Fläche geklebt und mit einer weiteren dünnen Schicht Art Potch von oben fixiert. Den Kleber lassen wir für ein paar Stunden trocknen.

2 Wenn der Kleber trocken ist, wickeln wir die Juteschnur mehrmals um den Hals des Glases und fixieren sie mit einer Schleife.

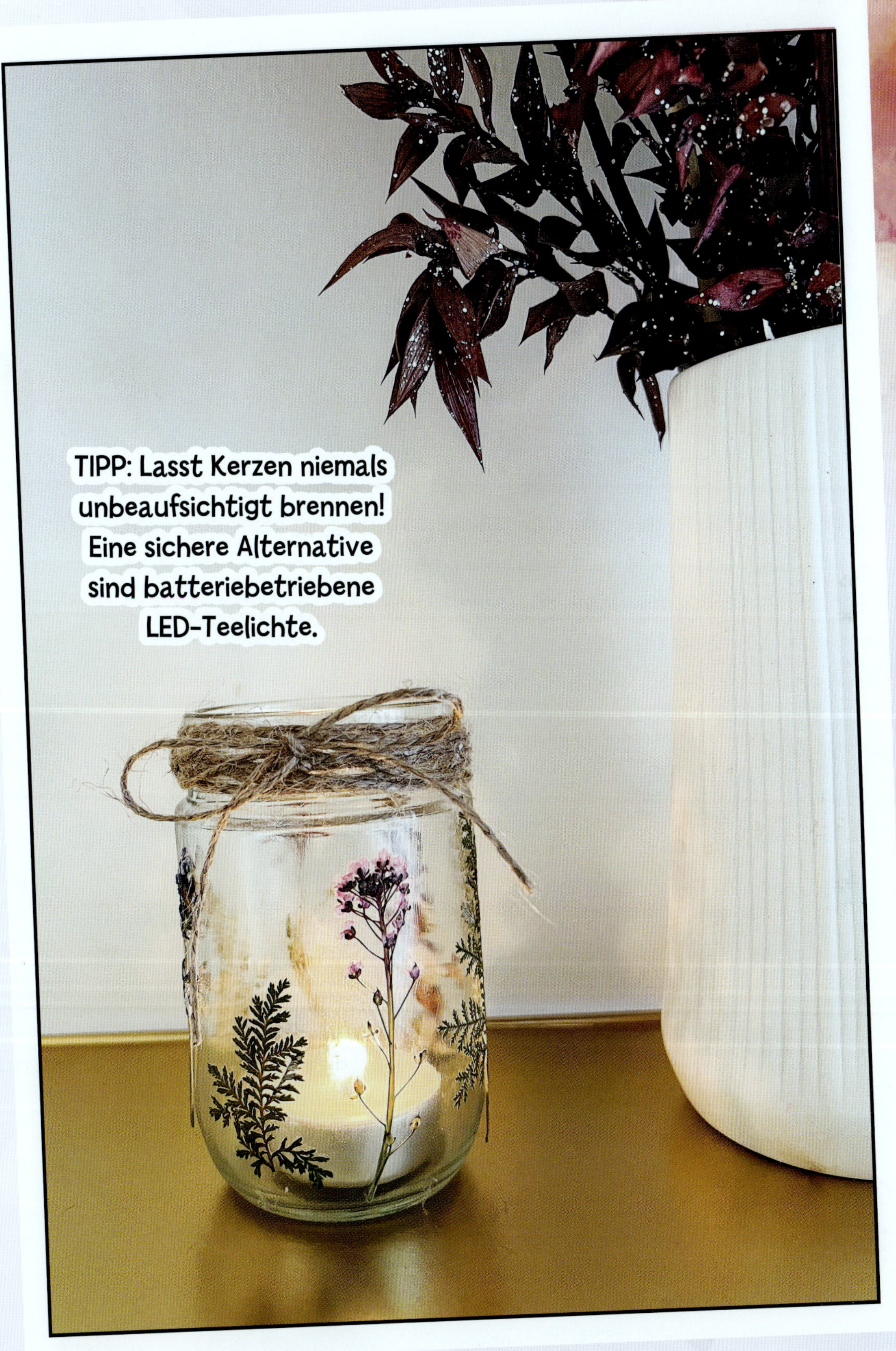
TIPP: Lasst Kerzen niemals unbeaufsichtigt brennen! Eine sichere Alternative sind batteriebetriebene LED-Teelichte.

30 Minuten

GLITZERNDES EICHEL-DIADEM

Wer möchte sich nicht einmal wie eine Prinzessin oder ein Prinz fühlen? Oder doch lieber wie eine Waldfee? Mit diesem hübschen Diadem muss sich niemand entscheiden, sondern kann sein, wer immer sie/er sein will! Und es glitzert so toll, dass nicht nur die Kleinen davon völlig verzaubert sein werden!

MATERIAL

Eicheln mit Hut (möglichst groß) • schlichter, breiter • Haarreifen • Glitzer in verschiedenen Farben • Flüssigkleber • Heißkleber

1 Zuerst werden die Eicheln bis zum Hütchen mit Flüssigkleber eingestrichen und dann in Glitzer gewälzt. Überschüssigen Glitzer abklopfen und alles zum Trocknen beiseitelegen.

2 Zum Befestigen der Eicheln auf dem Haarreifen eignet sich Heißkleber am besten. Diesen Schritt sollte also lieber ein Erwachsener ausführen! Die Eicheln werden dabei auf dem oberen Drittel des Haarreifens verteilt und mit dem Heißkleber befestigt.

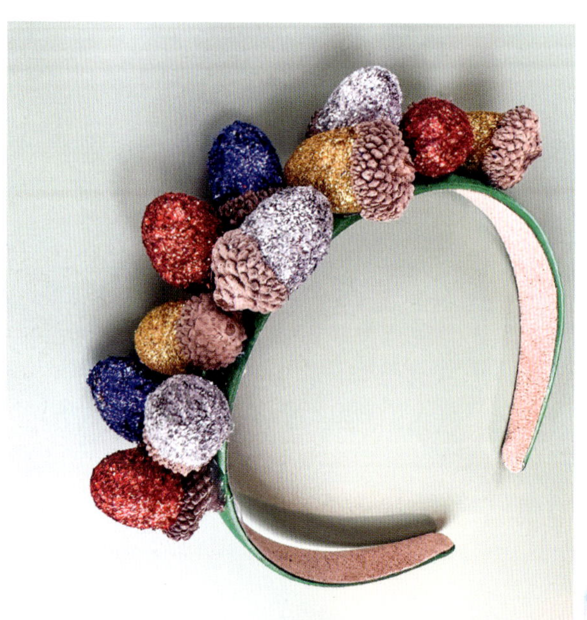

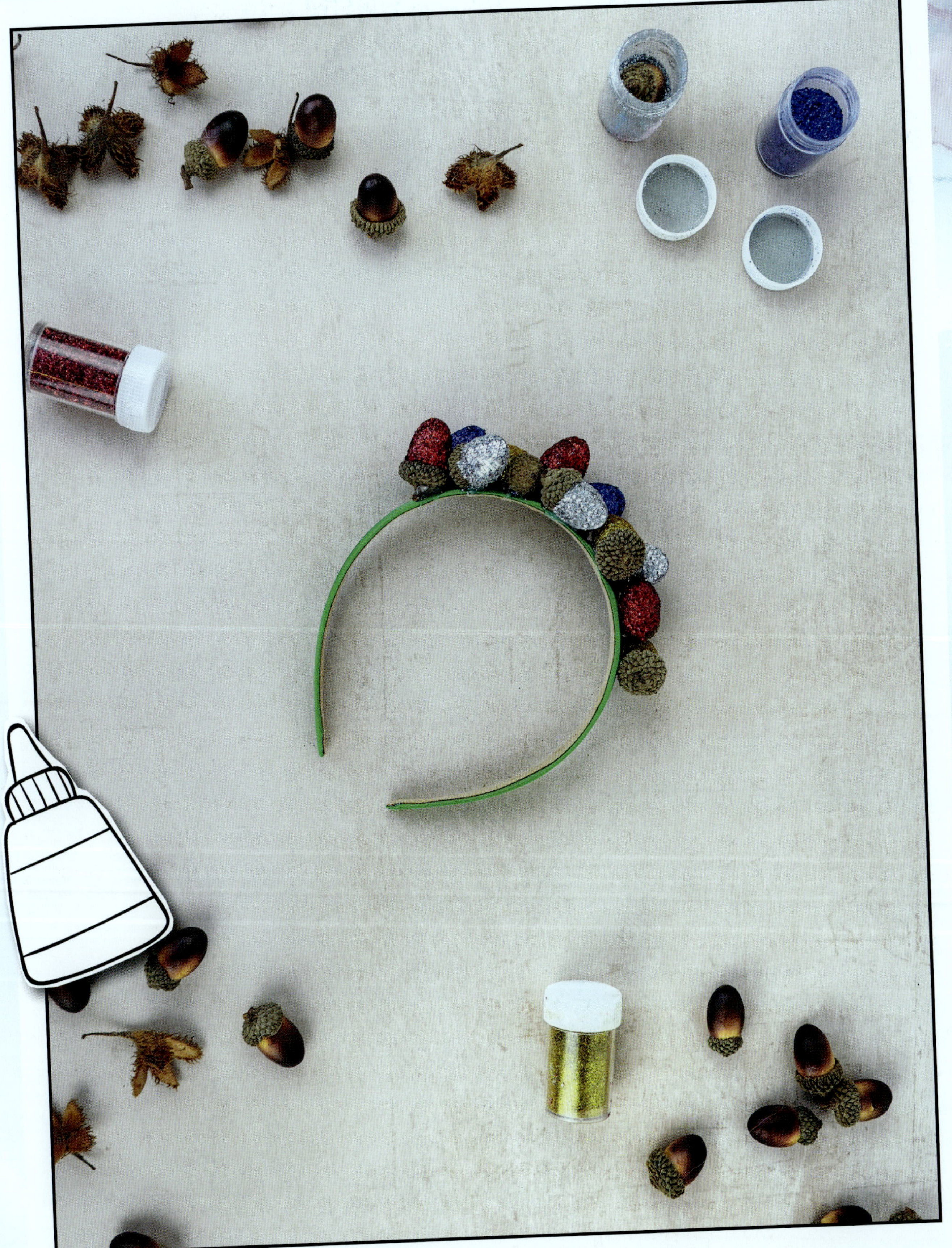

 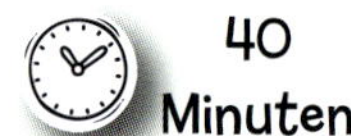 40 Minuten

BLUMEN-STRAUSS

Wenn im Sommer die Wiesen voller Löwenzahn und Gänseblümchen stehen, könnt ihr in dieser Vase einen wunderschönen Blumenstrauß arrangieren.

MATERIAL

Versandkarton, etwa DIN A4 • Filzstift in Schwarz • Schere

Vorlage: Seite 149

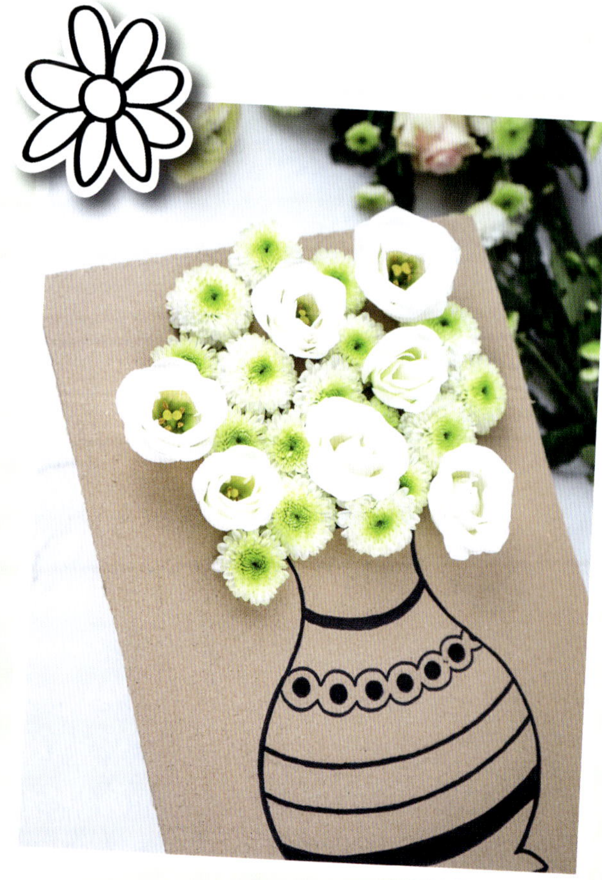

1 Übertragt die Vorlage für die Vase auf den Versandkarton und stecht dann die vorgegebenen Löcher mit einer Schere nach.

2 Sucht passende Blumen im Garten (z.B. Löwenzahn, Gänseblümchen und alles, was wild auf den Wiesen wächst) und schneidet sie etwa 5 cm von der Blüte entfernt ab. Steckt die Blumen jeweils mit dem Stiel durch ein Papploch und wiederholt dies, bis alle Löcher mit Blumen gefüllt sind. Sollte noch viel Pappe zwischen den Blüten zu sehen sein, stecht zusätzliche Löcher und füllt sie mit weiteren Blüten auf.

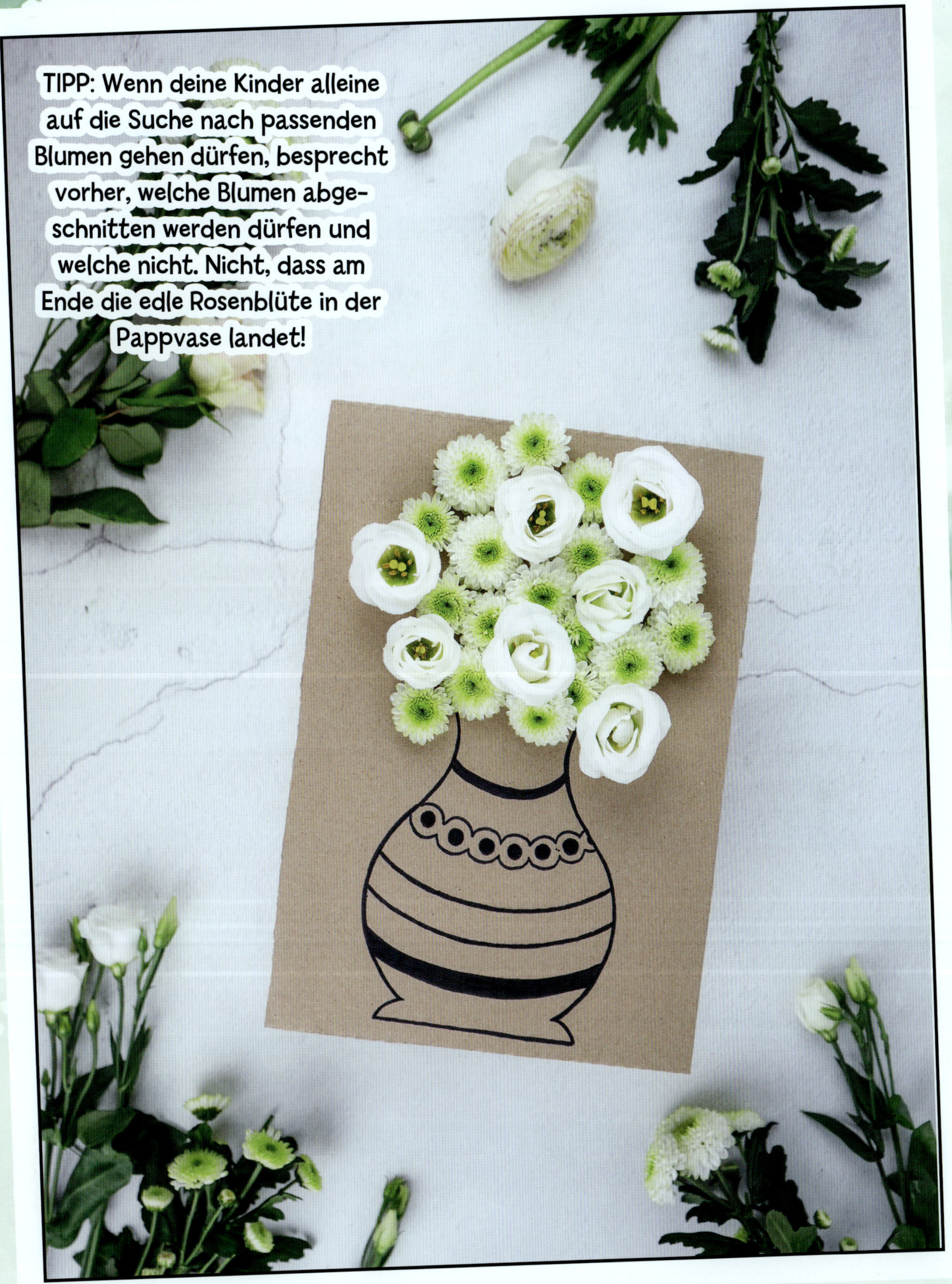
TIPP: Wenn deine Kinder alleine auf die Suche nach passenden Blumen gehen dürfen, besprecht vorher, welche Blumen abgeschnitten werden dürfen und welche nicht. Nicht, dass am Ende die edle Rosenblüte in der Pappvase landet!

20-30 Minuten

DUFTENDE BLÜTENSEIFE

Diese Seife eignet sich perfekt als kleines Geschenk oder Mitbringsel. Die Blüten solltet ihr einige Zeit im Vorfeld sammeln, damit sie genug Zeit haben, richtig zu trocknen. Gießseife und die Formen bekommt ihr in vielen Bastelgeschäften oder im Internet.

MATERIAL

250 g Gießseife
Seifengießform „Quadrat"
Seifenduft
getrocknete Blumen
Seidenpapier
Juteschnur
Zahnstocher
Frischhaltefolie

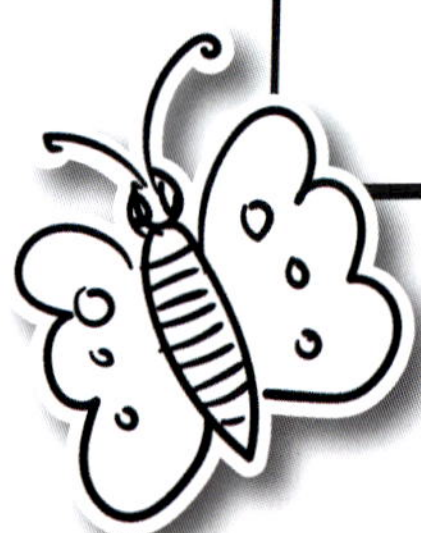

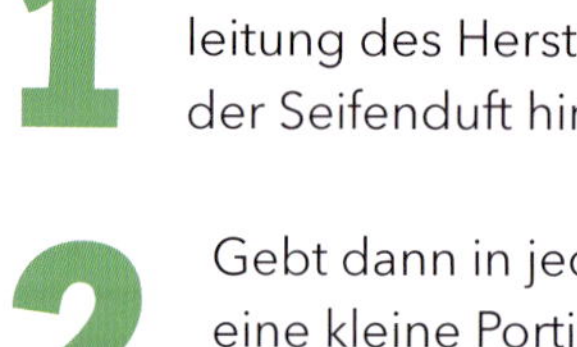

1 Die Gießseife wird zunächst nach Anleitung des Herstellers geschmolzen und der Seifenduft hinzugefügt.

2 Gebt dann in jede Seifenform zunächst eine kleine Portion Seife, sodass nur der Boden bedeckt ist. Darauf werden nun die getrockneten Blumen verteilt. Füllt dann vorsichtig weiter Seife ein. Falls die getrockneten Blumen sich verschieben, könnt ihr sie mithilfe eines Zahnstochers wieder ausrichten. Lasst die Seife fest werden.

3 Wenn die Seife verschenkt werden soll, wickeln wir sie zunächst in Frischhaltefolie und dann in Seidenpapier. Zuletzt eine Juteschnur um das Päckchen wickeln und eine schöne Schleife binden. So hält die Seife mehrere Wochen.

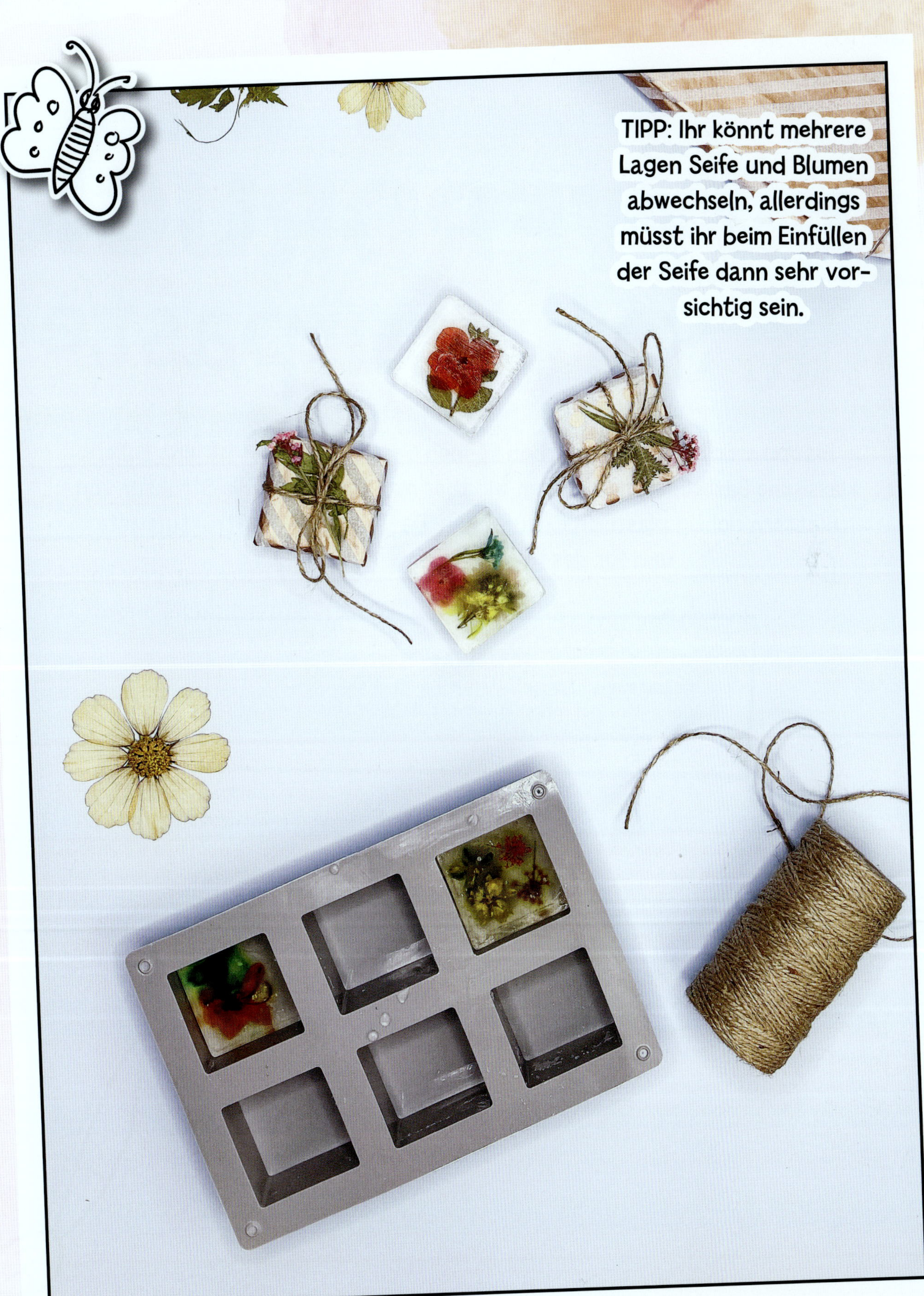

TIPP: Ihr könnt mehrere Lagen Seife und Blumen abwechseln, allerdings müsst ihr beim Einfüllen der Seife dann sehr vorsichtig sein.

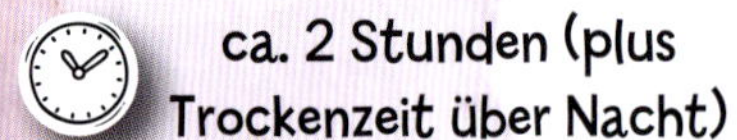

BLÄTTERDRUCK mit Strukturpaste

Blätterdruck mit Wasserfarben kennen bestimmt alle, es ist eine tolle, klassische Bastelidee. Nun wollen wir aber mal versuchen, die Struktur von Blättern richtig plastisch einzufangen. Dazu nutzen wir Strukturpaste und für das gewisse „Extra" Goldfarbe.

MATERIAL

Keilrahmen, 50 cm x 100 cm • 1,5 kg Strukturpaste • Blätter mit ausgeprägter Struktur (z. B. Ahorn, Eiche, etc.) • Goldfarbe • Palettenmesser • Nadel • Pinsel

1 Tragt zuerst die Strukturpaste auf den Keilrahmen auf. Die Schicht sollte mindestens 3 mm dick sein und die Oberfläche möglichst glatt.

2 Verteilt nun die Blätter in unregelmäßigen Abständen mit der Rückseite nach unten auf der Paste. Drückt die Blätter vorsichtig an und achtet darauf, dass sie jeweils rundherum in die Strukturpaste gedrückt sind. Seid aber gleichzeitig vorsichtig, dass ihr das Blatt nicht zu tief bis auf den Keilrahmen eindrückt. Lasst alles über Nacht trocknen.

3 Am nächsten Tag werden die Blätter vorsichtig von der Strukturpaste abgezogen. Falls Blätter dabei kaputt gehen, können die Reste vorsichtig mit einer Nadel freigekratzt werden. Die Strukturpaste sollte nun nochmals über Nacht komplett trocknen.

4 Wenn alles getrocknet ist, malt ihr die Abdrücke der Blätter mit der goldenen Farbe an.

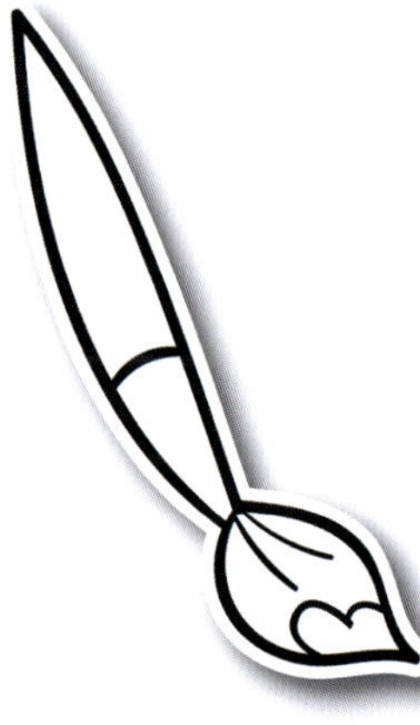

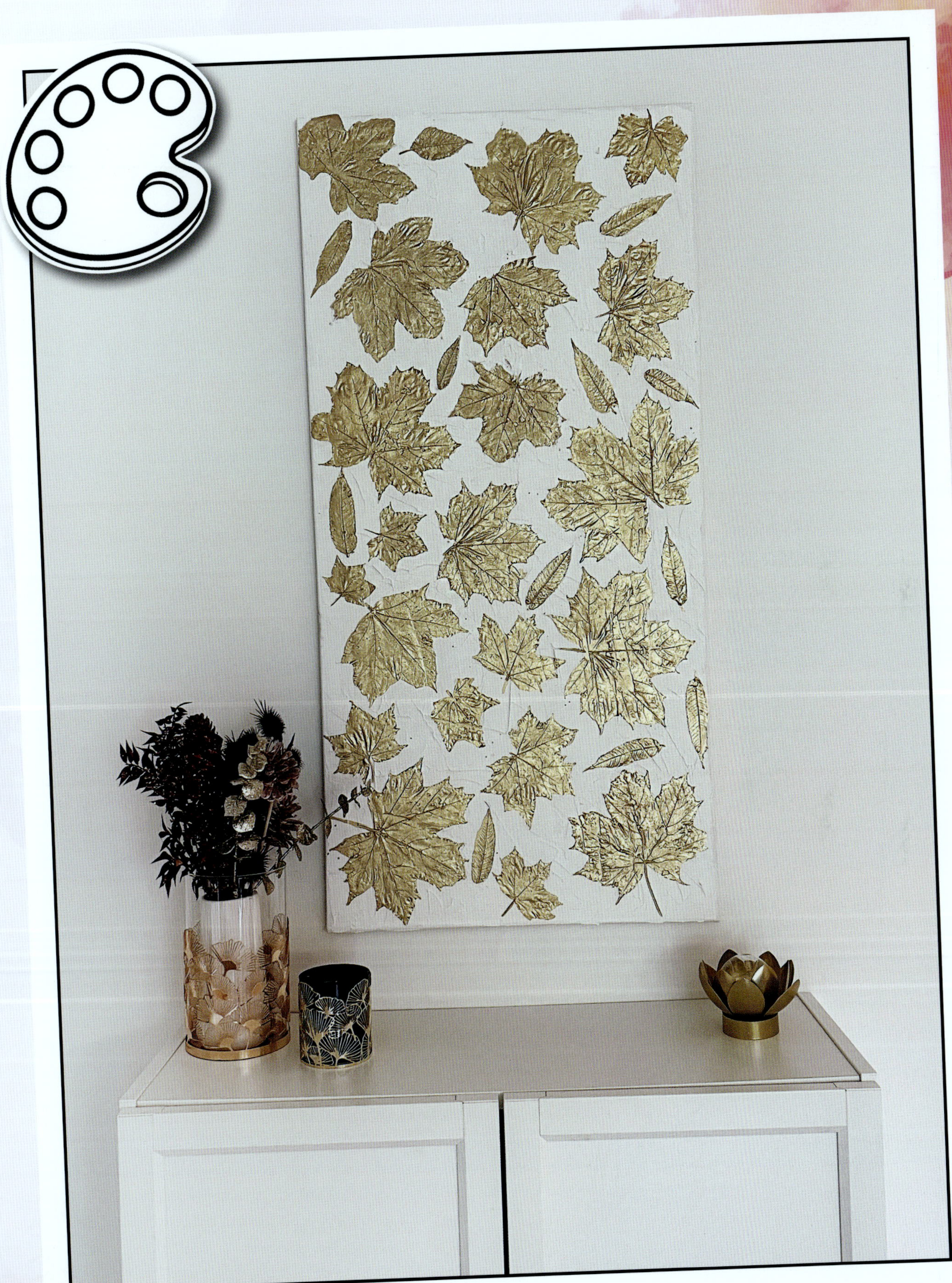

60 Minuten

BUNTE Dot-Mandala-Steine

Viele Kinder lieben es, Steine zu bemalen und mit der Dot-Technik gelingen im Handumdrehen faszinierende Kunstwerke. Da man für die Gestaltung eine ruhige Hand und viel Geduld braucht, eignet sich diese Aktivität besonders gut für Kinder ab dem Grundschulalter.

MATERIAL

Steine (mit möglichst glatter Oberfläche) • Acrylfarbe in Schwarz und Pastellfarben • Klarlack • Pinsel • Zahnstocher • Schaschlikspieß • Wattestäbchen

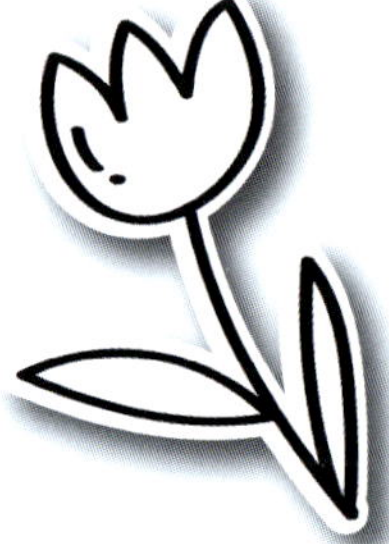

1 Zunächst werden die Steine abgewaschen und gut getrocknet. Dann kommt die Grundierung drauf: Ich habe mich für Schwarz entschieden, da die Farben darauf besonders schön leuchten. Lasst die Grundierung gut trocknen.

2 Nun wird mit Zahnstocher, Schaschlikspieß und Wattestäbchen das Muster in verschiedenen Pastell-Farben aufgetragen. Dafür arbeitet ihr am besten von innen nach außen. Ihr könnt auch in einen farbigen Punkt einen kleinen Akzent in einer anderen Farbe setzen. Achtet dabei darauf, dass der Punkt vollkommen getrocknet ist, damit sich die Farbe nicht ungewollt vermischt.

3 Wenn ihr mit dem Muster zufrieden seid, lasst ihr alles gut trocknet und versiegelt die Steine zum Schluss mit etwas Klarlack.

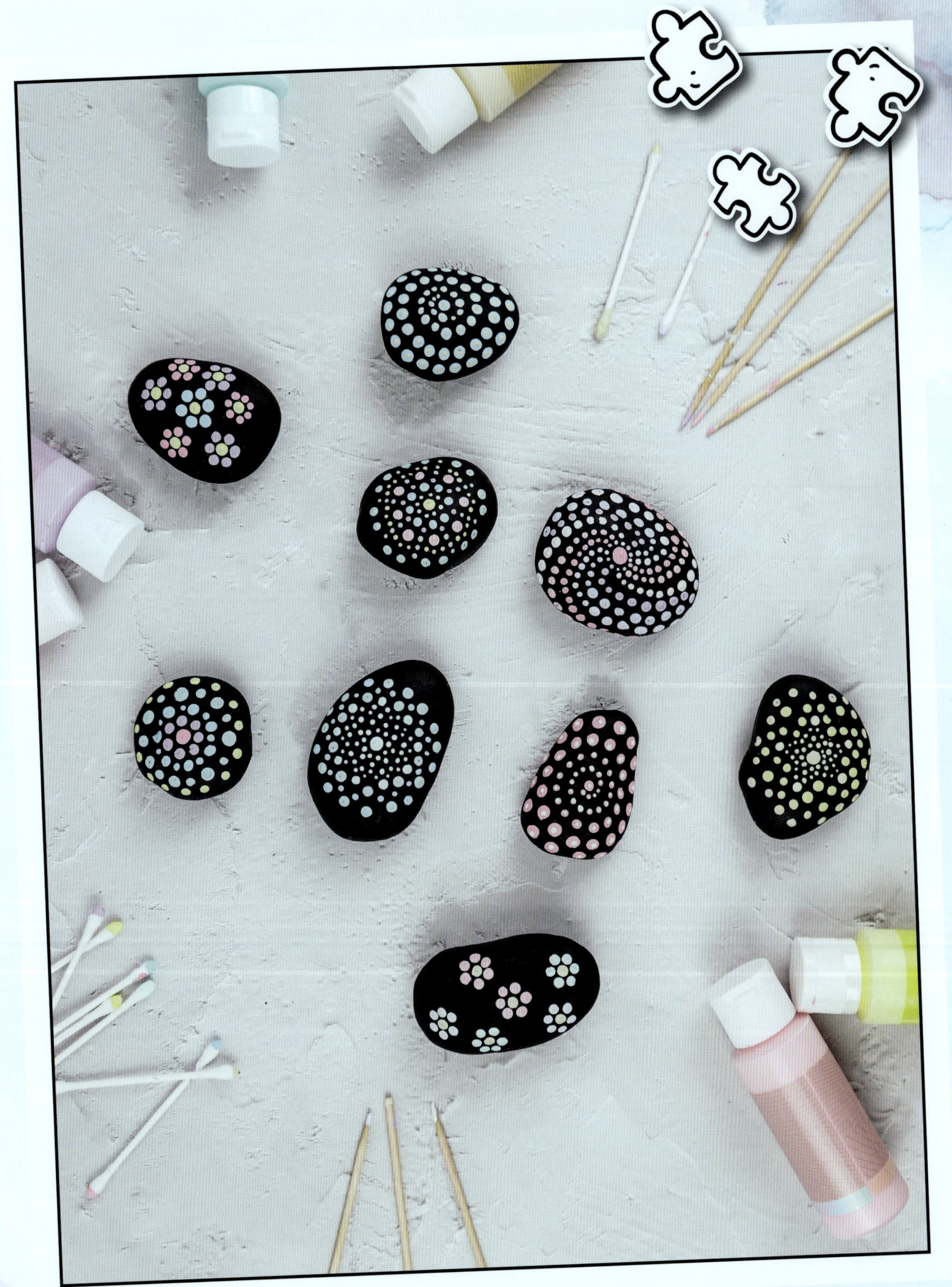

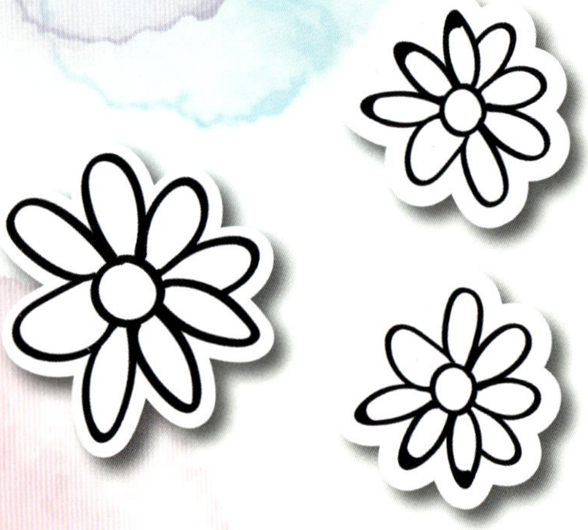

Kreative UPCYCLING-IDEEN

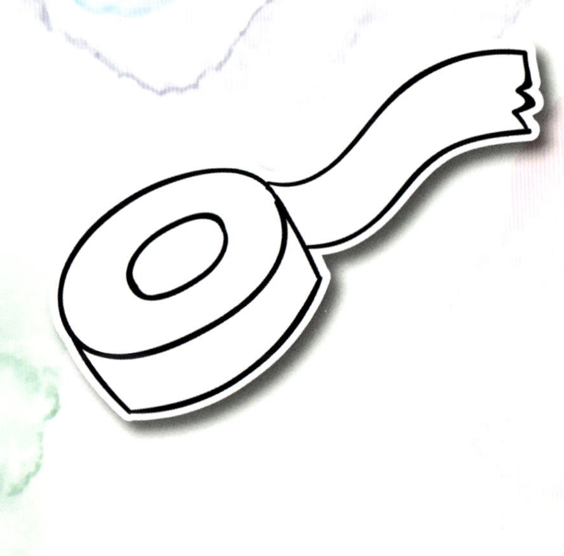

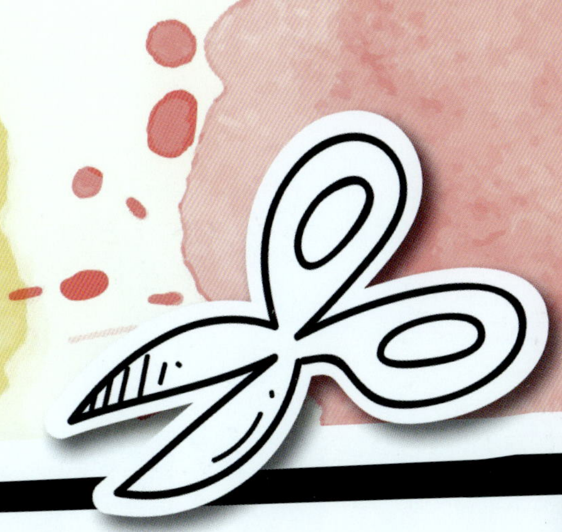

Upcycling bedeutet, Dinge zu verwenden, die eigentlich für den Müll bestimmt sind bzw. Alltagsgegenstände zu zweckentfremden und aus ihnen etwas Schönes herzustellen – so schenkt man einem alten Teil neues Leben, spart Ressourcen und reduziert Müll. Zum Basteln eignen sich dabei viel mehr Dinge, als man auf den ersten Blick meint: Neben leeren Toilettenpapierrollen – mit denen jeder, der Kinder hat, wahrscheinlich schon gebastelt hat – kann man auch aus alten CDs, Schraubverschlüssen, Gläsern und aussortiertem Spielzeug tolle Sachen schaffen.

In unserer konsumorientierten Welt können wir beim Recyclingbasteln mit Kindern ein erstes Bewusstsein dafür schaffen, dass wir alte Dinge vielleicht doch noch wiederverwenden können und nicht immer alles direkt entsorgt werden muss.

15 Minuten

COOLE STEMPELWALZE

Eine Fusselrolle ist ein faszinierendes Gerät! Wenn Kinder sie entdecken, können sie oft nicht die Hände von ihr lassen und probieren enthusiastisch aus, wo überall Fussel zu finden sind. Bei diesem DIY kann man super eine alte Fusselrolle einsetzen, nach dem Basteln die Luftpolsterfolie wieder entfernen und die Rolle weiterverwenden.

MATERIAL

Fusselrolle •
Luftpolsterfolie •
Aquarellpapier in Weiß, 10 cm x 15 cm •
Tonpapierstreifen in Lila, 1,5 cm x 15 cm •
Tonpapierrest in Weiß •
Kartenrohling in Weiß •
Wasserfarben in Wunschfarben •
Glitzersteine in Lila •
Pinsel •

1 Klebt die Luftpolsterfolie einmal um die klebende Seite der Fusselrolle herum. Sollte die Fusselrolle nicht mehr so gut kleben, helft mit einem Klebestift nach.

2 Nun wird die Wasserfarbe angerührt: Damit der Abdruck besonders schön wird, nehmen wir dazu nur wenig Wasser und rühren sehr kräftig. Es kann eine einzelne Farbe verwendet werden oder mehrere Farben. Die Farbe tragt ihr nun mit dem Pinsel auf die Luftpolsterfolie an der Fusselrolle auf.

3 Um zu stempeln, setzen wir die Rolle mit der Luftpolsterfolie am linken Rand auf das Aquarellpapier und rollen dann langsam über das Papier nach rechts. Die Farbe sollte nun gut trocknen.

4 Das bedruckte Papier klebt ihr auf den Kartenrohling. Auf das untere Drittel des bedruckten Papiers klebt ihr den lila Papierstreifen.

5 Aus dem weißen Tonpapier schneidet ihr ein kleines Etikett aus und schreibt z. B. „Happy Birthday“ darauf. Das Etikett wird auf den lila Streifen aufgeklebt. Zuletzt werden die Schmucksteine neben dem Gruß befestigt.

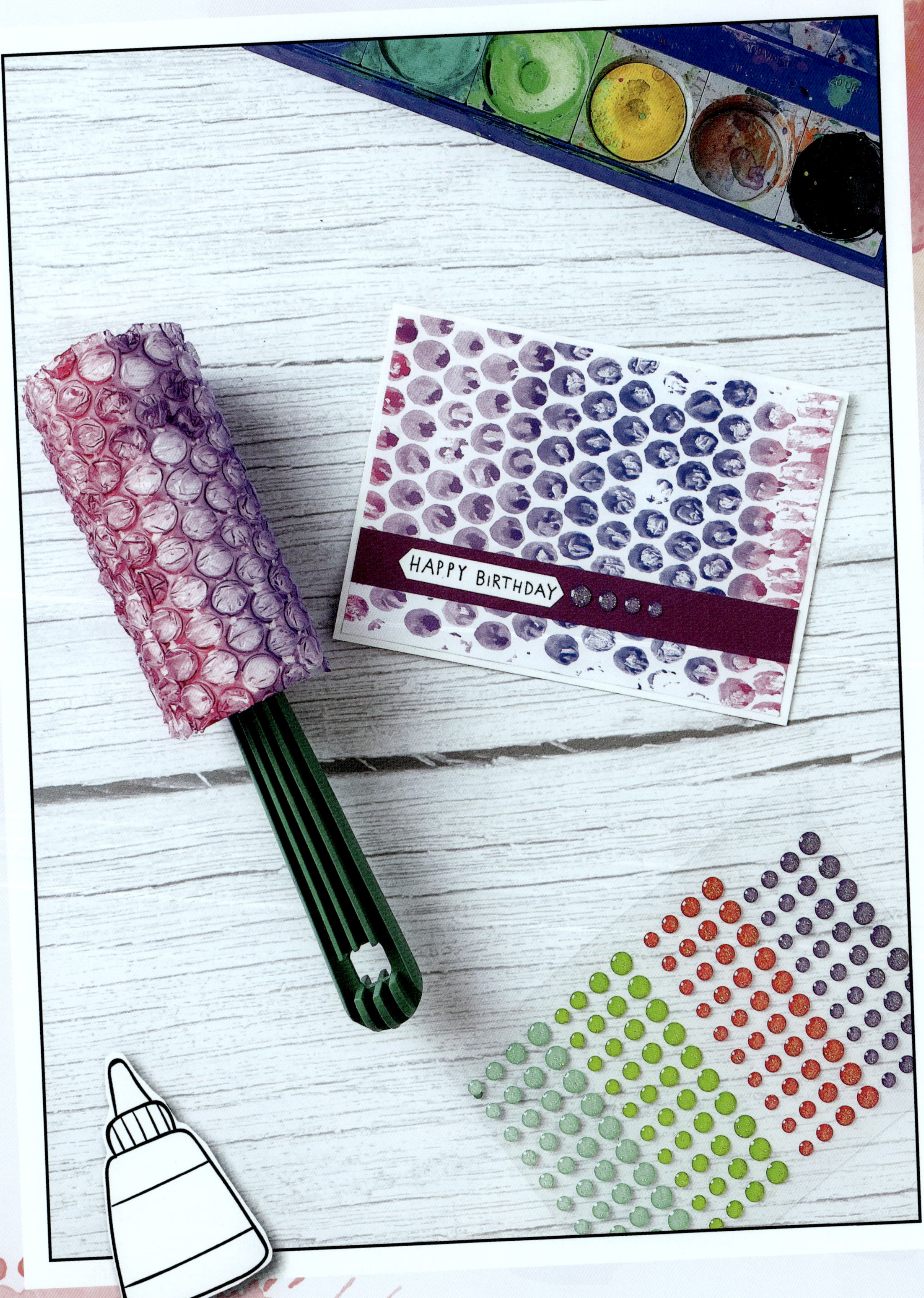
HAPPY BIRTHDAY

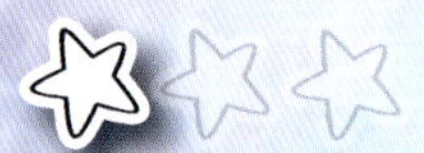

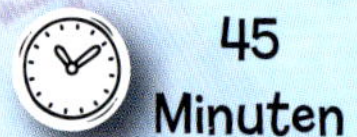

45 Minuten

REGENBOGEN-STIFTEHALTER

Leere Gläser hat man in der Regel jede Menge – und Stifte, die herumfliegen und keinen festen Platz haben, auch! Warum also nicht ein altes Glas in einen coolen Stiftehalter verwandeln? Ich habe mich für einen Glitzer-Regenbogen-Stiftehalter entschieden, denn mal ehrlich: Glitzer geht immer und bunte Stifte lassen uns sofort an die Farben des Regenbogens denken.

MATERIAL

leeres und gesäubertes Glas (z. B. von Gurken etc.) • Acrylfarbe in Weiß • Glitzer in diversen Farben • Pinsel • Kleber • nach Bedarf: Klarlack

1 Zunächst wird das gesäuberte Glas von außen einmal komplett weiß angemalt. Die Farbe im Anschluss gut trocknen lassen.

2 Wenn die Farbe getrocknet ist, wird der Glitzer aufgetragen. Dazu am oberen Rand des Glases den Kleber so auftragen, als würde er hinabrinnen und den Glitzer aufstreuen. Damit sich die verschiedenen Glitzerfarben nicht vermischen, immer nur einen Abschnitt in einer Farbe verzieren, gut trocknen lassen und dann mit dem nächsten Abschnitt fortfahren.

3 Zum Schluss den überschüssigen Glitzer gut abklopfen.

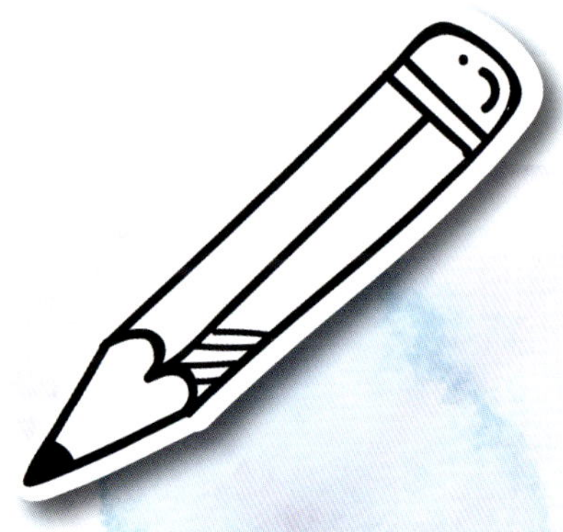

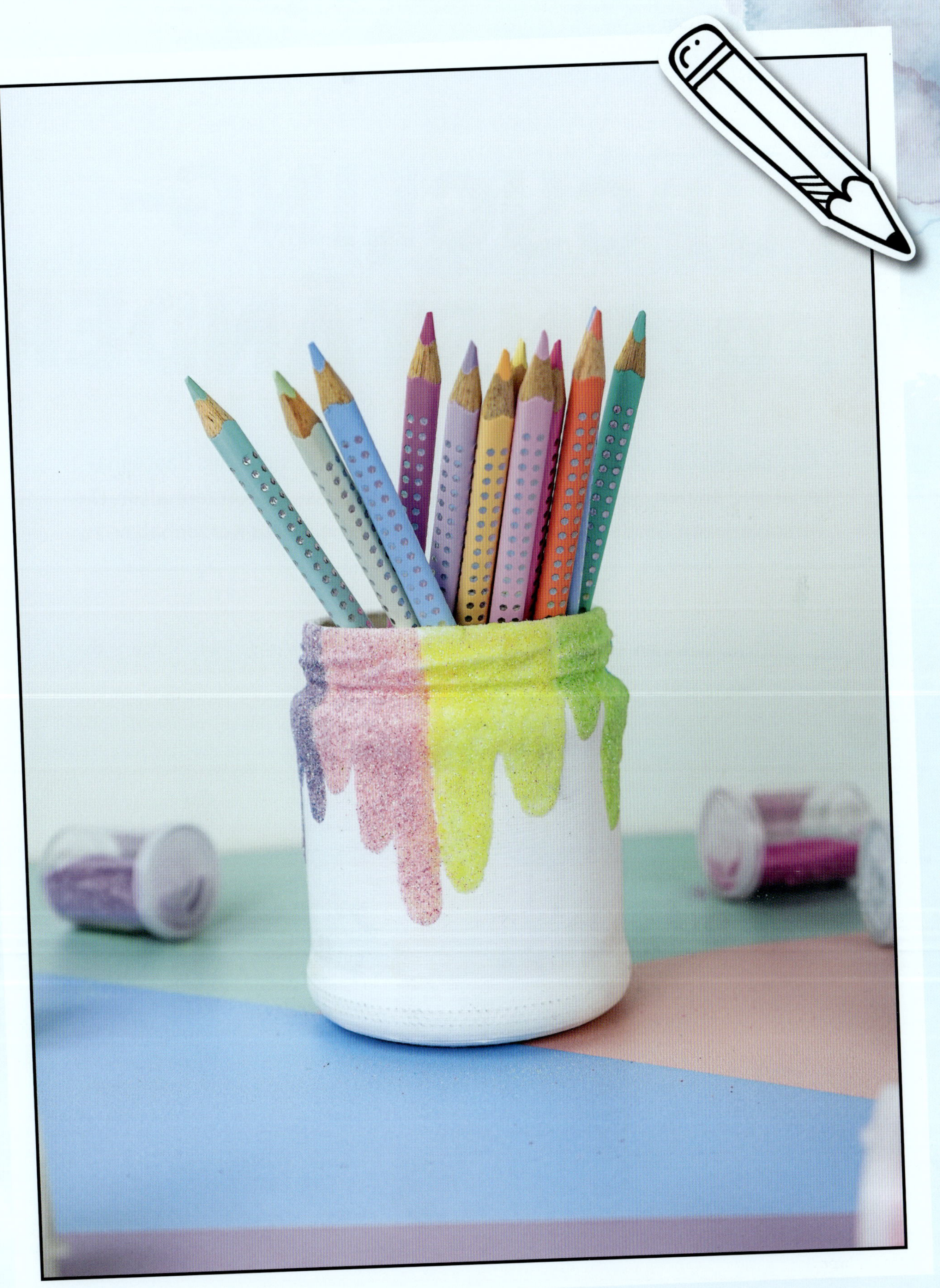

60 Minuten

UPCYCLING-KERZENSTÄNDER

Alte Deckel und Schraubverschlüsse sind ebenfalls ein tolles Bastelmaterial und eignen sich übereinandergestapelt klasse als Kerzenhalter. Die verschiedenen Größen und Formen machen dabei jeden Kerzenhalter zu einem echten Unikat!

MATERIAL
diverse Deckel von Schraubgläsern und Flaschen • Acrylfarbe in Wunschfarben • Montagekleber (z. B. UHU POLY MAX Montagekleber) • Kerze

1 Zunächst wird die Reihenfolge, in der die Deckel aufeinandergestapelt werden sollen, festgelegt. Dabei solltet ihr beachten, dass ganz unten ein möglichst großer Deckel liegen sollte, damit der Ständer am Ende sicher steht. Der letzte Deckel sollte einen etwas größeren Durchmesser als eure Kerze haben. Am besten testet ihr, auf welchem Deckel die ausgewählte Kerze am besten steht. In der Mitte können auch kleinere Flaschendeckel verwendet werden, es sollten aber nicht mehr als drei kleine Flaschendeckel übereinandergestapelt werden.

2 Wenn ihr die Reihenfolge festgelegt habt, werden die Deckel von unten nach oben mit dem Montagekleber aufeinander geklebt. Dieser muss dann nach Packungsanweisung trocknen (in der Regel mehrere Stunden).

3 Sobald der Kleber getrocknet ist, könnt ihr den Kerzenständer ganz nach Belieben mit Acrylfarbe anmalen.

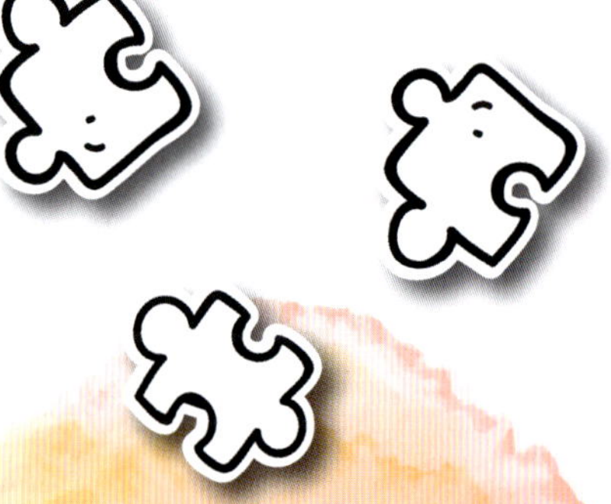

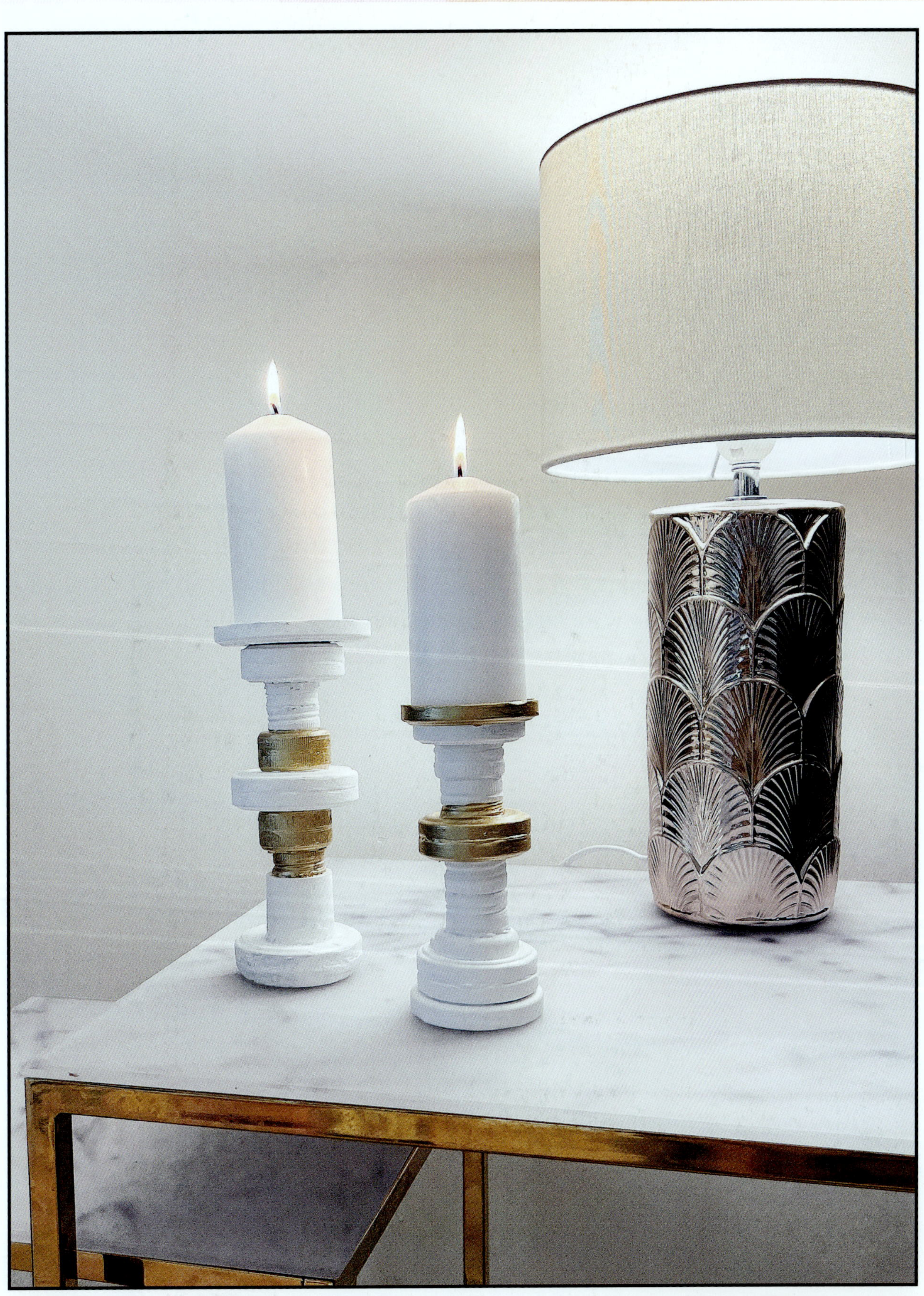

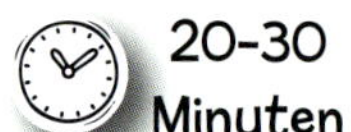

20-30 Minuten

LUSTIGE KLO-ROLLENTIERE

Leere Klopapierrollen gehören zu meinen liebsten Bastelmaterialien! Jeder hat sie ständig zu Hause und sie sind so vielfältig einsetzbar, dass es mich selbst noch manchmal überrascht, was man alles aus ihnen machen kann! Hier zeige ich euch, wie ihr im Handumdrehen süße Tiere aus leeren Klopapierrollen basteln könnt.

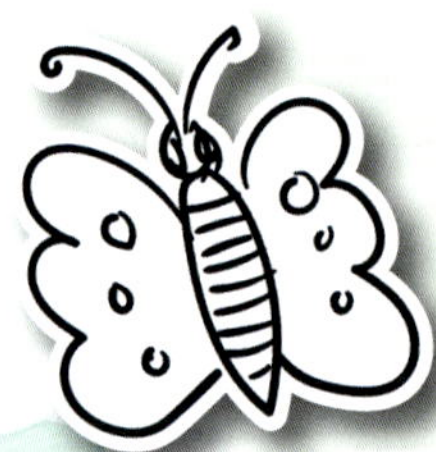

MATERIAL

leere Toilettenpapierrollen • Acrylfarbe in Schwarz, Rosa, Grau und Brauntönen • Pinsel • Schere • Bleistift • Radiergummi

Vorlage: Seite 143

1 Damit wir die Vorlage für das jeweilige Tier gut auf die Rolle übertragen können, wird diese zunächst in der Mitte zusammengedrückt, sodass sie flach auf dem Tisch liegt. Dann können wir die Umrisse der Tiere übertragen und die Tiere ausschneiden. Wir schneiden dabei die doppelte Lage Pappe und haben so direkt die Vorder- und Rückseite.

2 Nun können die Tiere nach Lust und Laune bunt bemalt werden – am besten nutzt ihr dafür deckende Acrylfarbe – und schon sind unsere Klorollentiere fertig.

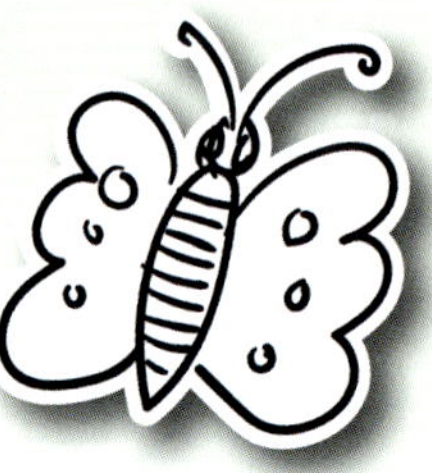

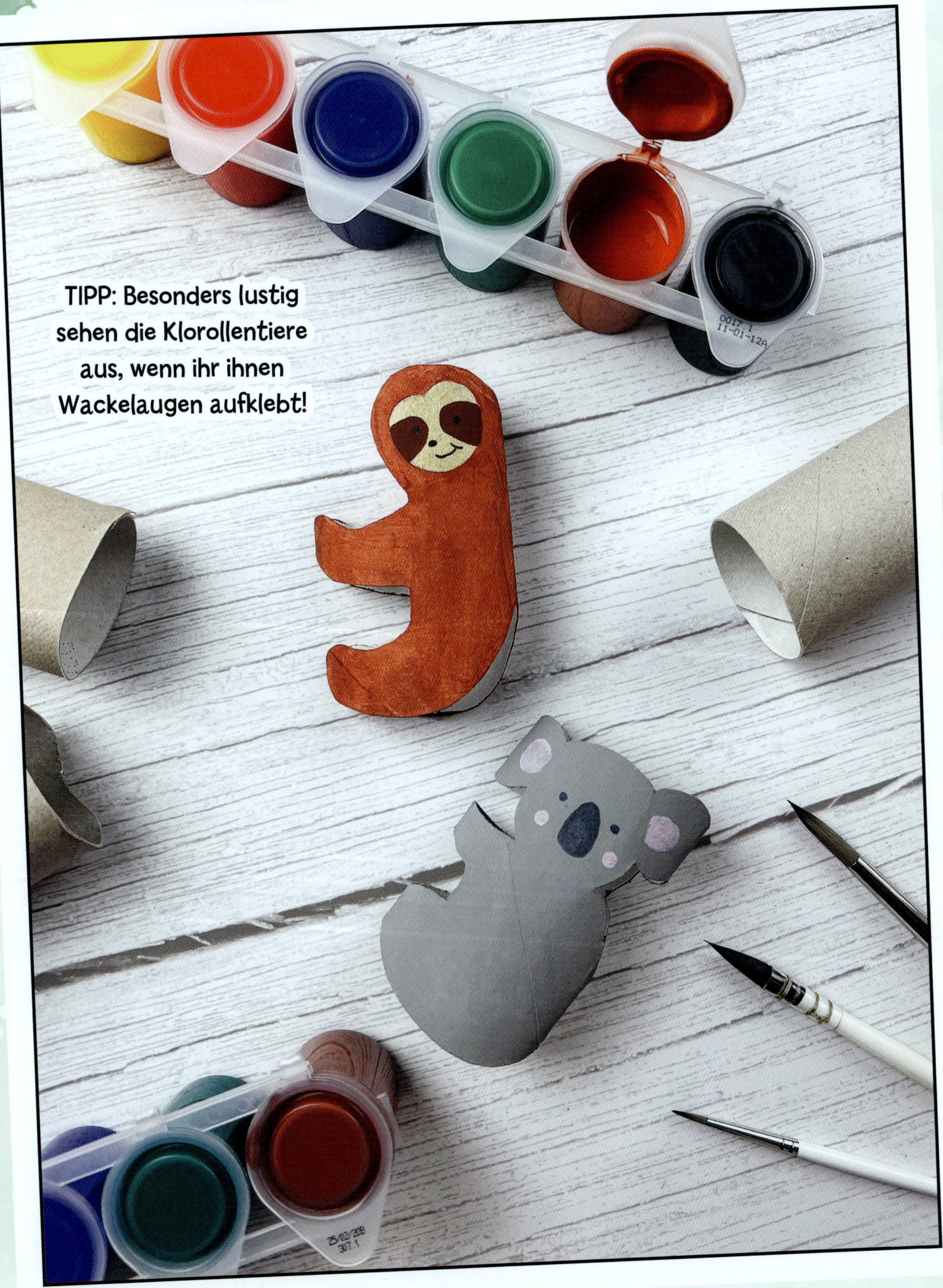

TIPP: Besonders lustig sehen die Klorollentiere aus, wenn ihr ihnen Wackelaugen aufklebt!

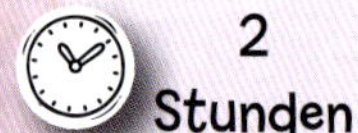

Eierpappen-3D-KUNST

Eierkartons haben wir wahrscheinlich alle regelmäßig zu Hause. Anstatt sie wegzuwerfen, nutzen wir sie, um hübsche Blümchen zu basteln. Warum wir dafür Eierpappe verwenden? Sie ist superrobust und durch die Form werden die Blümchen richtig plastisch.

MATERIAL
2 leere Eierkartons (10er)
Acrylfarbe in Weiß, Koralle und Flieder • 40 Perlen in Weiß, ø 1 cm •
Ast • Pinsel • Heißkleber
Schere

1 Öffne den Eierkarton und lege ihn mit der offenen Seite nach unten. Aus den zehn Erhebungen, in denen die Eier lagen, gestalten wir die Blümchen. Dafür schneiden wir die „Eierbecher" zunächst ab.

2 Stelle nun alle Becher auf. Um die einzelnen Blütenblätter auszugestalten, werden die Wände der Becher jeweils sechs- bis siebenmal in gleich großen Abständen eingeschnitten. Achte dabei, nur die Wände einzuschneiden und die Böden ganz zu lassen!

3 Schneidet die Blütenblätter nun rund zu (Abb. 1). Danach werden sie mit Acrylfarbe angemalt.

4 Wenn alles getrocknet ist, befestigt ihr in jedem Blütenkelch mit Heißkleber mittig eine Perle.

5 Zum Schluss verteilt ihr alle Blüten auf einem Ast und befestigt sie mit Heißkleber. Nach Belieben könnt ihr auf dem Ast auch die übrigen Perlen aufkleben.

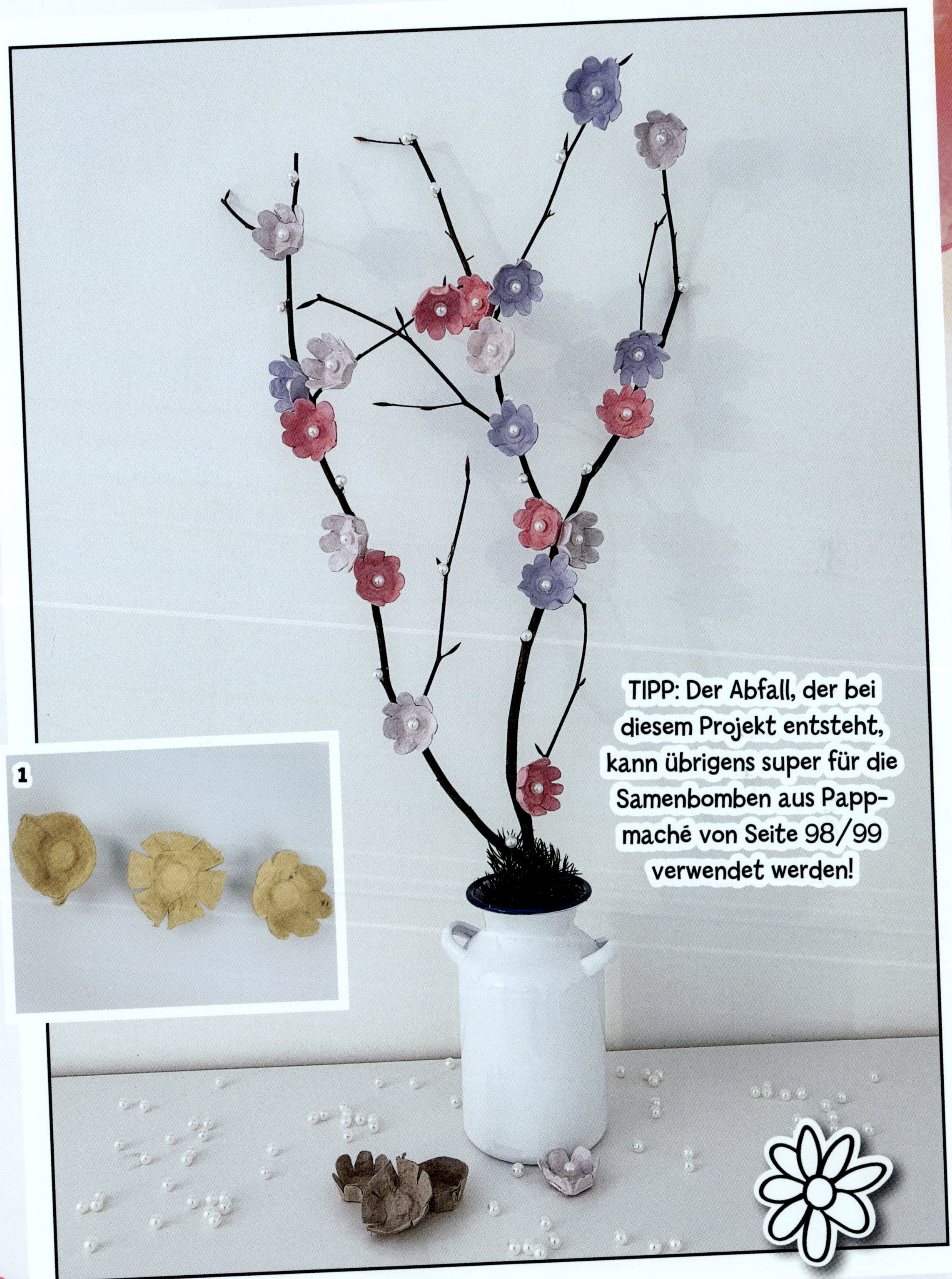

TIPP: Der Abfall, der bei diesem Projekt entsteht, kann übrigens super für die Samenbomben aus Pappmaché von Seite 98/99 verwendet werden!

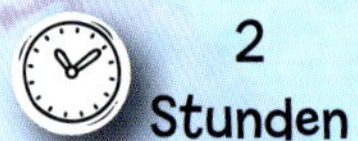

2 Stunden

TIERISCHE LAMPE

Diese Lampe bringt Kinderaugen zum Strahlen und ist recht schnell aus ein paar aussortierten Spielfiguren gestaltet. Doch sie ist nicht nur im Kinderzimmer gut aufgehoben, sondern kann auch als besonderes Designerstück in jedem anderem Raum erstrahlen.

MATERIAL

3-5 aussortierte Tierfiguren • Goldspray oder -farbe • Lampe mit breitem Fuß • Montagekleber • Malerkrepp • Klarlack

1 Die aussortieren Spielfiguren brauchen zunächst eine gründliche Reinigung: ihr könnt sie entweder von Hand waschen oder in die Spülmaschine geben. Für die weitere Verarbeitung müssen die Figuren komplett trocken sein.

2 Nun kommt die erste Schicht Farbe drauf. Am besten legt ihr die Tiere in einen Pappkarton, geht nach draußen und sprüht sie ordentlich von einer Seite ein. Lasst sie dann zuerst trocknen, dreht sie um und wiederholt das Ganze von der anderen Seite.

3 Ordnet die Tierfiguren nun an der Lampe an. Es lohnt sich, verschiedene Anordnungen zu probieren. Wenn ihr mit der Anordnung zufrieden seid, werden die Tiere mit Montagekleber festgeklebt. Falls die Tiere zu einem Turm aufeinandergestapelt werden sollen, ist es sinnvoll, immer erst ein Tier festzukleben, zu warten, bis es angetrocknet ist und dann erst das nächste Tier anzubringen. So vermeidet ihr, dass der ganze Turm beim letzten Tier zusammenbricht. Der Kleber sollte am besten über Nacht gut trocknen.

4 Zuletzt werden an der Lampe alle Stellen abgeklebt, die nicht goldfarben werden sollen, also zum Beispiel das Kabel und die Fassung an der Schirminnenseite. Dann wird die Lampe mit den Tieren komplett eingesprüht. Die Farbe gut trocknen lassen und je nach Bedarf mit Klarlack versiegeln.

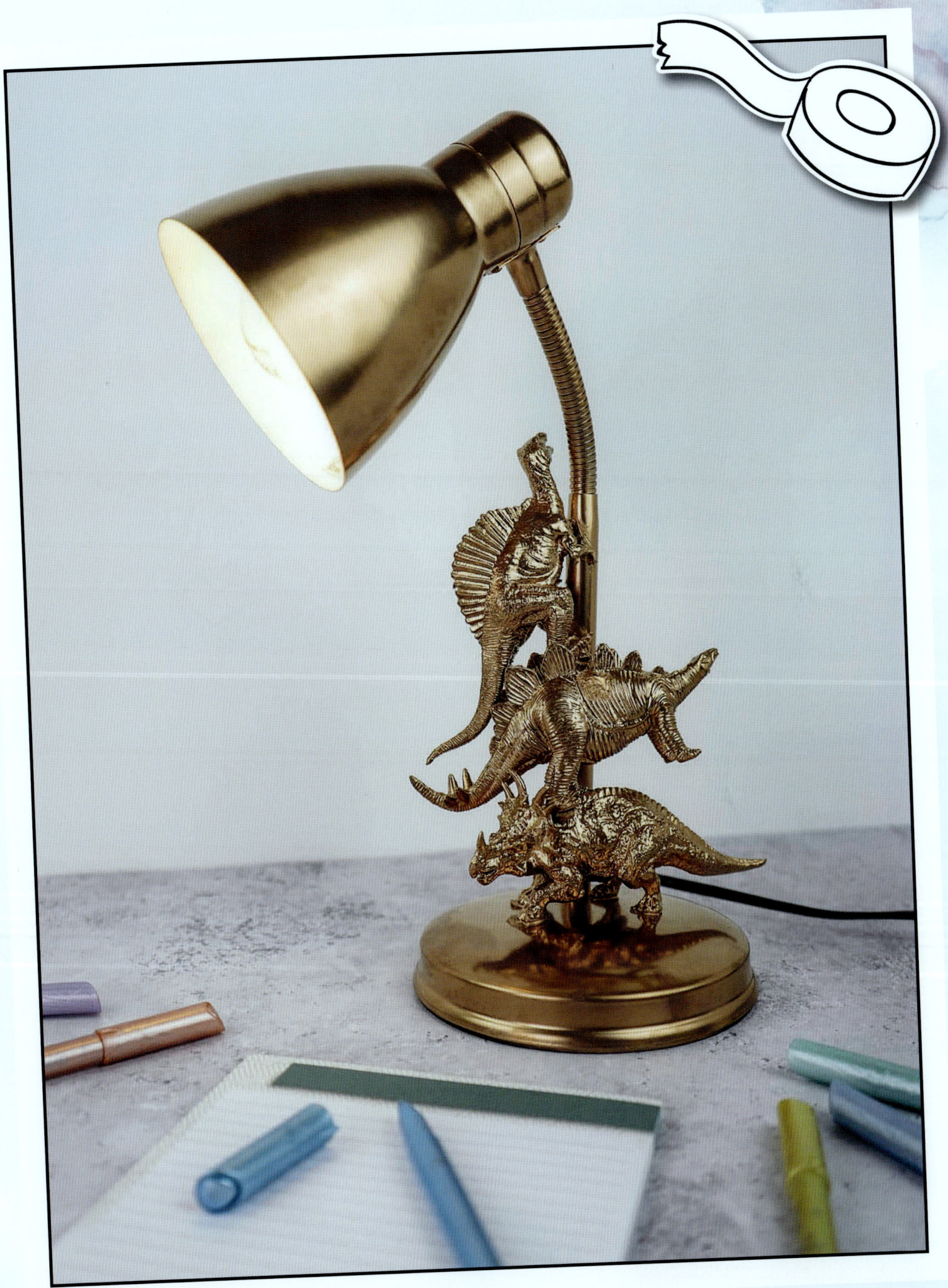

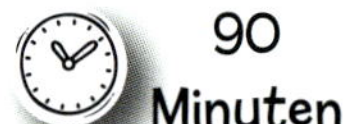
90 Minuten

BLÜHENDE MÜSLIDOSEN

Dieser Recycling-Blumentopf besteht aus drei leeren Müsliverpackungen und ist ein Hingucker auf jedem gedeckten Tisch!

MATERIAL

3 leere zylinderförmige Müslidosen (alternativ: z.B. Verpackungen von Stapelchips) • Acrylfarbe in Schwarz • Stempel • Anlegemilch • Blattgold • Pinsel • Heißkleber • 3 Gefrierbeutel • Blumenerde • Topfblumen

1 Als erstes schneiden wir die Zylinder zu: Ich habe mich für eine Dreierformation entschieden und dafür den ersten Zylinder bei 22 cm, den zweiten bei 17 cm und den dritten bei 10 cm abgeschnitten.

2 Dann werden alle drei Zylinder von außen komplett schwarz angemalt. Lasst die Farbe gut trocknen.

3 Für die Dekoration wird Anlegemilch auf einen Stempel aufgetragen und vorsichtig auf die schwarzen Zylinder gestempelt. Den Stempel gut abwaschen, die Anlegemilch trocknen lassen und dann das Blattgold vorsichtig auftragen. Alles, was übersteht, mit dem Pinsel vorsichtig abstreifen.

4 Die Zylinder können nun nach Belieben mit Heißkleber aneinandergeklebt werden oder ihr arrangiert die Pflanzgefäße ganz nach Lust und Laune.

5 Zum Schluss befüllen wir die Blumentöpfe: Dazu legen wir sie zunächst jeweils mit einem Gefrierbeutel aus. In diesen wird etwas Blumenerde gefüllt, bis der Zylinder so weit aufgefüllt ist, dass die Pflanze eingesetzt werden kann. Zuletzt die überstehenden Reste der Gefrierbeutel abschneiden.

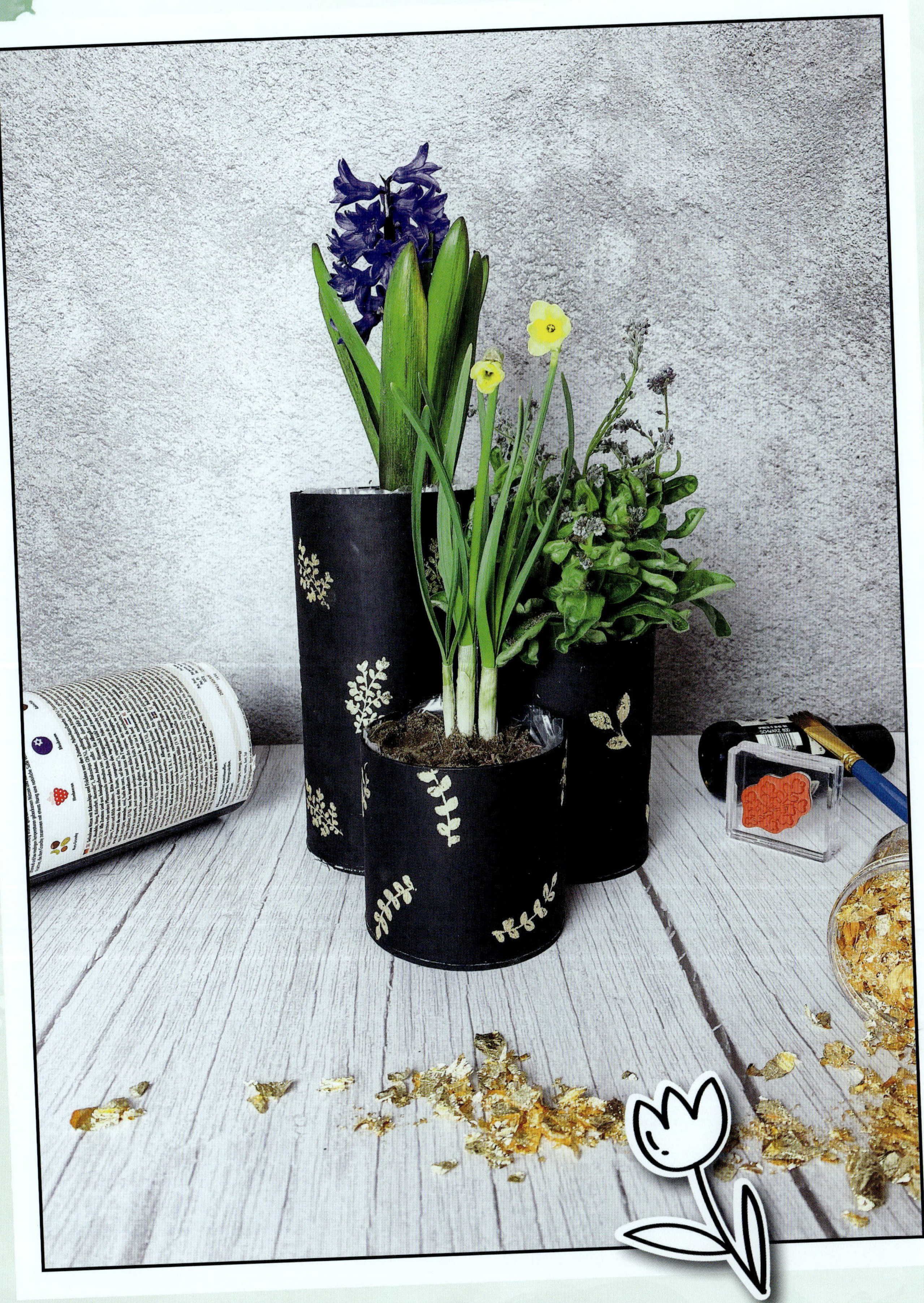

 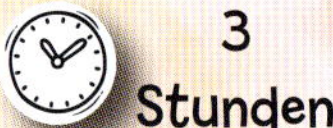 3 Stunden

MOSAIK-SPIEGEL

Sicherlich haben wir alle noch irgendwo alte CDs herumliegen - doch die meisten von ihnen hören wir wahrscheinlich gar nicht mehr an. Wer seine Bestände etwas verkleinern möchte, ohne die Plastikscheiben zu entsorgen, der kann aus ihnen tolle Sachen basteln! Dafür entfernt ihr die bedruckten Etiketten auf der CD und erhaltet wunderschön schillernde Scheiben, die nach Belieben weiterverarbeiten werden können.

MATERIAL

6 alte CDs • runder Spiegel mit 4 cm breitem Holzrahmen, ø 34 cm • Mosaikfugenmasse • alte EC- oder Kreditkarte • Schüssel mit heißem Wasser • Klebeband • Flüssigklebstoff • Schere

1 Damit wir die CDs verwenden können, müssen wir erst einmal die Etiketten entfernen. Dazu legen wir die CDs für etwa 5 Minuten in heißes Wasser und kleben dann Klebeband auf die Etiketten. Das Klebeband wird jeweils gut angedrückt und dann vorsichtig abgezogen, sodass das Etikett am Klebeband haften bleibt.

2 Nun schneiden wir die CD klein. Dazu empfiehlt es sich zunächst Tortenstücke zuzuschneiden, indem wir mehrmals vom Rand zur Mitte hin schneiden. Die Tortenstücke können dann nach Belieben weiter zugeschnitten werden. Achtung: CDs zuzuschneiden ist mühsam und Kinder im Grundschulalter werden es wahrscheinlich nicht schaffen. Wer dieses Projekt mit jüngeren Kindern umsetzen möchte, sollte die CD-Mosaikteilchen am besten schon vorher vorbereiten.

3 Nun kleben wir die Mosaikteilchen mit gut haftendem Flüssigkleber auf dem Rand des Spiegels fest. Besonders praktisch: Wenn wir kein passendes Teilchen finden, können wir einfach eines passend zuschneiden. Alles über Nacht gut trocknen lassen.

4 Zum Schluss wird der Rand mit der Mosaikfugenmasse verfugt. Dazu wird die Masse auf dem Rand und dem Mosaik verteilt und gut in die Fugen gestrichen – das lässt sich sehr gut mit einer alten EC-Karte machen. Wenn noch Fugenmasse auf dem Mosaik zurückgeblieben ist, könnt ihr sie nach dem Trocknen einfach mit einem feuchten Tuch entfernen.

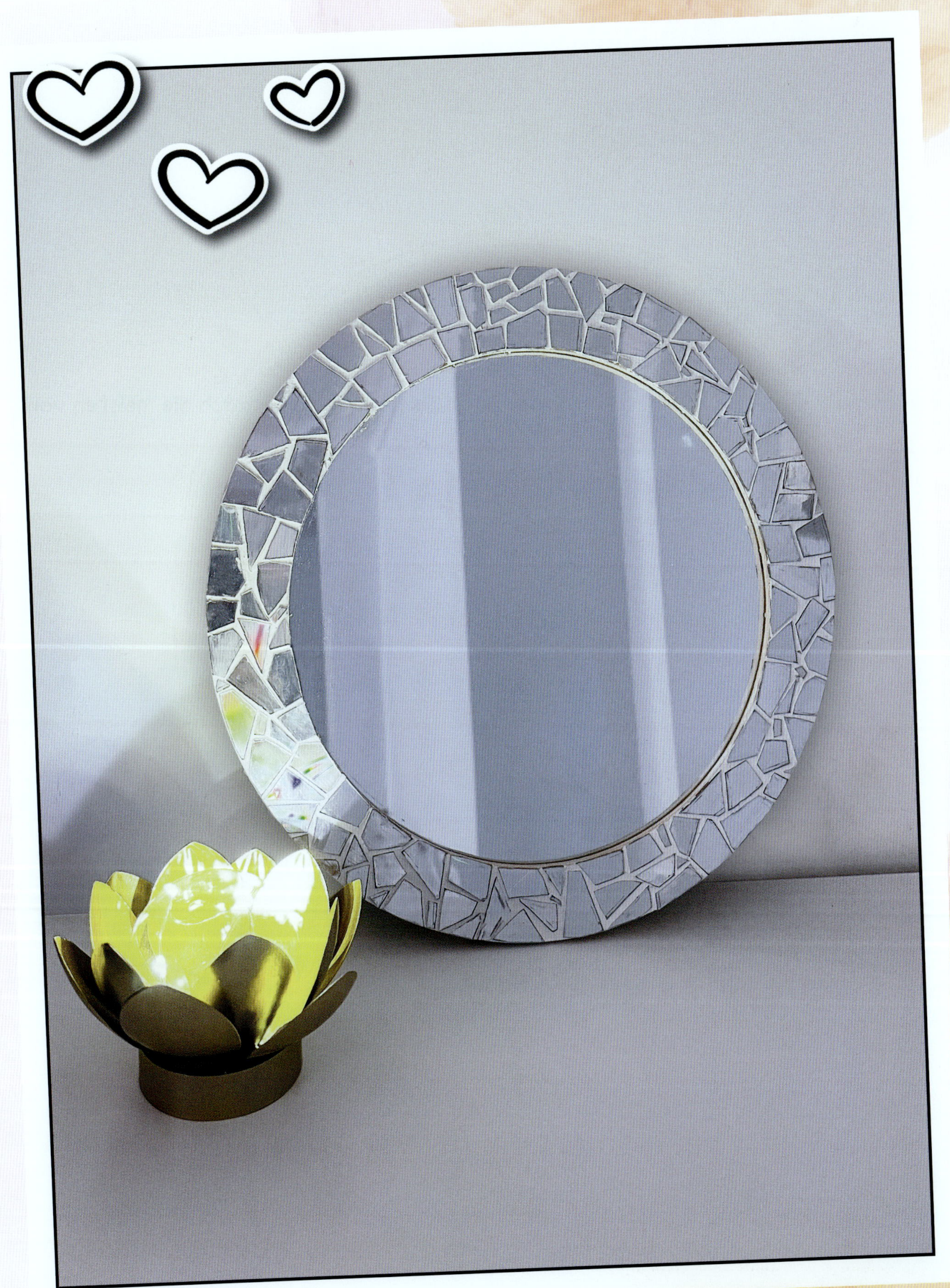

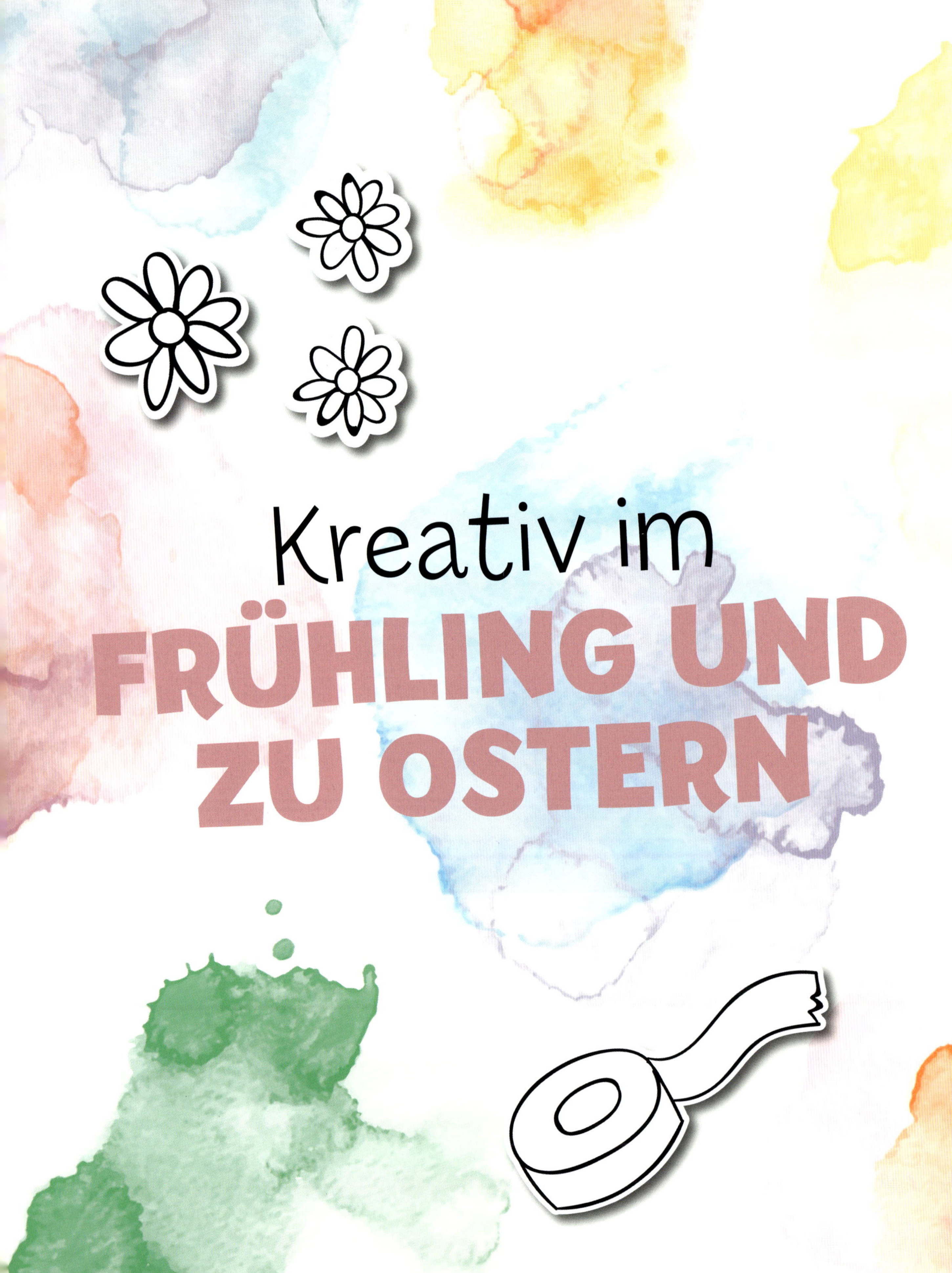

Kreativ im FRÜHLING UND ZU OSTERN

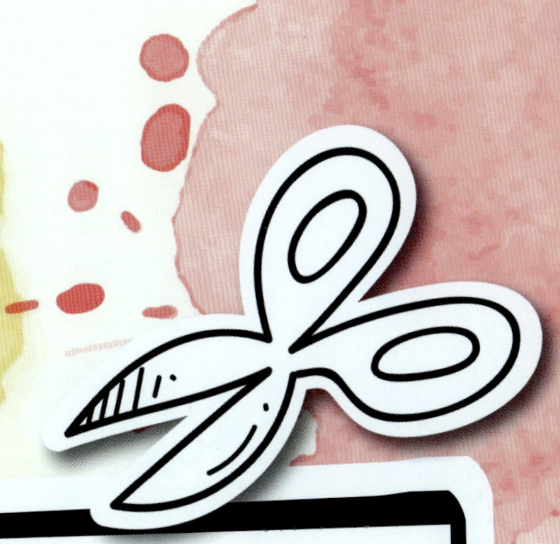

Wenn im Frühling die ersten Blumen zaghaft hervorkommen, dann haben wir oft auch direkt Lust auf frische, farbenfrohe Deko im Haus. Besonders jüngere Kinder sind zudem von Ostern und dem Osterhasen absolut fasziniert und lieben es, zu diesem Thema kreativ zu werden.

Mit verschiedenen Materialien können wir Kinder neue Erfahrungen sammeln lassen und gleichzeitig auch diejenigen Kinder motivieren, denen Papier und Stifte nicht interessant genug sind.

30 Minuten

EIER-FENSTERBILD

Wenn man mit sehr jungen Kindern basteln möchte, ist es manchmal gar nicht so einfach ein Projekt zu finden, das dem Entwicklungsstand des Kindes entspricht. Diese Bastelidee ist nicht nur für die Kleinsten toll - sie ist auch schnell vorbereitet und alles bleibt frei von Farbe oder Kleber. Natürlich könnt ihr diese Idee auch zu unterschiedlichen Anlässen abwandeln.

MATERIAL

2x selbstklebende Bucheinbandfolie in Transparent, A4 • Transparentpapierreste in diversen Farben • Tonpapier in Schwarz, A4 • Klebestift • Schere

Vorlage: Seite 145/146

1 Reißt oder schneidet das Transparentpapier zuerst in Schnipsel. Ihr könnt sie zu Häufchen in der jeweiligen Farbe legen.

2 Zieht das Schutzpapier vom ersten Bogen Bucheinbandfolie ab und legt diese mit der Klebeseite nach oben vor euch hin. Nun verteilt ihr die Transparentpapierschnipsel nach Belieben auf der Klebeseite.

3 Wenn ihr mit der Verteilung zufrieden seid und die Folie schön bedeckt ist, legt ihr den zweiten Bogen Bucheinbandfolie mit der Klebeseite auf die Transparentpapierschnipsel. Die Schnipsel sind nun zwischen den zwei Lagen Bucheinbandfolie eingeschlossen.

4 Nun übertragt ihr die Vorlage für das Osterei zweimal auf das Tonpapier und schneidet die Eier aus. Diese werden dann von vorne und hinten deckungsgleich auf die verzierte Buchbindefolie geklebt.

5 Zum Schluss schneidet ihr die überstehenden Folienränder ab und hängt die bunten Ostereier ins Fenster.

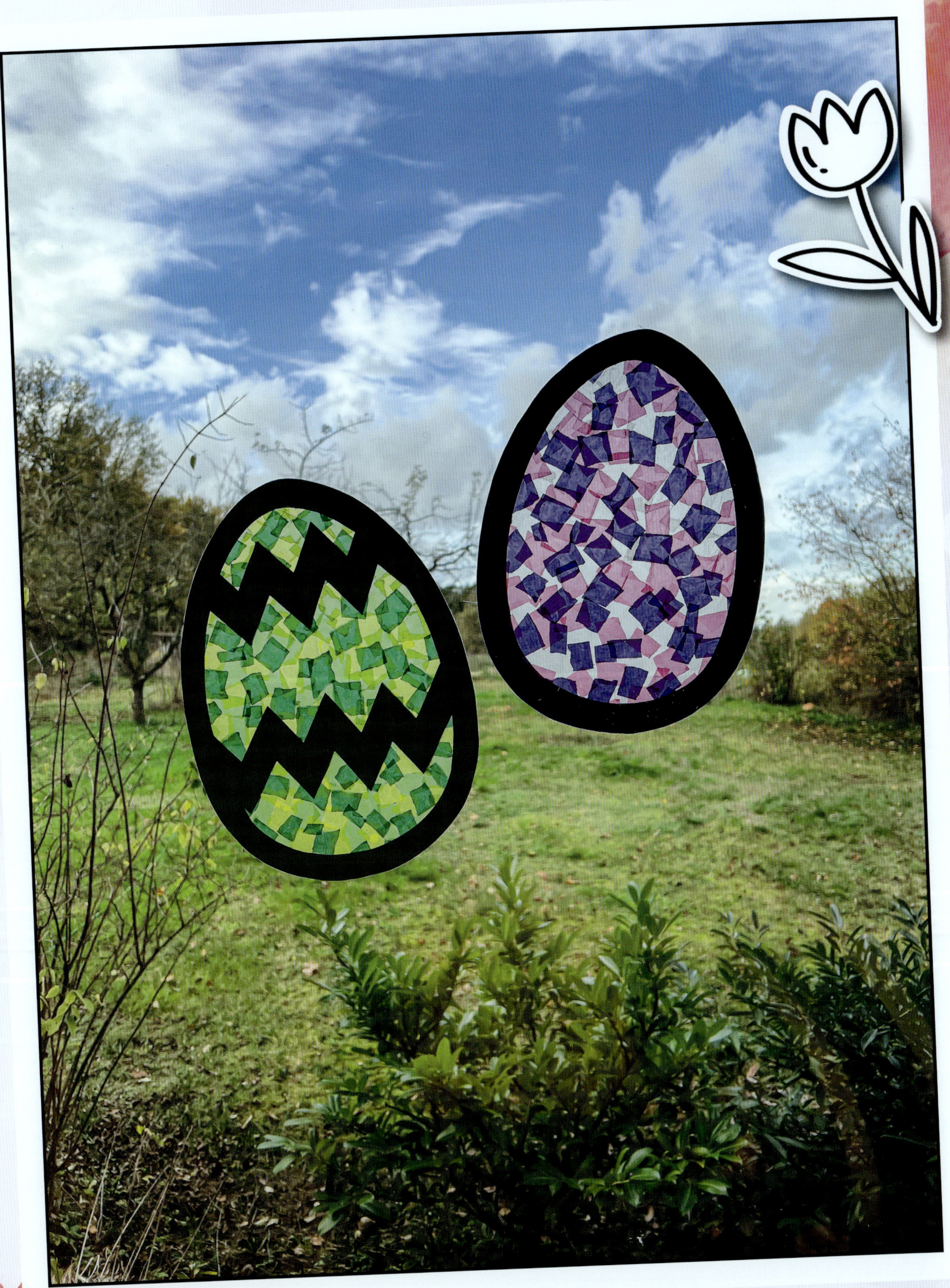

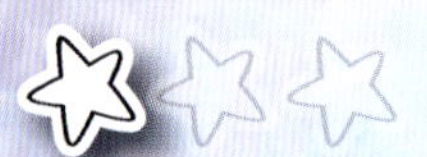

30 Minuten

STEMPEL-HÄSCHEN

Mit Alltagsgegenständen zu stempeln, macht nicht nur Spaß, es ist auch super einfach umzusetzen, da man das meiste benötigte Material sowieso zu Hause hat. Am besten eignet sich Acrylfarbe zum Stempeln, da diese weniger verläuft als Wasserfarbe. Wenn ihr mehrere Farben verwenden wollt und diese sich überlappen, solltet ihr immer warten, bis die untere Farbe komplett getrocknet ist, da sich die Farben sonst vermischen.

MATERIAL

- Tonpapier in Blau, A4
- 1 Gabel
- 1 Kuchengabel
- 5 Wattestäbchen
- Acrylfarbe in Weiß, Grün, Gelb, Pink, Rosa und Schwarz

1 Für den Hasenkörper wird zunächst mit der großen Gabel ein Oval in Weiß gestempelt. An eine der oberen Seiten stempeln wir mit der Kuchengabel einen Kreis für den Kopf und darunter, ebenfalls mit der kleinen Gabel, die Pfoten. An den Kopf werden zuletzt noch die Ohren gestempelt. Die weiße Farbe lassen wir nun gut trocknen

2 In Grün stempeln wir nun mit der großen Gabel die Wiese, auf der der Hase liegt. Mit der Kante der Gabel werden jeweils lange und kurze Blumenstiele gestempelt. Mit einem Wattestäbchen tupfen wir Blätter an diese Stängel. Auch die grüne Farbe sollte zunächst gut trocknen.

3 Mit einem sauberen Wattestäbchen werden nun gelbe Punkte auf die Blumenstiele und in die Wiese getupft. Mit einem weiteren Wattestäbchen malen wir ein schwarzes Auge auf den Kopf des Hasen. Mit rosa Farbe und wiederum einem sauberen Wattestäbchen tragen wir die Nase und das Ohrinnere auf.

4 Wenn die gelbe Farbe getrocknet ist, werden zuletzt noch die Blumenblätter mit einem Wattestäbchen in Rosa und Rot gestempelt.

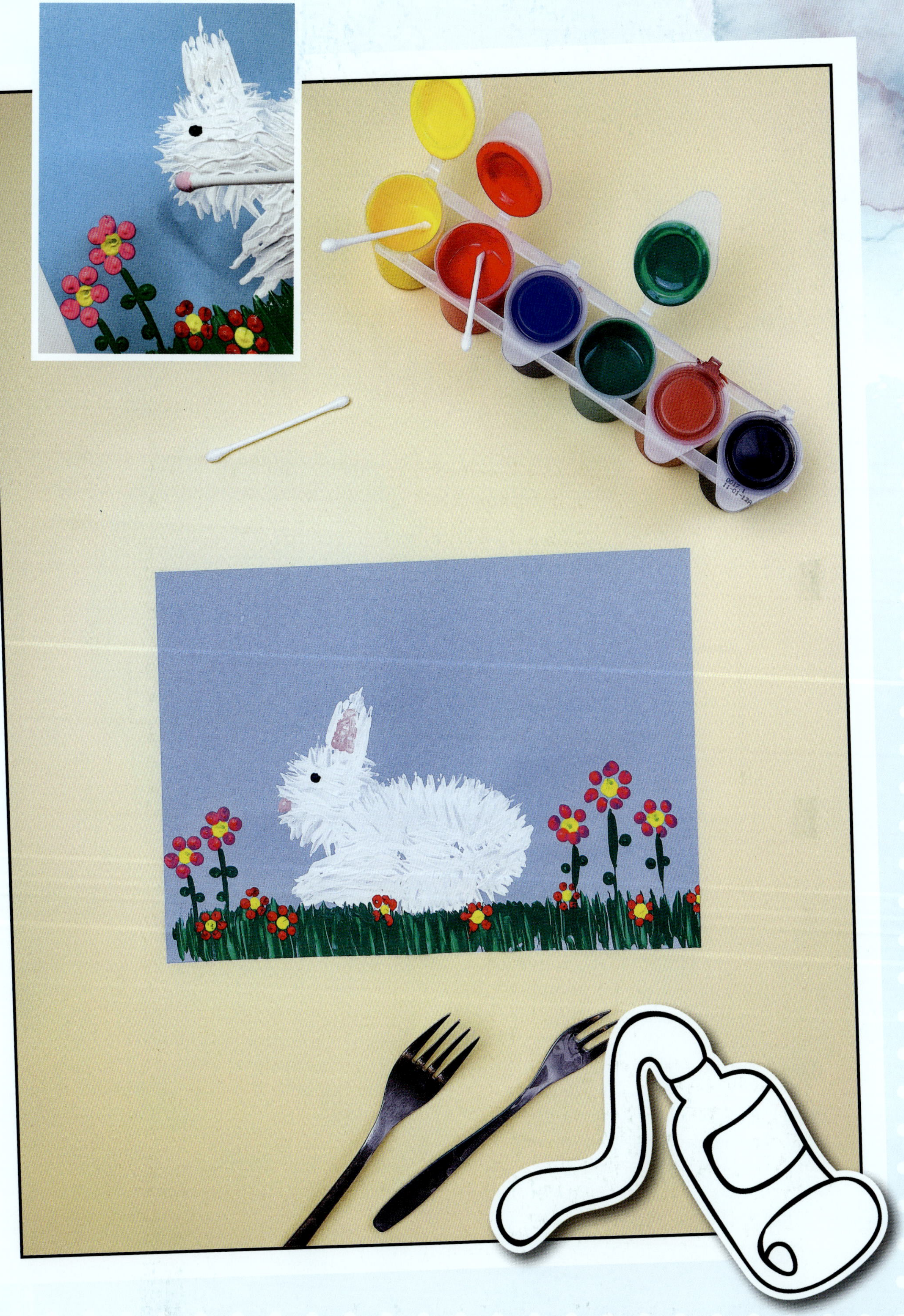

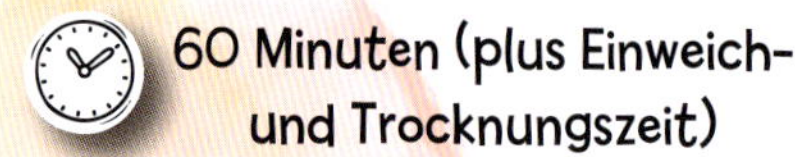

60 Minuten (plus Einweich- und Trocknungszeit)

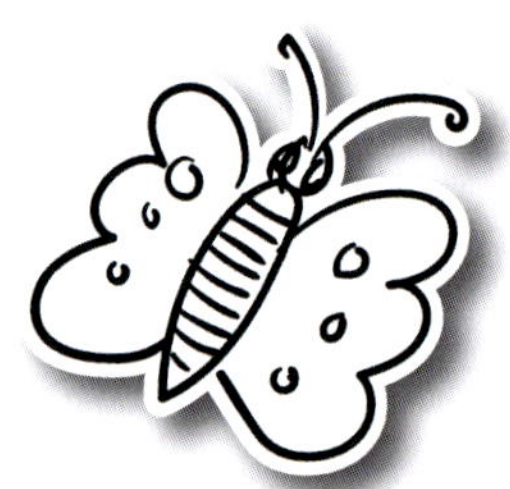

SAMENBOMBEN aus Pappmaché

Diese Samenbomben sehen nicht nur cool aus, sie sind auch noch aus Abfall gemacht und können direkt in die Erde gepflanzt werden. Auch wenn der Herstellungsprozess etwas länger dauert, ist er doch recht einfach und auch jüngere Kinder haben schon Spaß daran, Pappmaché herzustellen und zu verarbeiten.

MATERIAL

1 leerer Eierkarton (10er) ODER Abfall der Eierpappen-3D-Kunst von Seite 84/85 • Lebensmittelfarbe • Keksausstecher (nicht zu filigran) • Blumensamen • Schüssel • Sieb • Backblech • Backpapier • Handtuch • Wasser

1 Der Eierkarton wird zunächst zerrissen, in eine große Schüssel gegeben und mit Wasser bedeckt. Achtet darauf, so viel Wasser zuzugeben, dass die Pappe komplett bedeckt ist, aber auch nicht mehr (Abb. 1). Das Ganze lassen wir etwa 2–3 Stunden stehen.

2 Wenn die Pappe schön weich geworden ist, pürieren wir die Masse mit einem Pürierstab oder Standmixer. Wenn ihr mögt, könnt ihr danach etwas Lebensmittelfarbe hinzugeben, um bunte Samenbomben zu erhalten.

3 Die pürierte Masse in ein Sieb geben, gut ausdrücken und im Sieb abtropfen lassen. Dann alles auf ein Handtuch stürzen, etwas verteilen und noch einmal vorsichtig ausdrücken.

4 Die Ausstecher auf einem Blech mit Backpapier verteilen. Die Pappmaché-Masse in die Förmchen geben und glatt drücken.

5 Zuletzt die Samen auf die Pappmaché-Masse in den Ausstechern streuen, festdrücken und das Ganze über Nacht gut trocknen lassen.

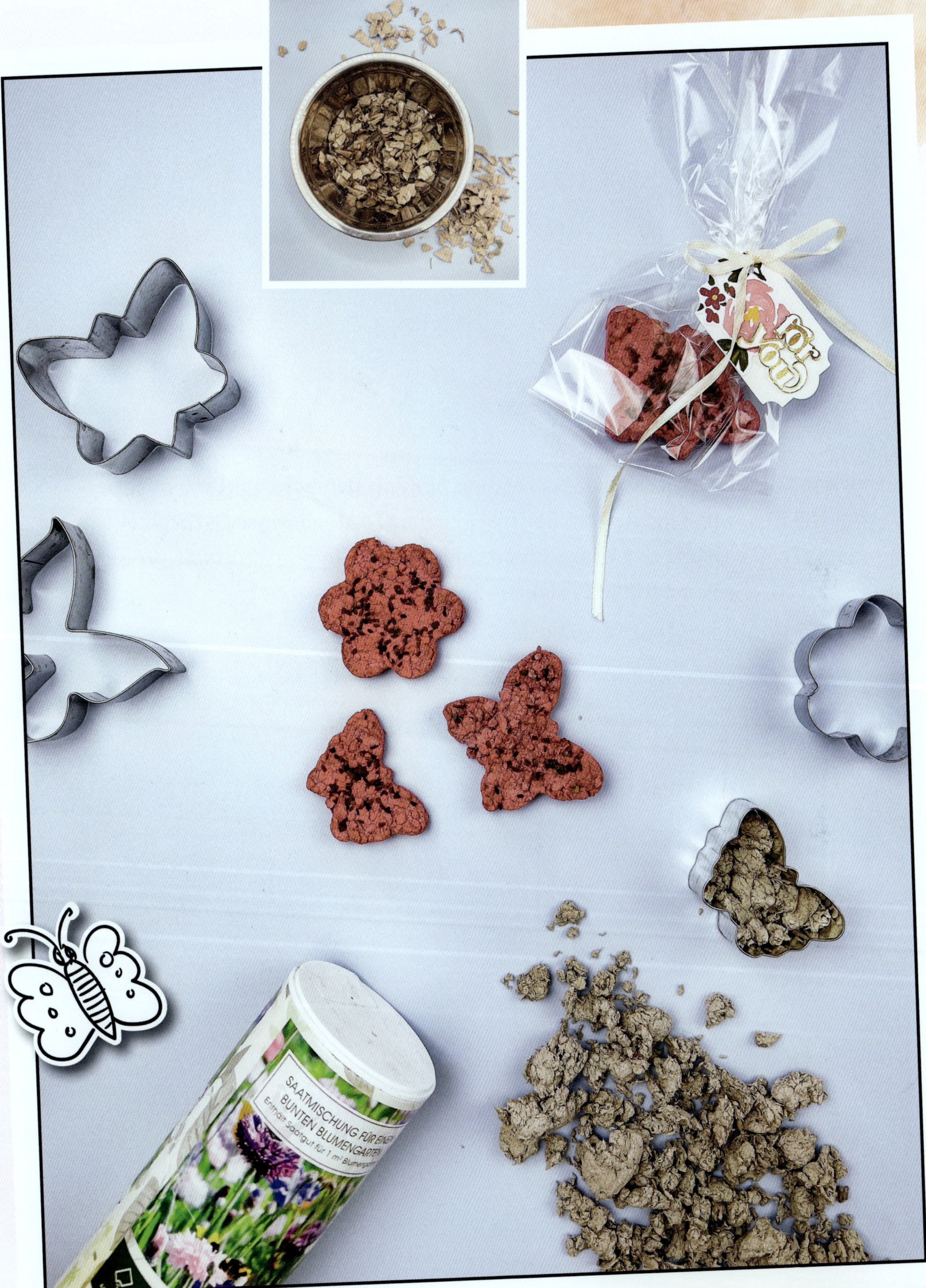
for you
SAATMISCHUNG FÜR
BUNTEN
Enthält Saatgut für 1 m²

15 Minuten

OSTERHASEN-STECKER

Diese kleinen Osterhasen-Stecker sind einfach gemacht und sehen supersüß aus, wenn ihr sie zum Beispiel in einen Topf mit einer Osterglocke steckt. Die Größe der Hasen könnt ihr variieren, indem ihr etwas größere oder etwas kleinere Holzperlen verwendet.

MATERIAL
Chenilledraht in Weiß, 30 cm lang • je 1 Holzperle, ø 20 mm und 24 mm • 1 Schaschlikspieß

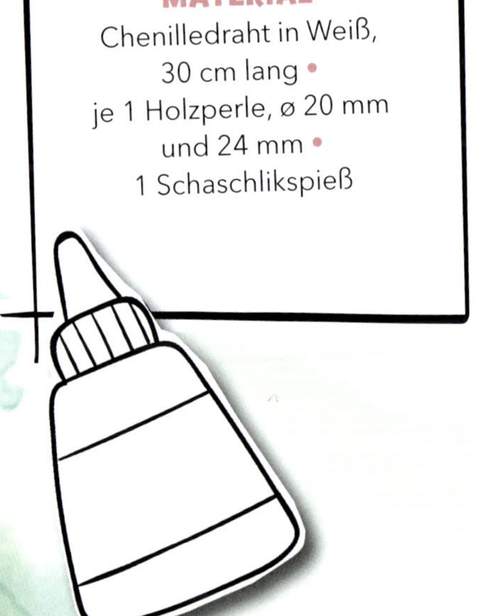

1 Zunächst fädeln wir beide Holzperlen auf den Chenilledraht und schieben sie in die Mitte des Drahts.

2 Nun biegen wir die Enden oben und unten jeweils zu zwei Schlaufen. Die überstehenden Enden stecken wir jeweils von der entsprechenden Seite aus in die Öffnung der Kugel.

3 Aus den zwei Schlaufen an der kleineren Kugel werden die Hasenohren. Sie werden nach oben gebogen. Aus den beiden anderen Schlaufen an der größeren Kugel werden die Hasenpfoten, sie werden im 90°-Winkel zur Kugel gebogen.

4 Zum Schluss stecken wir noch einen Schaschlikspieß in die untere Öffnung der großen Kugel (bei den Pfoten).

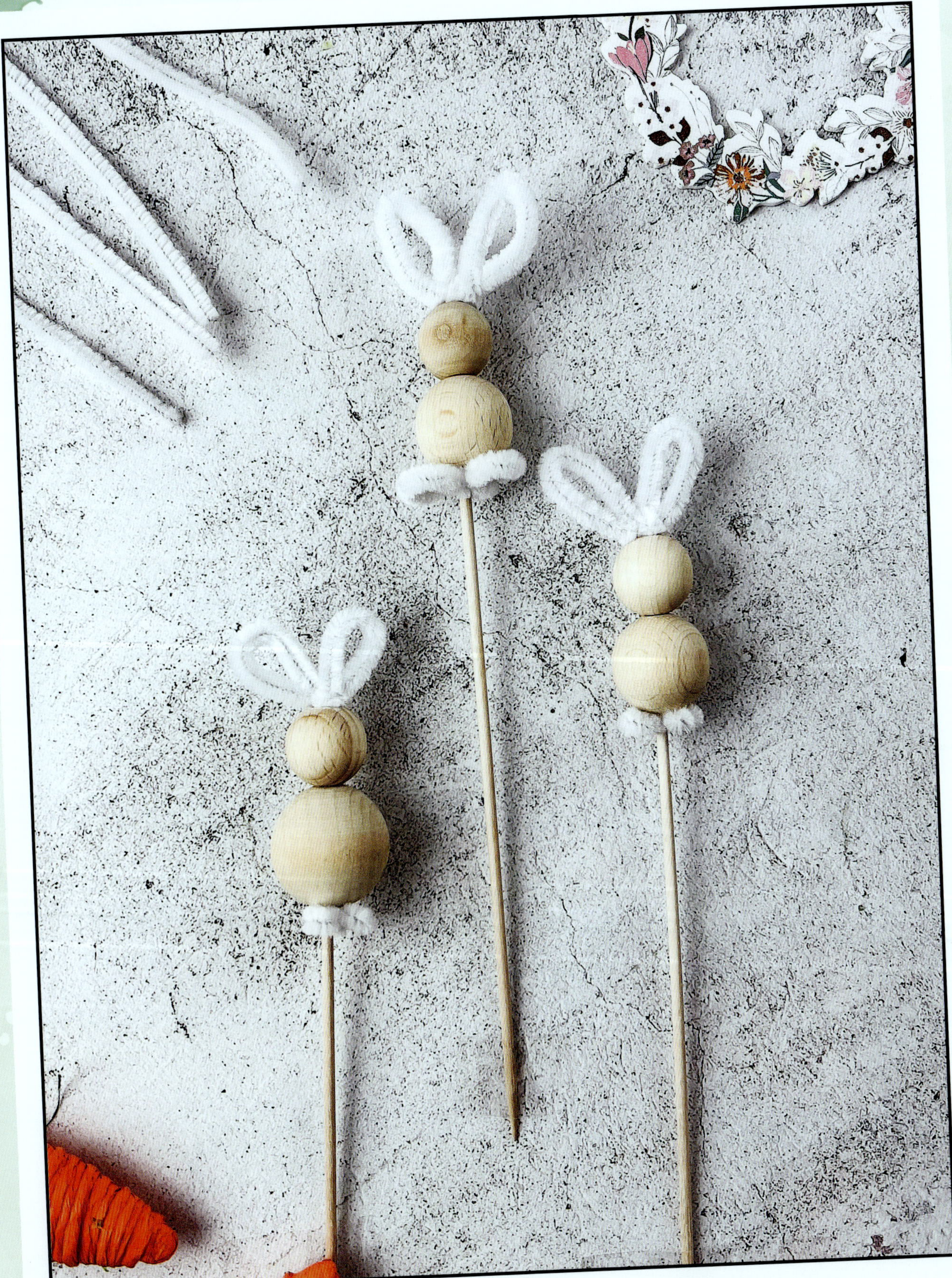

FÄCHER-HASEN

Diese niedlichen Hasen bekommen durch den Fächer einen leichten 3D-Effekt und können sowohl als Stecker, als auch (ohne Schaschlikspieß) als Deko-Element für Karten oder Fenster genutzt werden.

MATERIAL

Tonpapierrest in Weiß oder Braun • Druckerpapier in Weiß oder Braun, A5 • 1 Pompon in Weiß oder Braun • Fineliner in Schwarz • optional: 1 Schaschlikspieß • Kleber • Schere

Vorlage: Seite 147

1 Übertragt die Vorlage für den Hasenkörper auf das Tonpapier und schneidet den Hasen aus.

2 Übertragt dann die Vorlage für den Fächer auf Druckerpapier, schneidet das Teil aus und faltet es wie in der Vorlage vorgegeben zu einer Treppe. Faltet die Treppe in der Mitte und klebt sie zusammen.

3 Nun wird der Fächer auf den Körper und der Pompon am hinteren Ende an den Fächer geklebt. Wer den Hasen als Stecker benutzen will, klebt zudem einen Schaschlikspieß auf der Hinterseite des Hasen fest. Alles gut trocknen lassen und zum Schluss dem Hasen mit Fineliner ein Gesicht aufmalen.

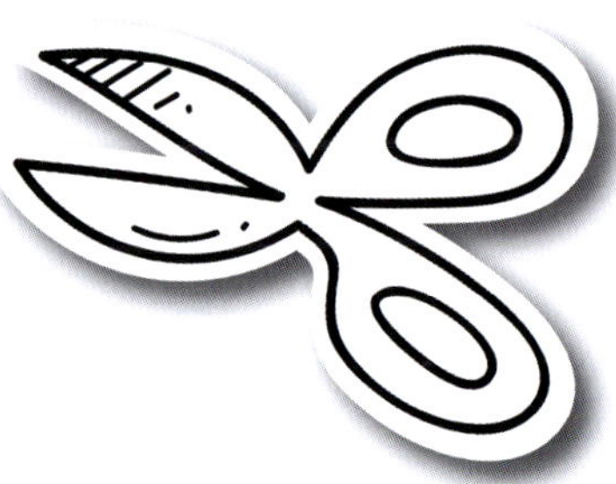

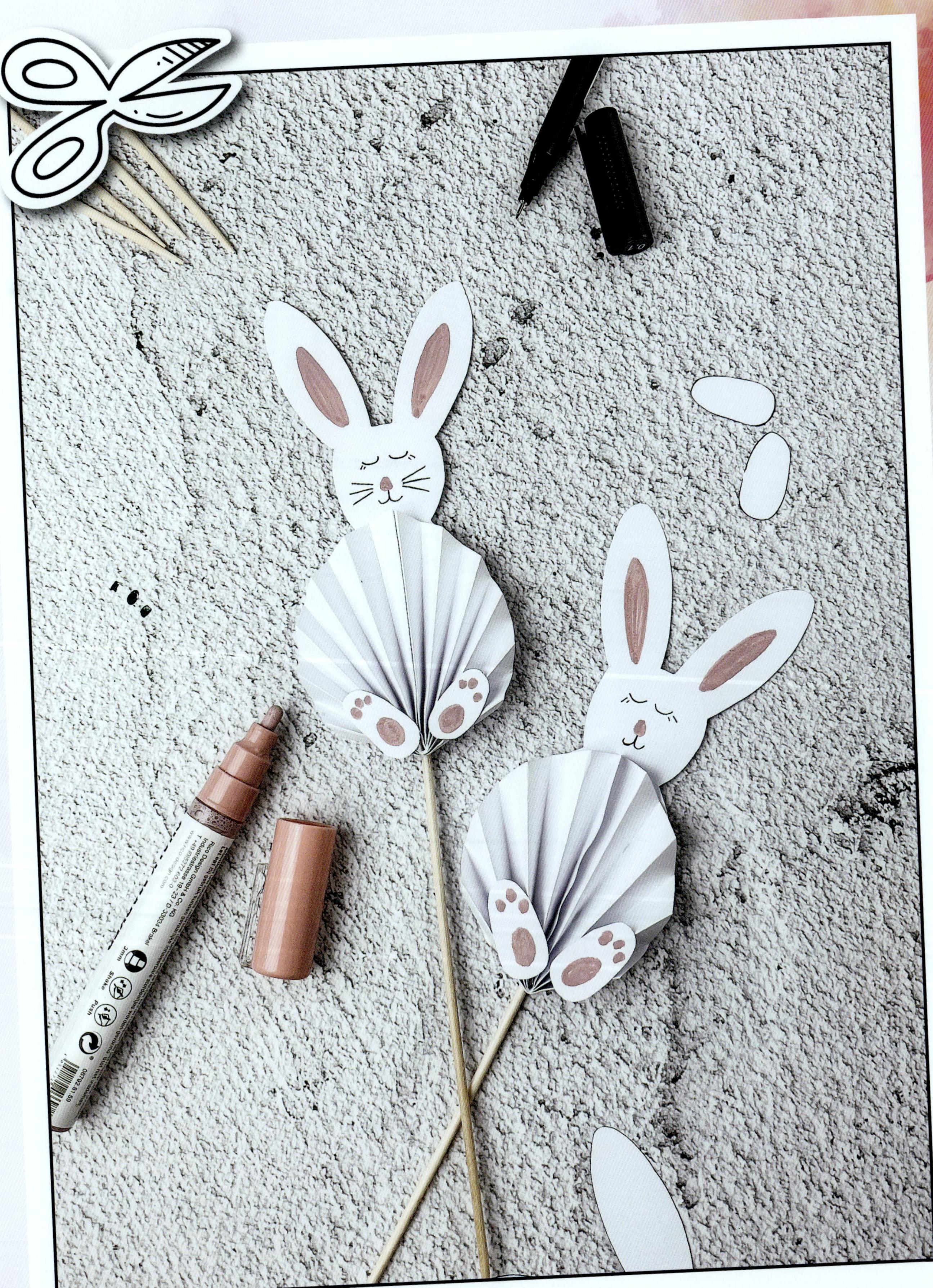

PERLEN-Schmetterlinge

Viele Kinder lieben es, Perlen oder Ähnliches aufzufädeln und schulen dabei ganz nebenbei die Hand-Auge-Koordination und die Feinmotorik. Für diese Schmetterlinge können schön jüngere Kinder Perlen auf Pfeifenputzer fädeln. Das besondere an den Pfeifenputzern: Durch die feinen Härchen werden die Perlen an Ort und Stelle gehalten und der steife Draht erleichtert zudem das Auffädeln.

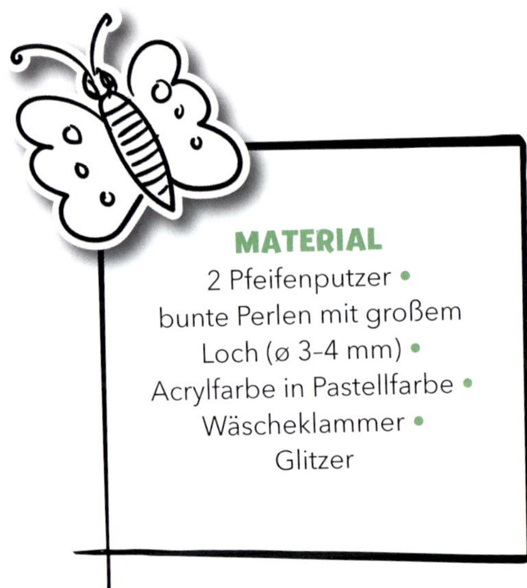

MATERIAL

2 Pfeifenputzer • bunte Perlen mit großem Loch (ø 3-4 mm) • Acrylfarbe in Pastellfarbe • Wäscheklammer • Glitzer

1 Auf den ersten Pfeifenputzer werden 24 Perlen aufgefädelt. Danach wird der Pfeifenputzer zu einer Acht geformt, wobei in jedem Bogen der Acht jeweils 12 Perlen liegen. Die Mitte gut verdrehen und die Enden des Drahts in die letzte Perle schieben.

2 Vom zweiten Pfeifenreiniger etwa 7 cm abschneiden. Auf diesen dann 16-20 Perlen auffädeln und ebenfalls zu einer Acht formen (mit je 8 bzw. 10 Perlen in jedem Bogen). Die Enden verdrehen.

3 Aus dem übrigen Stück des Pfeifenputzers werden die Fühler geformt, indem wir ihn in der Mitte knicken, und die Enden ein wenig eindrehen. Die Wäscheklammer nach Belieben anmalen und Glitzer auftragen.

4 Nun befestigen wir die zuvor hergestellten Achten: Die Wäscheklammer aufdrücken und zunächst die kleinere Acht als kleines Flügelpaar zwischen die Klammeröffnung bis zur Feder schieben, mit etwas Heißkleber befestigen. Dann die größere Acht als großes Flügelpaar darüber anbringen. Zum Schluss die Fühler über den großen Flügeln anbringen. Alles noch etwas zurechtformen.

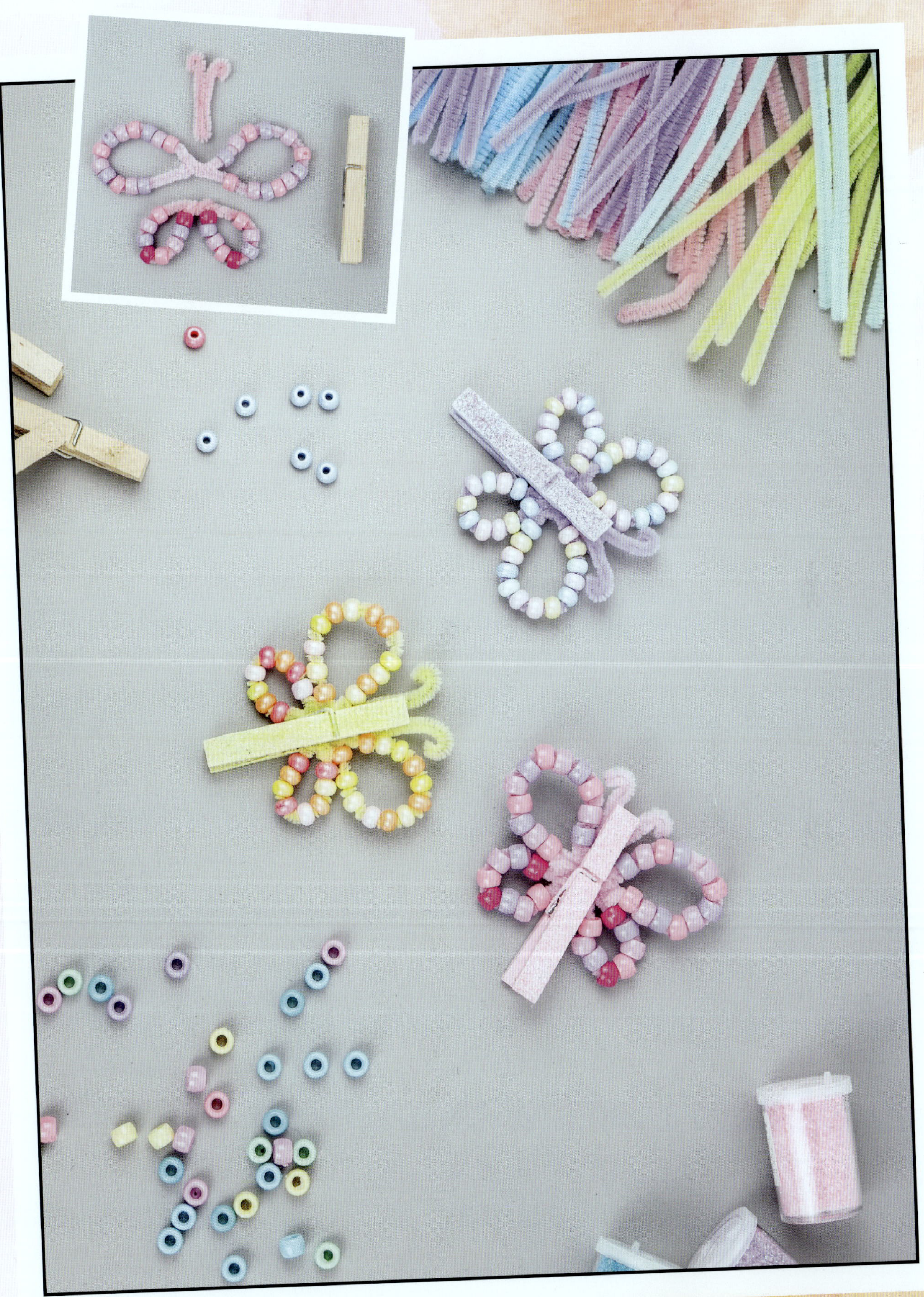

BESTECK-HALTER AUS FILZ

Für fröhliche Farbtupfer auf der Ostertafel sorgen diese niedlichen Besteckhalter. Schon jüngere Kinder können sie mit etwas Hilfe herstellen und beim Vernähen der zwei Teile wird der Umgang mit Nadel und Faden geübt.

MATERIAL

Für 4 Besteckhalter

Filz in Grün, Hellblau, Rosa und Gelb, DIN A4 • Stickgarn in Grün, Hellblau, Rosa und Gelb • Sticknadel • 4 Pompons in Weiß, Creme, Grau und Braun • Textilkleber • Schere

Vorlage: Seite 148

1 Übertragt die Vorlage für den Hasen (Vorder- und Rückseite) auf den Filz und schneidet ihn aus.

2 Legt nun die Vorderseite des Hasen bündig zum unteren Rand auf die Rückseite des Hasen und näht mit dem Stickgarn einmal um die äußere Kante. Lasst dabei aber die obere Seite aus, sodass eine Öffnung bleibt.

3 Zum Schluss wird noch der Pompon mit etwas Textilkleber als Schwänzchen angebracht und schon könnt ihr euren Ostertisch festlich decken.

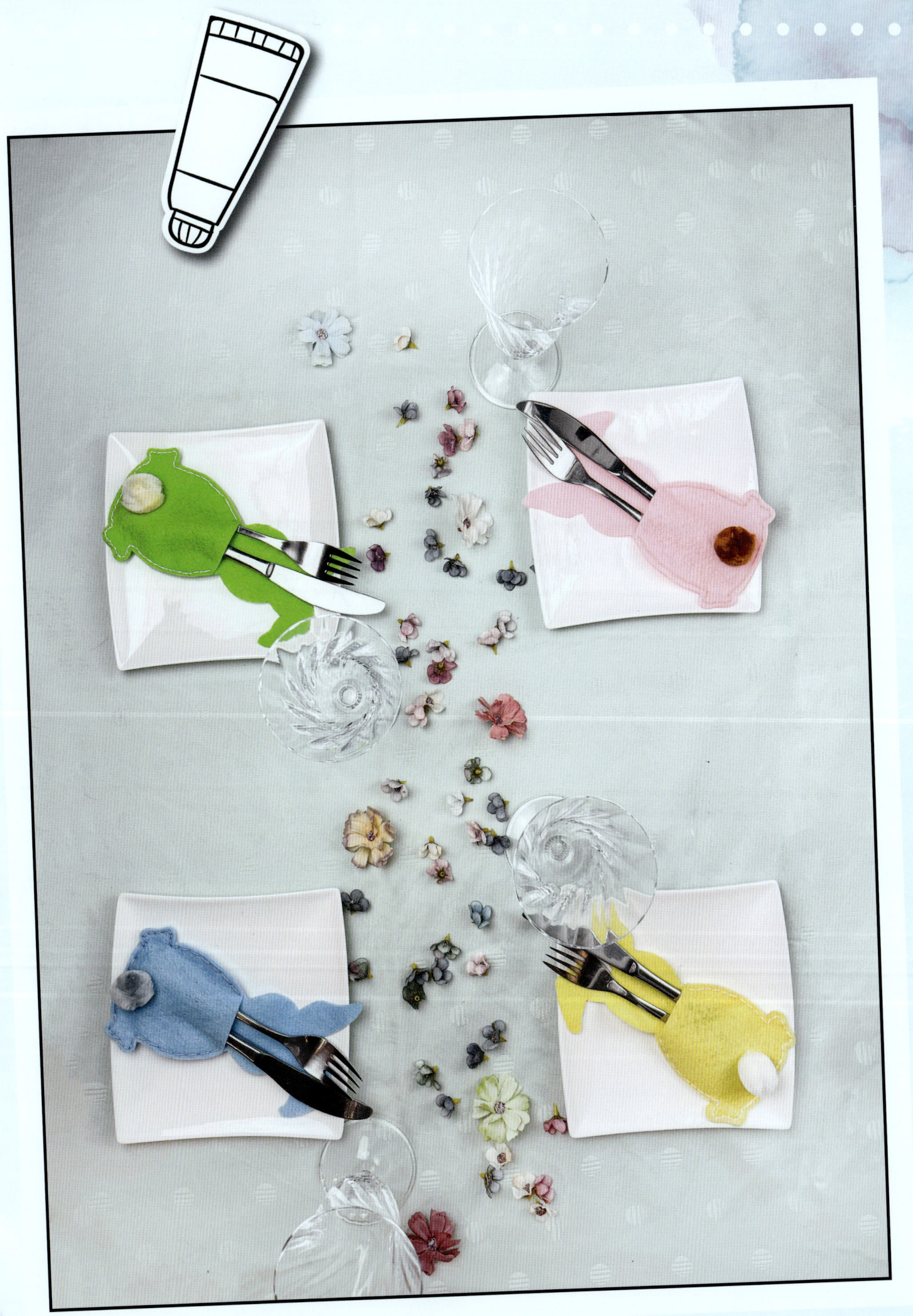

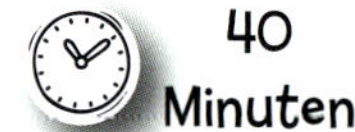

BLUMENGRÜSSE AUS PAPIER

Für diesen Strauß, der niemals verwelken wird, braucht ihr lediglich etwas farbiges Papier und einen leeren Joghurtbecher.

MATERIAL

Tonpapierrest in Creme, Gelb, Apricot, Flieder, Lila, Türkis und Grün • Krepppapierrest in Gelb • Tonkarton in Grau, A4 • 6 Strohhalme in Braun oder Grün • leerer Joghurtbecher ohne Etikett (sauber und trocken) • Schere • Kleber

Vorlage: Seite 143

1 Für den Papierblumenstrauß benötigen wir je drei kleine und drei große Blumen. Dafür übertragt ihr zuerst die Vorlage für jeweils sechs große bzw. fünf kleine Herzen auf das Tonpapier in Pastellfarben. Danach schneidet ihr alle Teile aus.

2 Die sechs bzw. fünf Herzen legt ihr dann zu einem Kreis, sodass sich die Seiten überlappen. Klebt die Blütenblätter mit etwas Kleber auf der Unterseite zusammen.

3 Nun schneidet ihr den Joghurtbecher senkrecht in der Mitte durch und klebt eine Hälfte als Vase auf das untere Drittel des grauen Tonkartons.

4 Schneidet die Strohhalme unterschiedlich lang zu, damit ihr die Blumen hübsch in der Vase verteilen könnt. Klebt dann die Strohhalme in die Joghurtbecher-Vase und befestigt die Blüten mit etwas Kleber am oberen Ende der Strohhalme.

5 Übertragt die Vorlage für die Blätter auf grünes Tonpapier und schneidet diese aus. Befestigt die Blätter danach in unregelmäßigen Abständen an den Blütenstielen.

6 Zum Schluss knüllt ihr jeweils sechs kleine Stücke Krepppapier zu Kugeln und klebt diese auf die Blütenmitten.

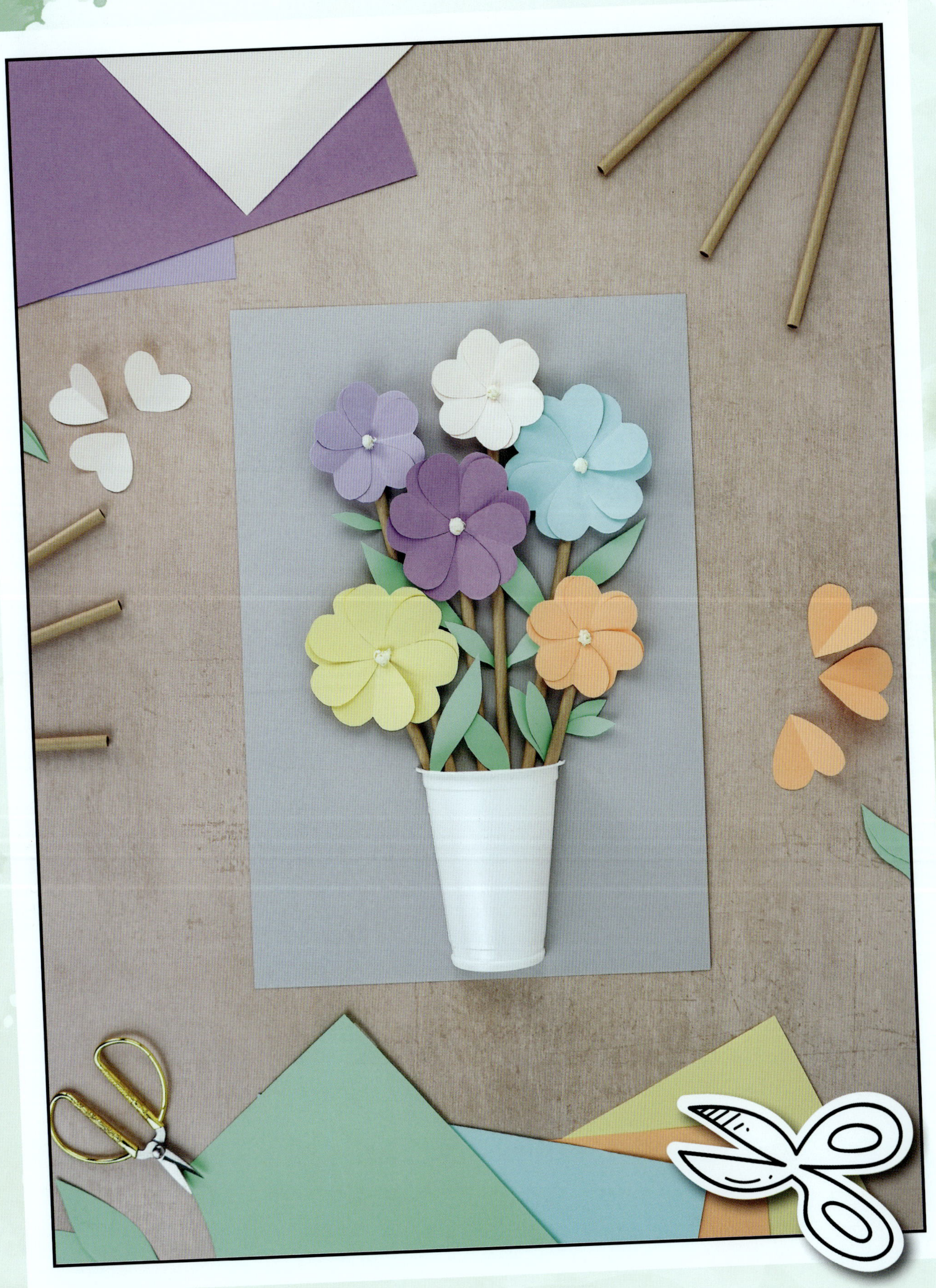

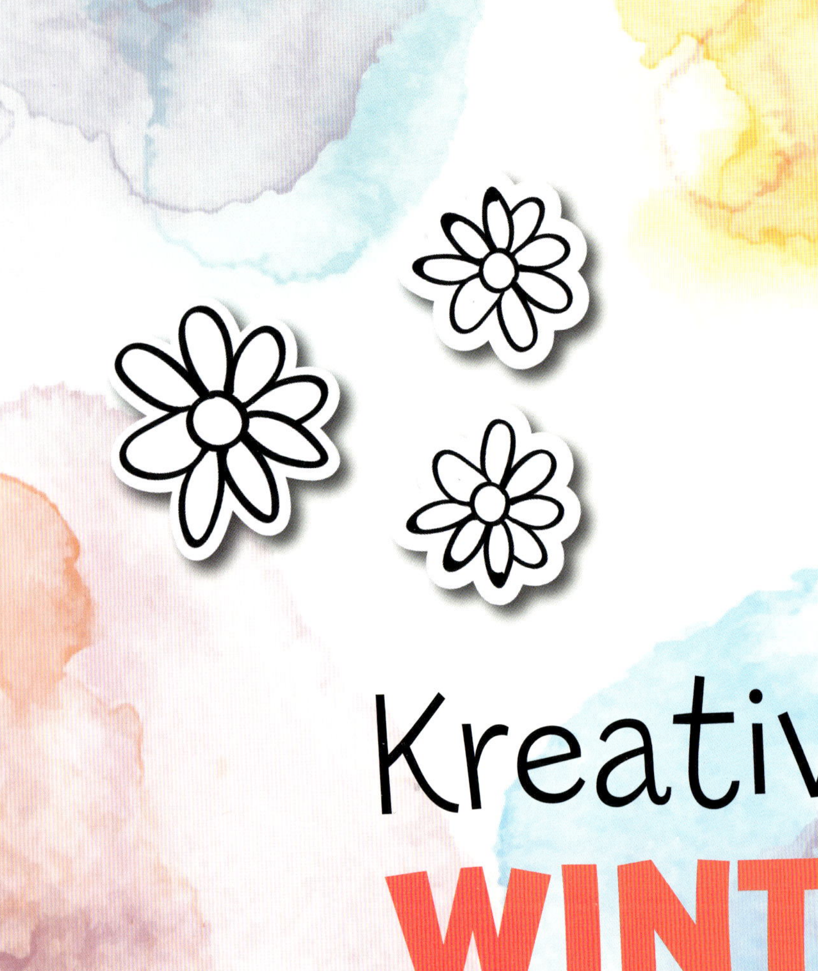

Kreativ im

WINTER UND ZU WEIHNACHTEN

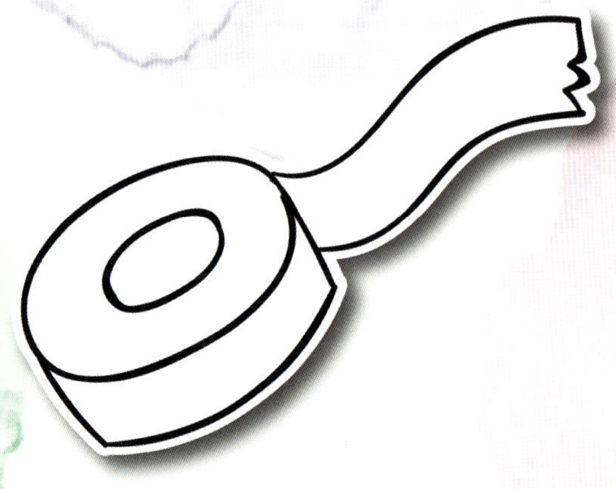

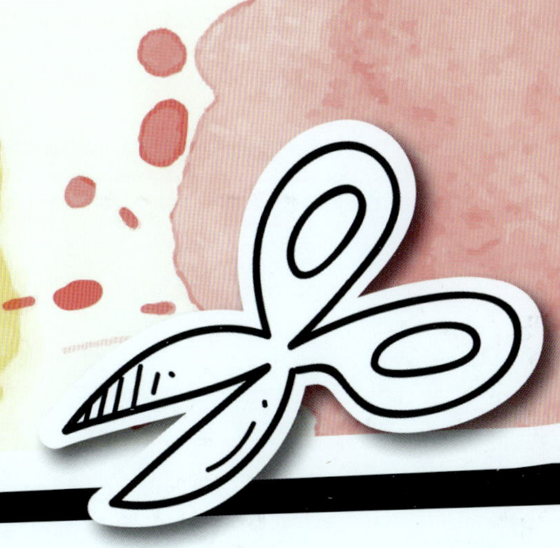

Wenn die Tage kürzer werden und es in großen Schritten auf Weihnachten zugeht, werden gerne wieder die Bastelsachen ausgepackt. Für Weihnachten zu basteln, hat dabei mehrere schöne Komponenten: wir verbringen Zeit miteinander, können alte Traditionen fortführen oder neue zum Leben erwecken, Kinder können wertvolle Erfahrungen sammeln und gleichzeitig entstehen ganz individuelle Geschenke für Familienmitglieder, Freunde und Bekannte.

Je nach Alter des Kindes sollten wir unsere Ansprüche beim Basteln nicht zu hoch halten: Kinder haben in der Regel deutlich mehr Freude, wenn sie viel alleine machen können - auch wenn es am Ende nicht ganz genau so aussieht, wie in der Vorlage. Wenn wir offen dafür bleiben, den Kindern ihren kreativen Freiraum zu lassen, kommt am Ende vielleicht sogar etwas viel Schöneres dabei heraus!

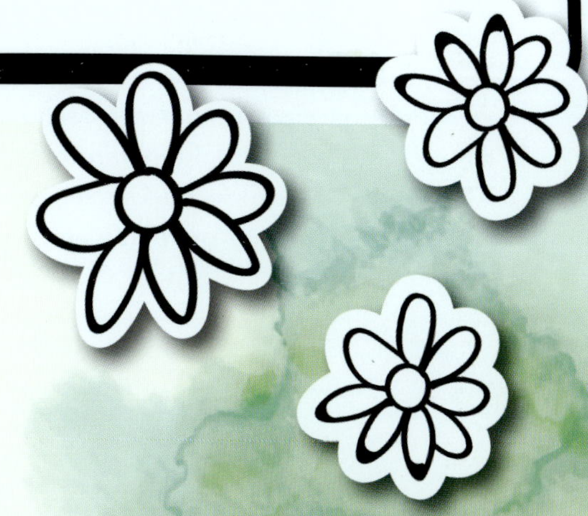

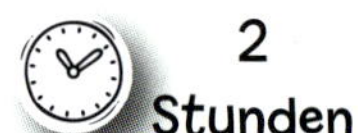

2 Stunden

RENTIER-Adventskalender

Dieser Rudolf-Kalender ist einfach schön anzusehen und Kinder lieben ihn! Dank der Pappteller ist er zudem robust genug, dass er viele Jahre Freude bereiten kann. Die Herstellung dauert zwar etwas länger, ist aber nicht kompliziert und der Materialeinsatz ist überschaubar.

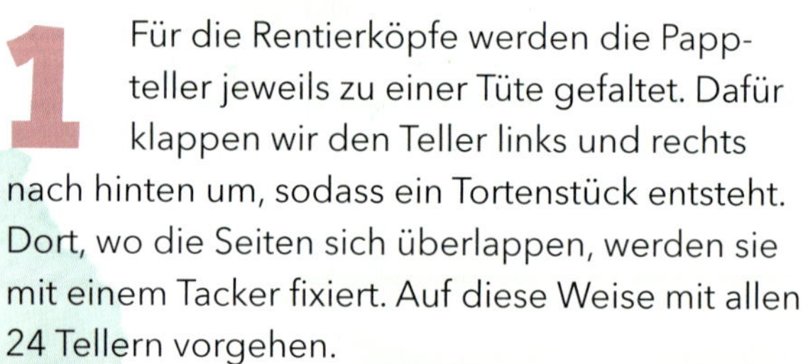

MATERIAL

30 Pappteller in Braun, ø 23 cm • Tonpapier in Braun, A4 • Tonpapier in Rot, A5 • Tonpapierrest in Weiß und Schwarz • Geschenkband • Holzstab zum Aufhängen, 1 m lang • Tacker • Locher • Schere • Kleber

Vorlage: Seite 148

1 Für die Rentierköpfe werden die Pappteller jeweils zu einer Tüte gefaltet. Dafür klappen wir den Teller links und rechts nach hinten um, sodass ein Tortenstück entsteht. Dort, wo die Seiten sich überlappen, werden sie mit einem Tacker fixiert. Auf diese Weise mit allen 24 Tellern vorgehen.

2 Aus den übrigen sechs Papptellern werden die Ohren hergestellt. Zunächst schneiden wir dafür jeden Teller in 8 gleich große Tortenstücke zu. Danach werden diese in Ohrenform zugeschnitten und von hinten am Rentierkopf befestigt.

3 Übertragt nun die Vorlage für die Geweihe 48-mal auf das braune Tonpapier und schneidet sie aus. Auf jeden Rentierkopf werden je zwei Geweihe neben die Ohren geklebt.

4 Für die Augen schneiden wir weiße und schwarze Kreise aus (ø 10 mm und 6 mm), für die Nase rote Kreise (ø 20 mm). Alles an entsprechender Stelle auf dem Kopf festkleben.

5 Mit dem Locher oben mittig je ein Loch in die Rentierköpfe machen und ein Stück Geschenkband durchfädeln. Alle Rentiere werden dann am Holzstab befestigt und so zusammen aufgehängt.

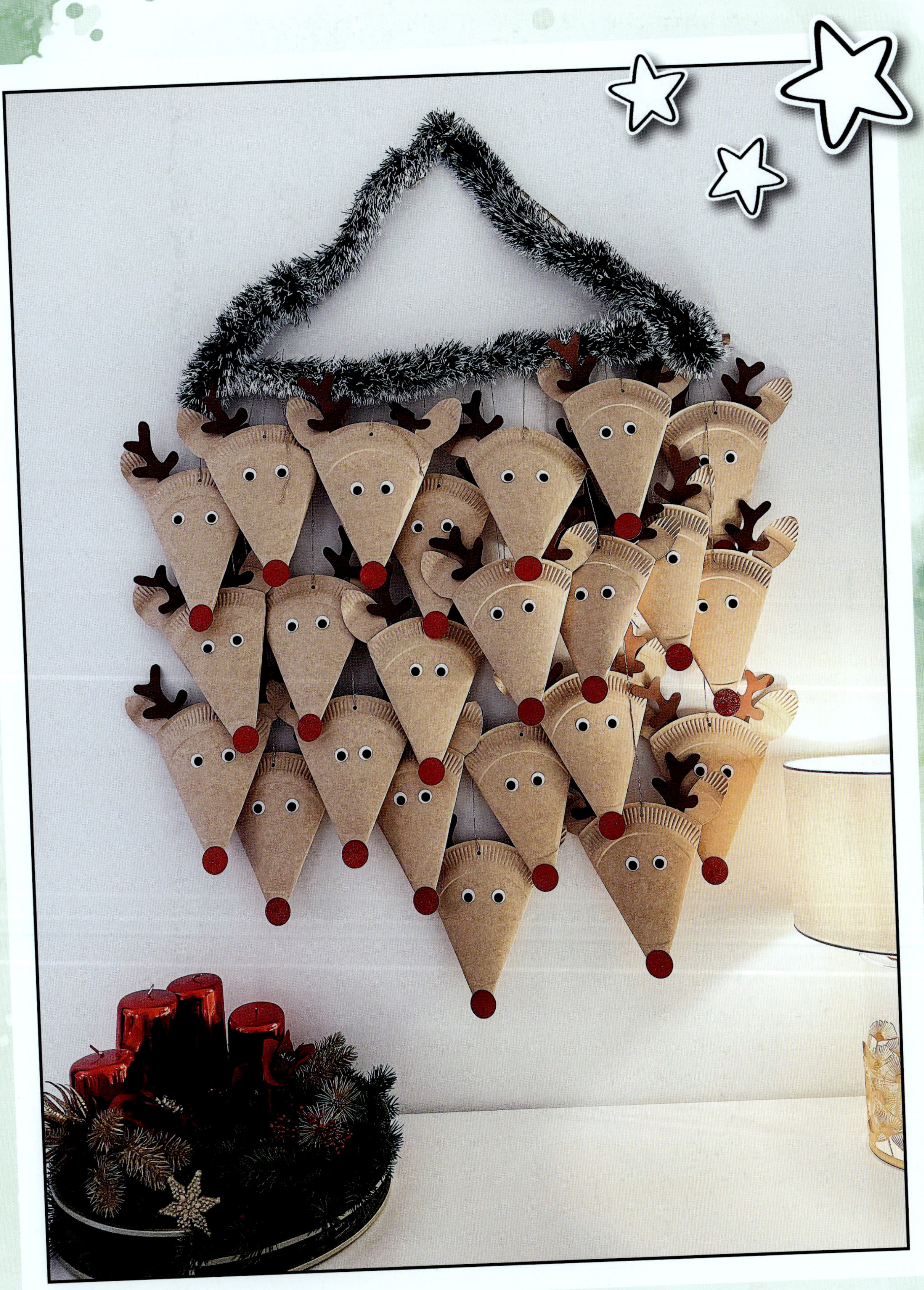

BEDRUCKTES Geschenkpapier

Geschenkpapier selbst zu gestalten, ist etwas Großartiges, da die Kinder sich kreativ austoben können und das eingepackte Geschenk zusätzlich eine ganz besondere Note bekommt. Am einfachsten ist es dabei, das Papier zu bestempeln: Das immer wiederkehrende Muster wirkt dekorativ und die Umsetzung ist einfach.

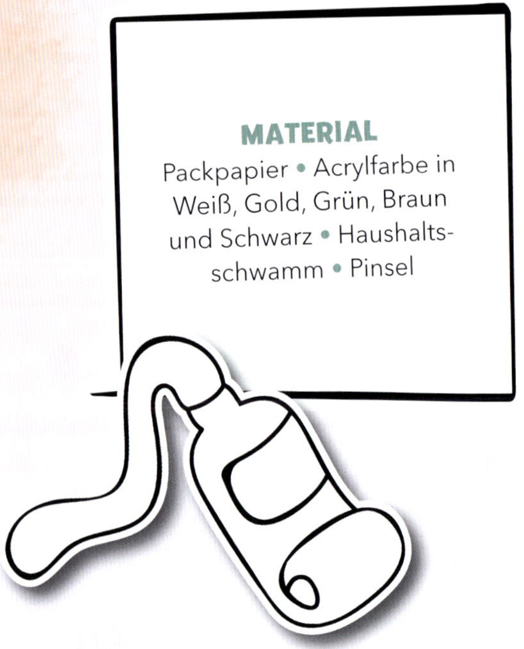

MATERIAL
Packpapier • Acrylfarbe in Weiß, Gold, Grün, Braun und Schwarz • Haushaltsschwamm • Pinsel

1 Rollt das Packpapier vor euch aus. Schneidet dann den Schwamm nach Wunsch zu: in Form eines Tannenbaums, Rentierkopfes oder Schneemanns. Bestimmt fallen euch noch weitere weihnachtliche Motive ein!

2 Pinselt den Schwamm nun auf der weichen Seite gut mit Acrylfarbe ein und drückt diese Seite dann auf das Packpapier, sodass ein schöner Abdruck entsteht. Verfahrt so, bis das Papier ausreichend bestempelt ist und ihr mit der Gestaltung des Papiers zufrieden seid. Um das ganze Design etwas aufzulockern, könnt ihr einen weiteren Schwamm rund zuschneiden und damit Punkte zwischen die Motive stempeln.

3 Lasst alles gut trocknen und verwendet das fertige Papier, um eure Geschenke liebevoll einzupacken.

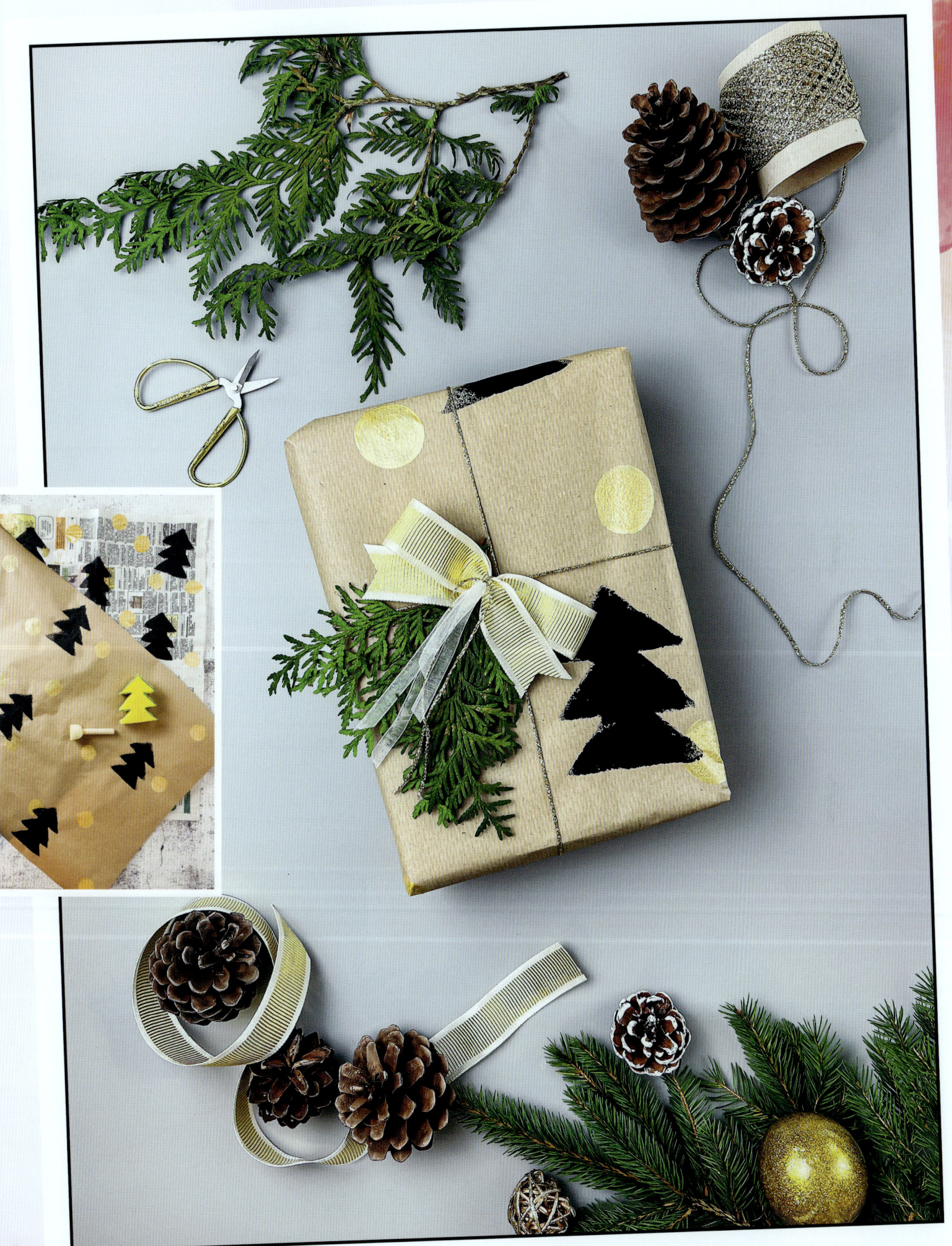

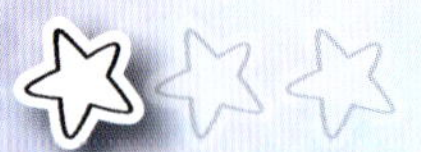

10 Minuten

GLITZERNDE Christbaumkugeln

Diese Christbaumkugeln glitzern mit den Weihnachtslichtern um die Wette! Und da sich der Glitzer in der Kugel befindet und nicht auf ihr verteilt wird, entsteht kein Dreck und ihr habt die Möglichkeit, die Kugeln zusätzlich von außen mit Farbe oder anderer Deko zu verzieren.

MATERIAL

transparente Christbaumkugeln aus Glas oder Kunststoff (mit Öffnung oben) • Glitzer in Wunschfarben • Babyöl • Teller

1 Öffnet die Christbaumkugel und träufelt etwas Babyöl in sie hinein. Verteilt das Babyöl überall gut, indem ihr die Kugel mehrfach dreht. Wenn die Innenseite der Kugel überall mit Babyöl bedeckt ist, stellt sie mit der Öffnung nach unten auf einen Teller und lasst das überschüssige Öl hinauslaufen.

2 Füllt nun Glitzer in die Kugel, dann dreht, wendet und schüttelt die Kugel vorsichtig, bis sie von innen komplett mit Glitzer bedeckt ist. Dreht die Kugel mit der Öffnung nach unten und klopft sanft gegen sie, sodass der überschüssige Glitzer herausrieselt.

3 Verschließt die Kugel wieder und hängt sie an euren Tannenbaum oder verarbeitet sie nach Wunsch weiter.

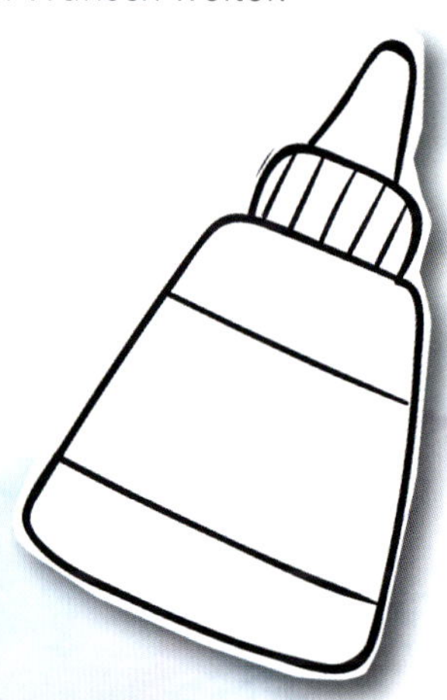

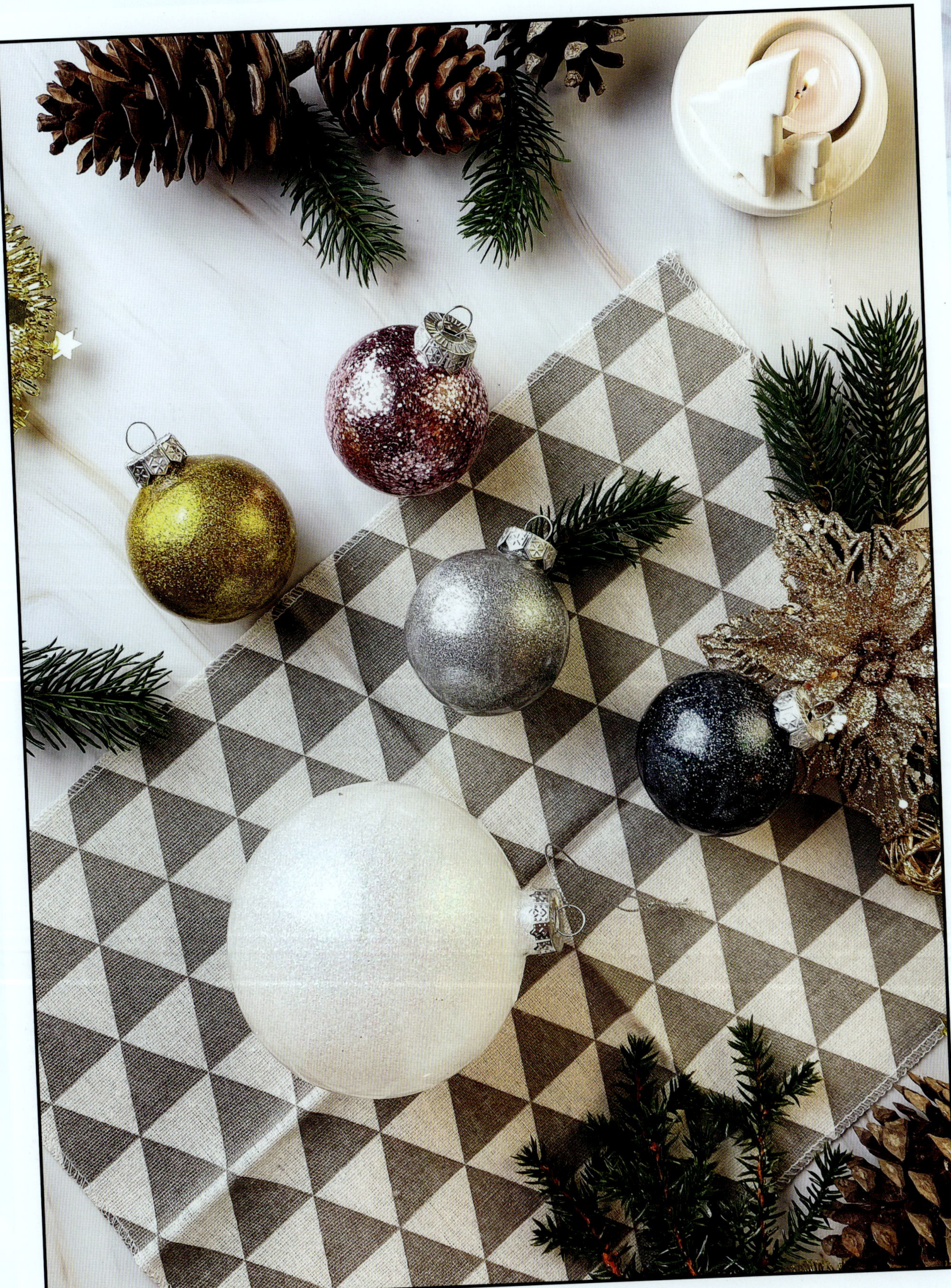

  30 Minuten

PAPPTELLER-PINGUIN

Dieser fröhliche Geselle entsteht im Handumdrehen aus einem Pappteller und eignet sich perfekt als fröhliche Deko fürs Fenster oder Regal. Beim Falten des Papptellers brauchen jüngere Kinder oft etwas Hilfe, da der Karton sehr dick ist.

MATERIAL

Pappteller in Weiß • Acrylfarbe in Schwarz • Tonpapierrest in Orange, Weiß und Schwarz • Pinsel • Flüssigkleber • Schere

Vorlage: Seite 148

1 Als erstes malen wir die gesamte Unterseite des Papptellers schwarz an. Die Farbe gut trocknen lassen.

2 Nun wird der Pappteller umgedreht, sodass die weiße Seite oben liegt. Für die Flügel falten wir links und rechts den Pappteller nach innen, aber nur so weit, dass oben eine Kante mit ca. 4 cm Länge entsteht. Diese Kante wird nun als Kopf nach unten gefaltet. Mit Flüssigkleber fixieren und trocknen lassen.

3 Als nächstes übertragen wir die Vorlage für Flossen und Schnabel auf das orange Tonpapier sowie den größeren Kreis für die Augen auf weißes und den kleineren Kreis für die Pupille auf schwarzes Tonpapier. Alle Teile ausschneiden.

4 Die Füße werden von hinten am Pinguin festgeklebt. Auf den Kopf kleben wir die Augen und an die gerade Kante von hinten den Schnabel.

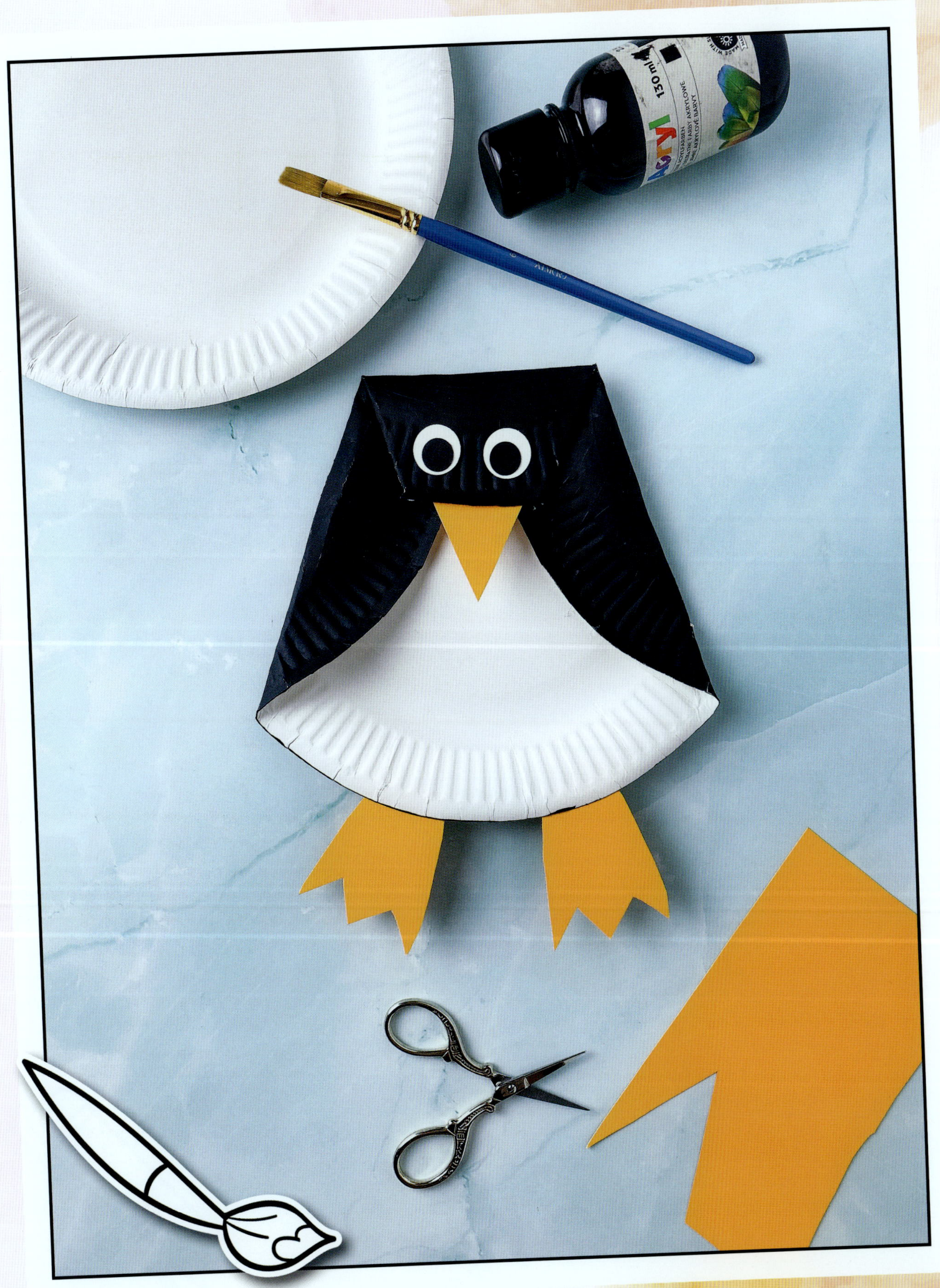
Acryl
130 ml

10-15 Minuten

HANDMADE-Geschenktüten

Vor Weihnachten kann man kaum genug davon haben und selbst, wenn man einen kleinen Vorrat hat, fehlt meistens genau die Größe, die man gerade braucht: Die Rede ist von hübschen Verpackungen und Geschenktüten. Zum Glück kann man diese schnell und einfach selbst herstellen!

MATERIAL

Papier in Wunschgröße (um die Größe der fertigen Tüte abzuschätzen, das Papier einmal halbieren) • Dokumentenklammer • Schere • Kleber

1 Legt das Papier waagerecht vor euch hin. Nun wird es nicht exakt in der Mitte, sondern etwa 1 cm links von der Mitte zusammengefaltet, sodass dann rechts etwas Papier übersteht (Abb. 1).

2 Tragt auf den überstehenden Papierrand Kleber auf, faltet den Rand um und verschließt so die Tüte (Abb. 2).

3 Für den Boden faltet ihr zunächst die untere Papierkante in gewünschter Breite nach oben (Abb. 3)

4 Drückt dann diese Faltung zur Mitte hin so auf, dass links und rechts je ein Dreieck entsteht (Abb. 4).

5 Nun wird die untere Kante des Bodens ein Stück weit über die Mittellinie gefaltet. Die obere Kante des Bodens faltet ihr ebenso nach unten, sodass die beiden Papierlagen überlappen. Klebt die Bodenklappen mit Kleber zusammen (Abb. 5a und 5b).

6 Um die Geschenktüte zu verschließen, faltet ihr die obere Kante der Tüte um und fixiert sie mit einer Dokumentenklammer.

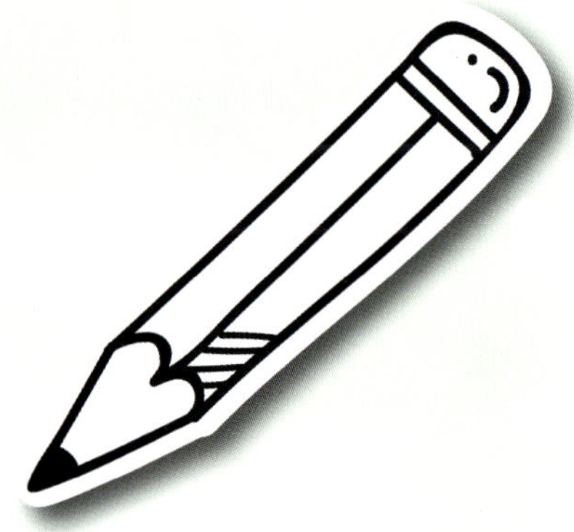

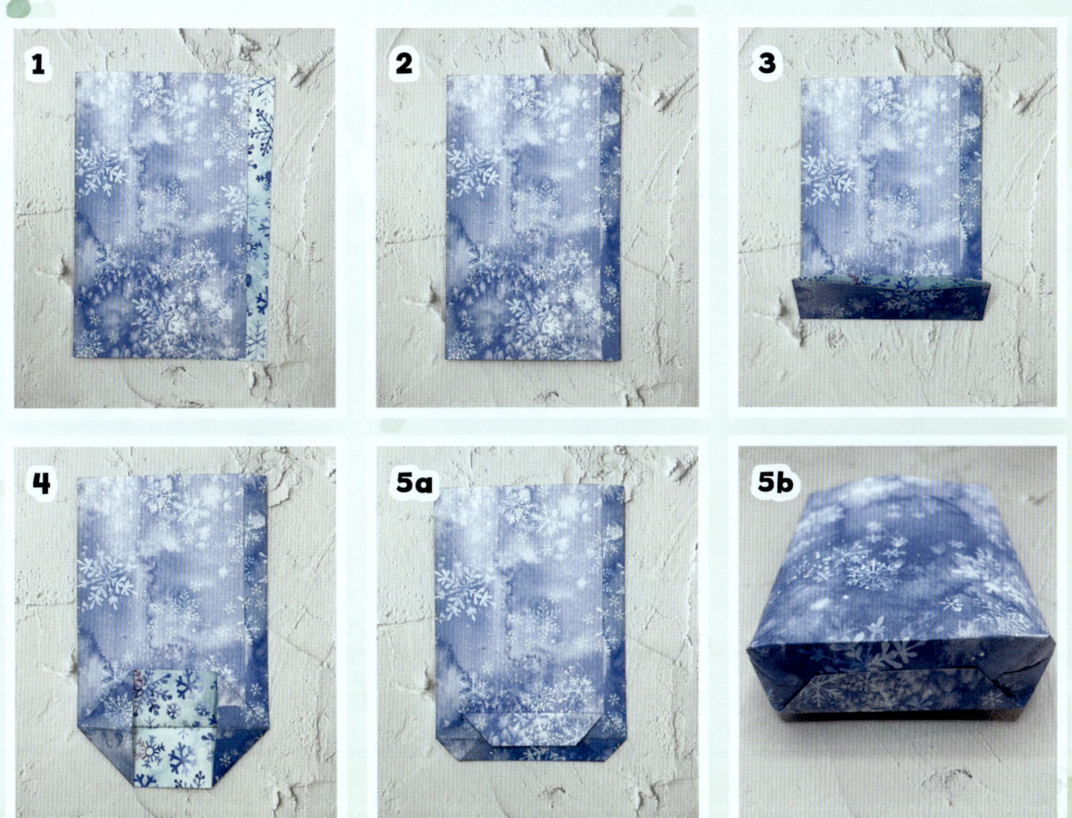
1
2
3
4
5a
5b

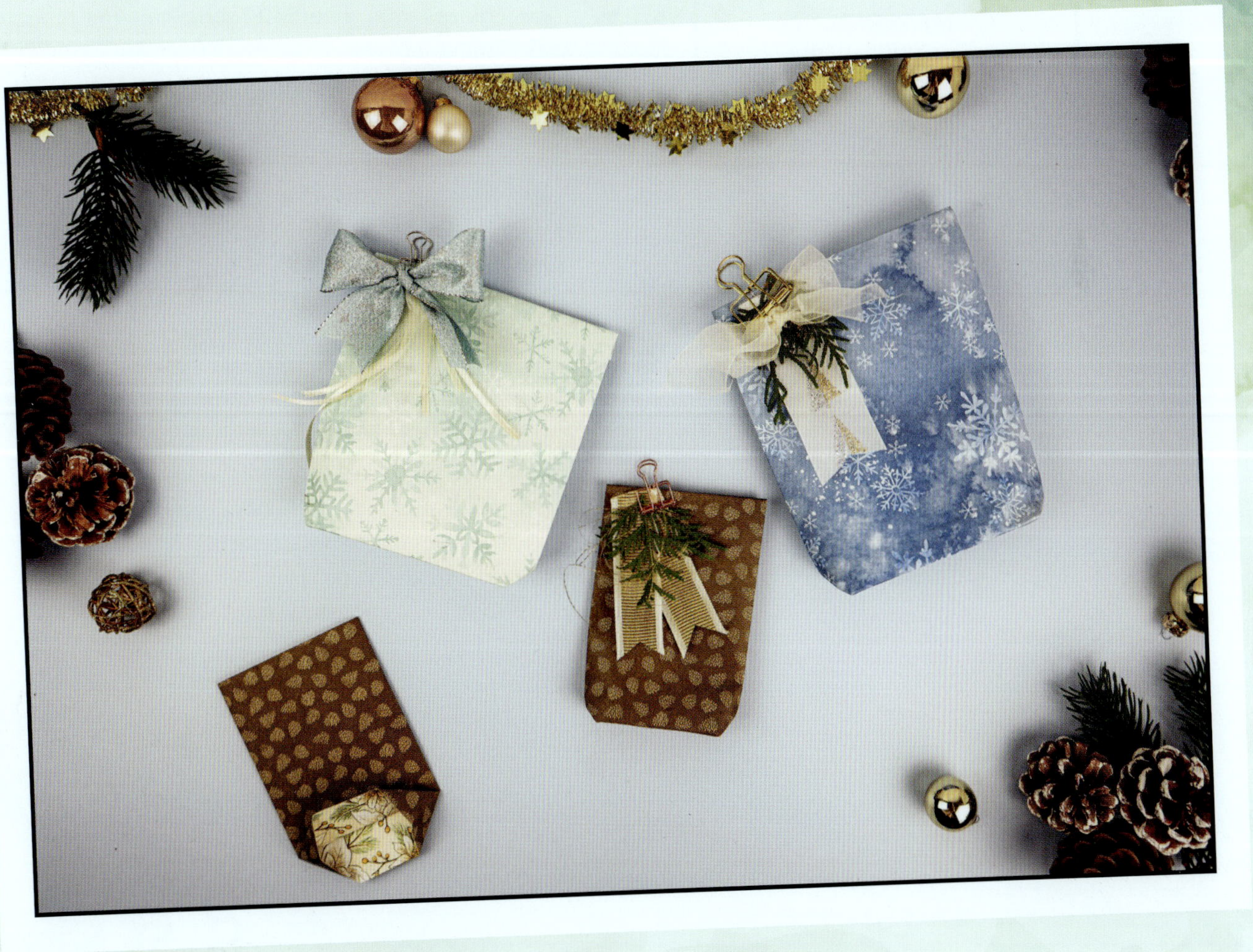

20 Minuten

WEIHNACHTS-GRUSSKARTEN

Zu Weihnachten werden wahrscheinlich mehr Karten verschickt und verschenkt als im restlichen Jahr. Ich bastele sehr gerne Karten mit Kindern, da sie sich dabei kreativ austoben können und das Gebastelte direkt verwendet werden kann. Außerdem sind Kinder unheimlich stolz darauf, wenn sie ihre selbst gebastelte Karte an einen lieben Menschen verschenken können.

MATERIAL

Kartenrohling in Blau, 16 cm x 16 cm • Acrylfarbe in Grün • Stoffschleifchen in Rot, Grün oder Weiß • Klebesteinchen in bunten Farben • Wasserglas oder kleine Müslischale • Edelstahl-Topfreiniger • Bleistift

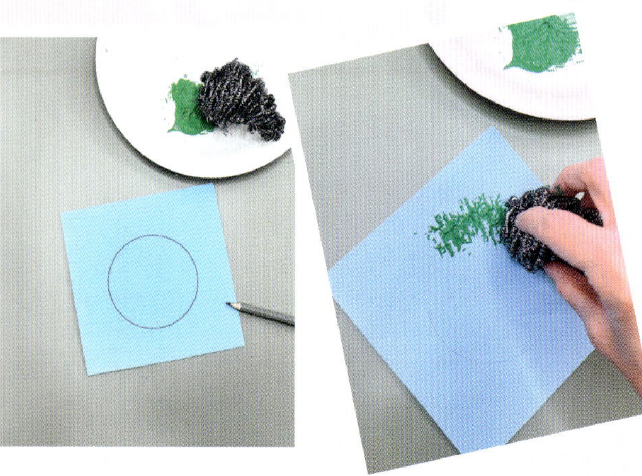

1 Zeichnet zunächst mithilfe eines Wasserglases oder einer Müslischale einen Kreis mittig auf die Karte. An diesem könnt ihr euch später beim Stempeln orientieren (Abb. 1).

2 Nun nehmt ihr etwas Farbe mit dem Topfreiniger auf und drückt ihn dann leicht auf das Papier, immer entlang der vorgezeichneten Kreislinie (Abb. 2). Wiederholt diesen Vorgang, bis der gesamte Ring bestempelt ist. Die Farbe gut trocknen lassen.

3 Jetzt wird der Kranz dekoriert: oben klebt ihr mittig ein Schleifchen auf und verteilt auf dem restlichen Kranz nach Belieben bunte Klebesteinchen. Zum Schluss schreibt ihr noch einen weihnachtlichen Gruß auf die Karte und könnt sie dann verschicken.

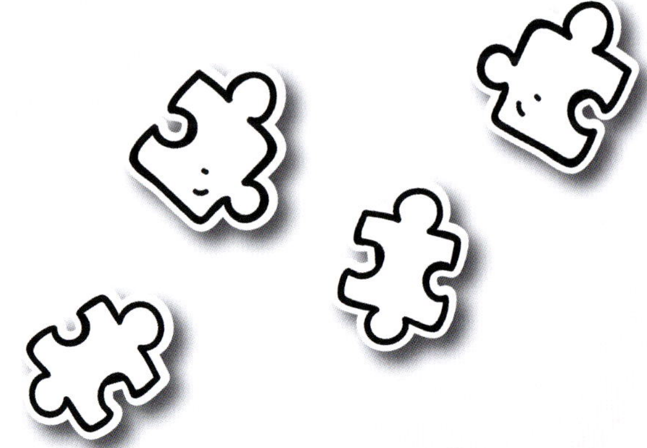

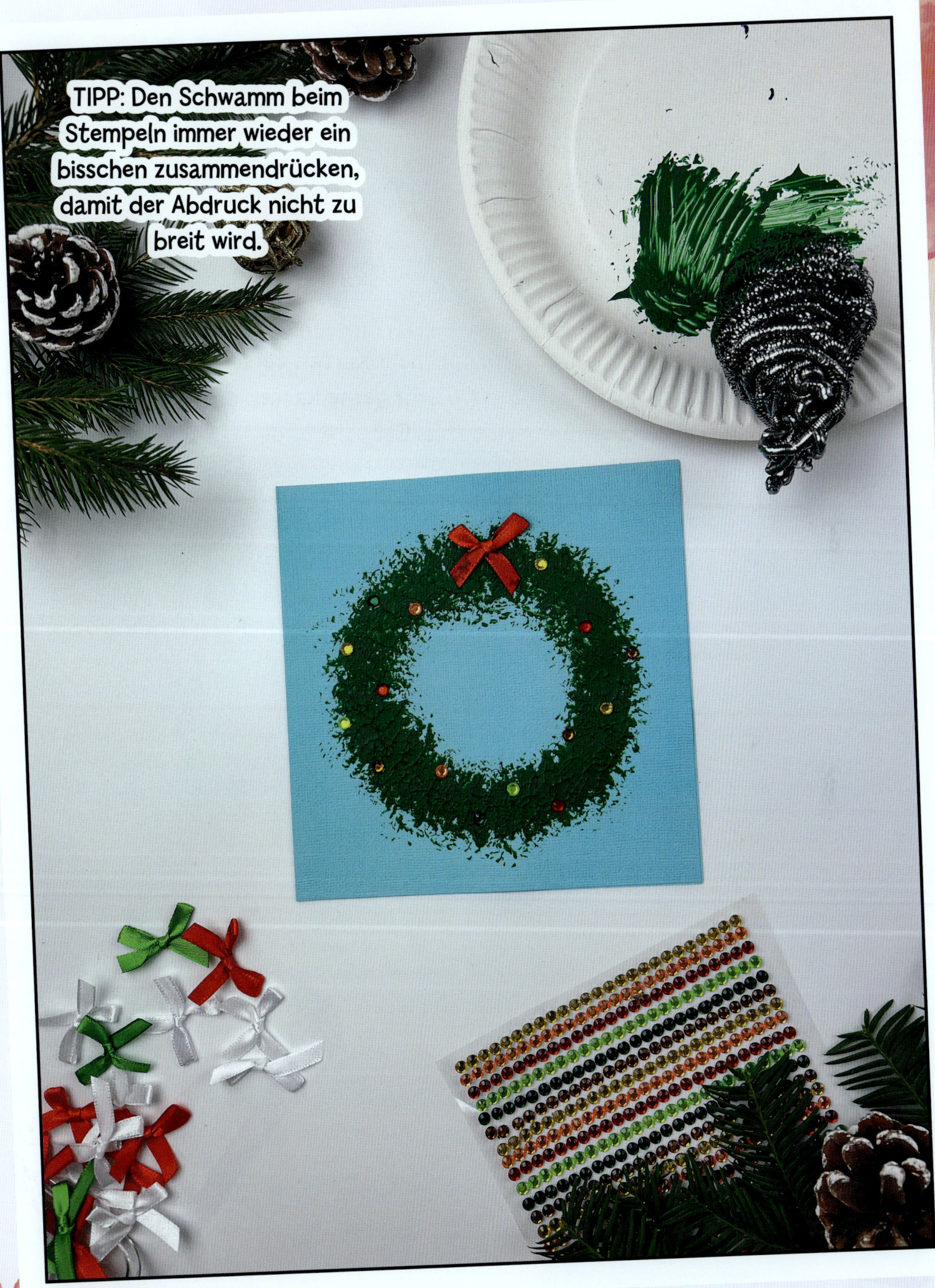
TIPP: Den Schwamm beim Stempeln immer wieder ein bisschen zusammendrücken, damit der Abdruck nicht zu breit wird.

90 Minuten

SCHNEEFLOCKEN aus Kaltporzellan

Kaltporzellan lässt sich ähnlich verarbeiten und nutzen wie Salzteig, ist aber im Gegensatz zu diesem strahlend weiß. Das macht ihn optischen zu einem echten Hingucker und ideal für winterliche Schneeflocken-Deko.

MATERIAL

400 g Natron • 100 g Speisestärke • 200 ml Wasser • Herd • Kochtopf • Holzlöffel • Nudelholz • Schneeflocken-Ausstecher

1 Gebt Natron, Speisestärke und Wasser in einen kleinen Kochtopf und verrührt alles, bis eine homogene Masse entsteht. Erhitzt das Gemisch unter Rühren auf mittlerer Stufe. Achtet darauf, dass der Herd nicht zu heiß ist – falls die Masse anbrennt, wird das Kaltporzellan nicht reinweiß werden! Lasst das Wasser verdampfen, bis eine sehr zähe Masse entsteht, die nicht mehr klebt (Abb. 1).

2 Gebt die Masse auf die Arbeitsplatte und lasst sie ca. 10 Minuten abkühlen. Danach wird die Masse kurz verknetet. Sollte der Teig noch kleben, gebt noch etwas Speisestärke hinzu – achtet dabei aber darauf, nicht zu viel zu nehmen, da der Teig sonst bröselig wird (Abb. 2).

3 Um den Teig weiter zu verarbeiten, rollt ihr ihn zunächst etwa 1–2 cm dick aus (etwas Speisestärke hilft, dass er nicht auf der Unterlage haften bleibt). Danach könnt ihr den Teig mit den Plätzchenformen ausstechen (Abb. 3).

4 Lasst eure Schneeflocken mindestens zwei Tage lang trocknen. Testet dabei, ob auch die Rückseite gut durchgetrocknet ist, falls nicht, wendet ihr die Schneeflocken zwischendurch einmal.

ACHTUNG: Der Teig trocknet schnell aus und wird dann bröselig, darum solltet ihr ihn zügig verarbeiten. Teig, den ihr gerade nicht verwendet, gebt ihr am besten in einen Gefrierbeutel oder schlagt ihn in Frischhaltefolie. So verpackt hält sich der Teig im Kühlschrank etwa 3 Wochen.

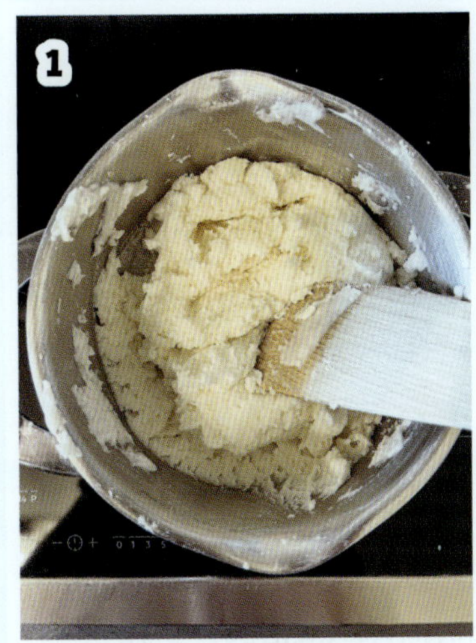

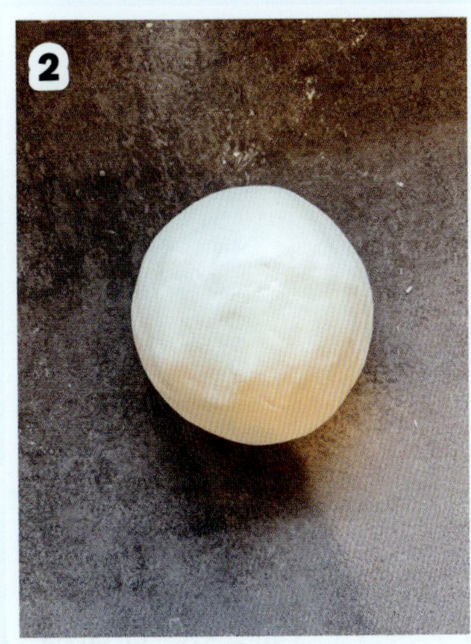

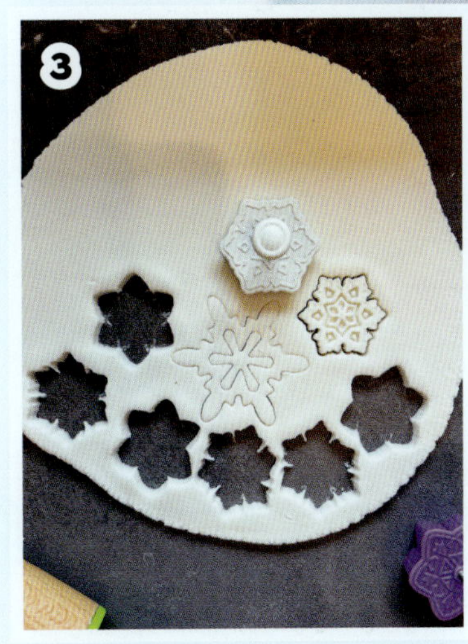

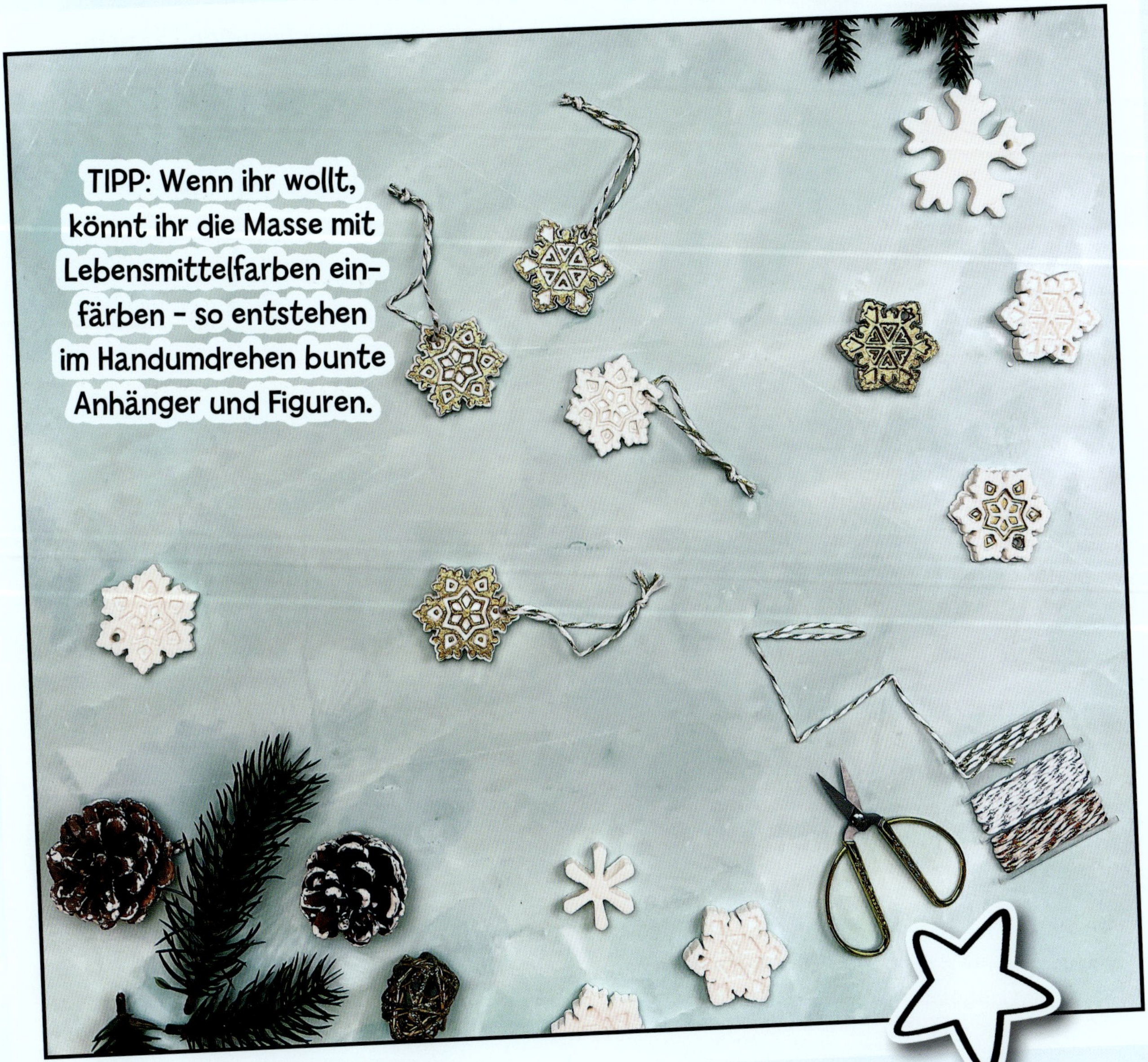

TIPP: Wenn ihr wollt, könnt ihr die Masse mit Lebensmittelfarben einfärben – so entstehen im Handumdrehen bunte Anhänger und Figuren.

15-20 Minuten

LUSTIGE Geschenkanhänger

Diese winterlichen Mützen-Anhänger bekommen durch den Pompon-Bommel das gewisse Extra. Ihr behaltet den Überblick über die Geschenke für eure Liebsten und entlockt den Beschenkten sicher so manches freudige Lächeln.

MATERIAL

Papierreste mit winterlichen Motiven • Stickgarnstrang in zum Papier passender Farbe • Band, ca. 20 cm lang • Schere • Kleber • Stift

Vorlage: Seite 148

1 Übertragt die Vorlage für die Mütze auf ein Motivpapier. Auf ein anderes Motivpapier übertragt ihr außerdem die Vorlage für den Saum der Mütze. Schneidet beide Teile aus und klebt den Saum der Mütze am unteren Rand auf der Mütze fest.

2 Schneidet nun ein 15 cm langes Stück Stickgarn ab. Eine Person streckt einen Zeige- und Mittelfinger aus und drückt sie leicht zusammen. Wickelt dann den Rest des Stickgarns so oft um die beiden Finger, bis das Garn komplett verbraucht ist. Fädelt dann das abgeschnittene Garnstück zwischen Zeige- und Mittelfinger durch, sodass es eine Schlaufe um die Mitte des Garnknäuels bildet. Verknotet es fest und zieht das ganze Garnknäuel vorsichtig von den Fingern.

3 Schneidet jetzt die beiden Schlaufen des Knäuels, die zuvor um die Finger gewickelt waren, auf und formt einen Pompon, indem ihr das Garn gleichmäßig rund zuschneidet.

4 Zum Schluss bringt ihr an der Oberseite der Mütze das Band zum Aufhängen an und klebt den Pompon darauf.

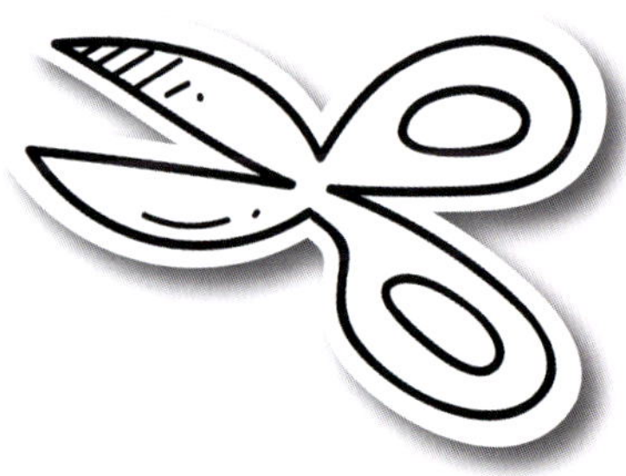

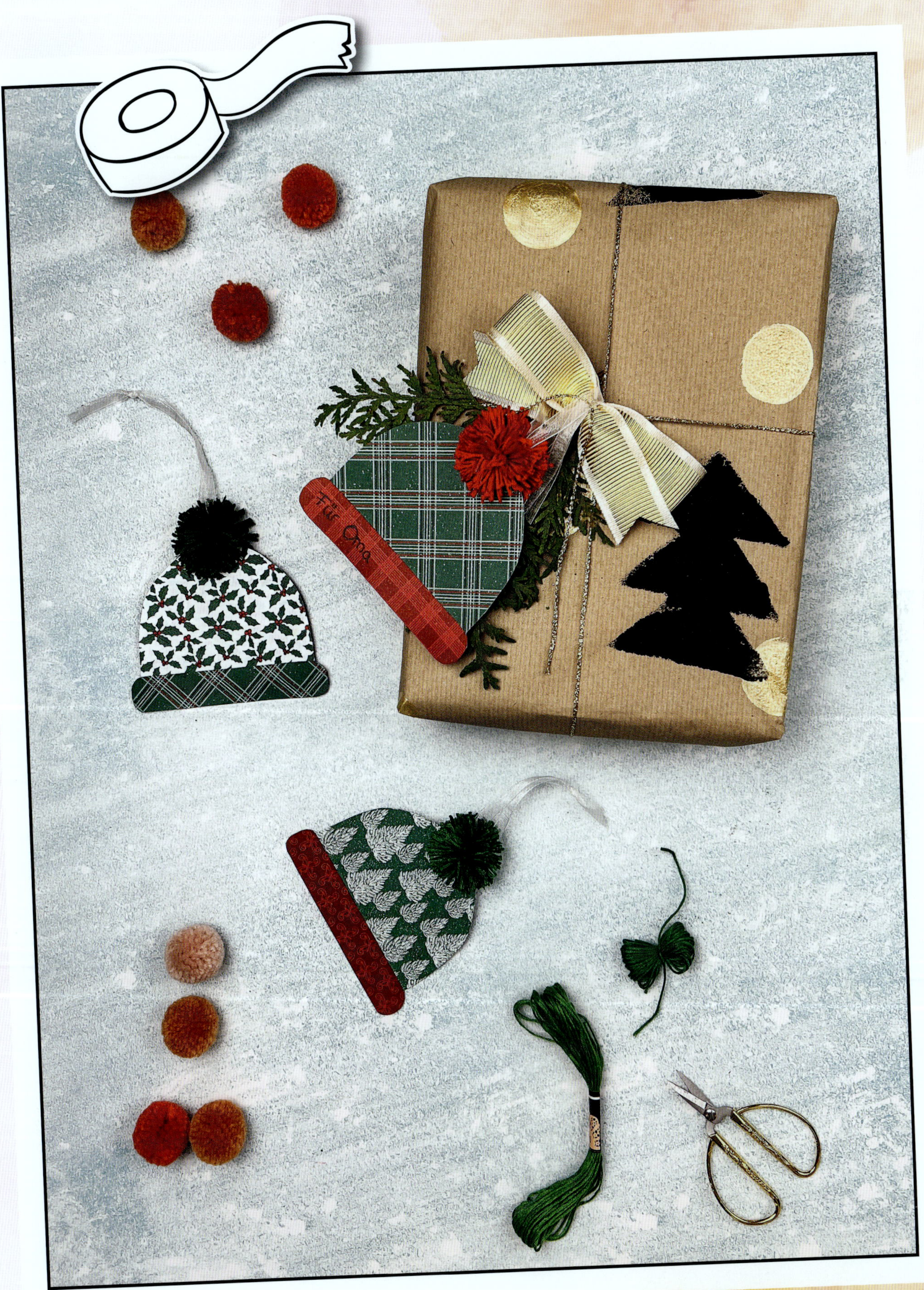
Für Oma

SILVESTER-Cake-Topper

Diese funkenden Cake-Topper eignen sich perfekt für eure Silvester-Party, machen aber auch auf jedem Geburtstagskuchen eine gute Figur!

MATERIAL

2 Pfeifenputzer in Gold oder Silber •
1 Papierstrohhalm •

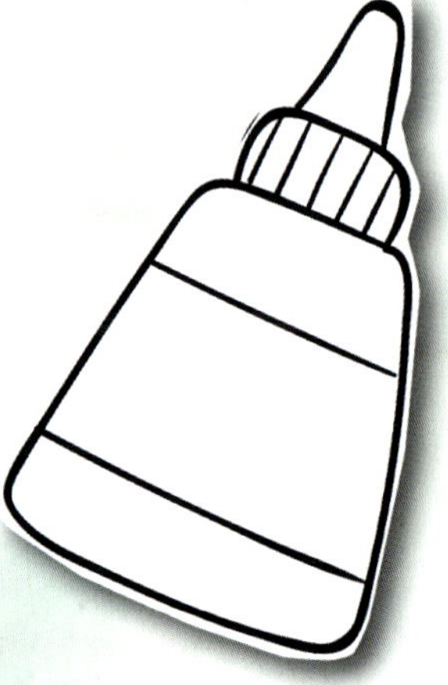

1 Für einen Stern mit fünf Zacken knicken wir den ersten Pfeifenputzer zunächst einmal nach 5 cm und dann zehnmal alle 2,5 cm - so entsteht eine Zick-Zack-Figur, bei der die Enden jeweils etwas weiter abstehen. Diese Enden verdrehst du dann etwa in der Mitte miteinander.

2 Falte nun den Stern vorsichtig auf und biege den Draht, bis du mit der Figur zufrieden bist. Dann werden die verdrehten Enden in den Strohhalm gesteckt.

3 Zum Fixieren des Sterns schneiden wir nun vom zweiten Pfeifenreiniger vier Stückchen à 1–2 cm ab und stecken sie zu dem Stern. Zum Schluss stecken wir den übrigen Pfeifenputzer ebenfalls zu dem Stern, biegen ihn nach unten und wickeln ihn ein paarmal um den Strohhalm herum. Das Ende an der gewünschten Stelle abschneiden und fertig ist der Cake-Topper. Diesen Vorgang wiederholt ihr so oft, bis ihr eine beliebige Anzahl Cake-Topper hergestellt habt.

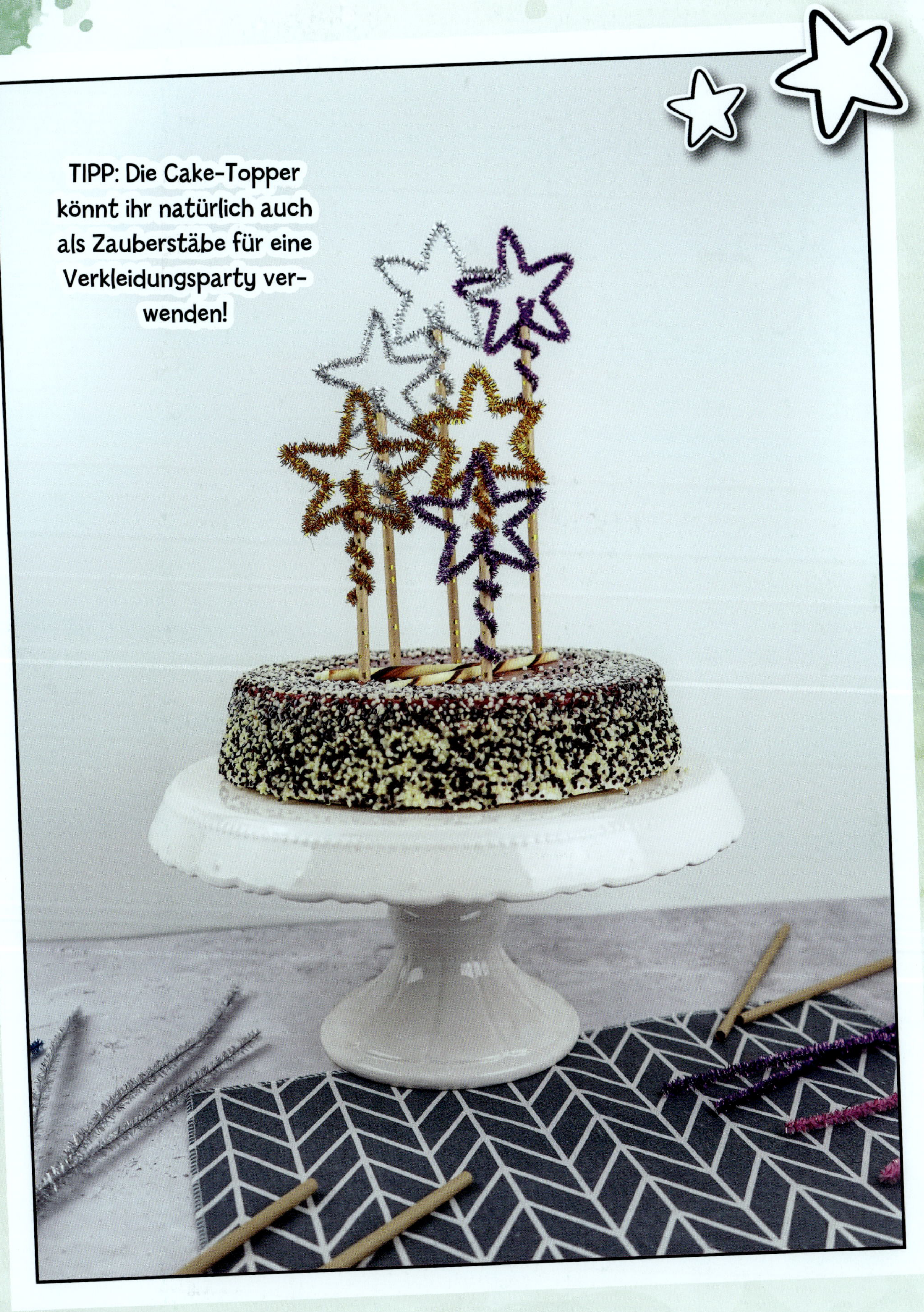
TIPP: Die Cake-Topper
könnt ihr natürlich auch
als Zauberstäbe für eine
Verkleidungsparty ver-
wenden!

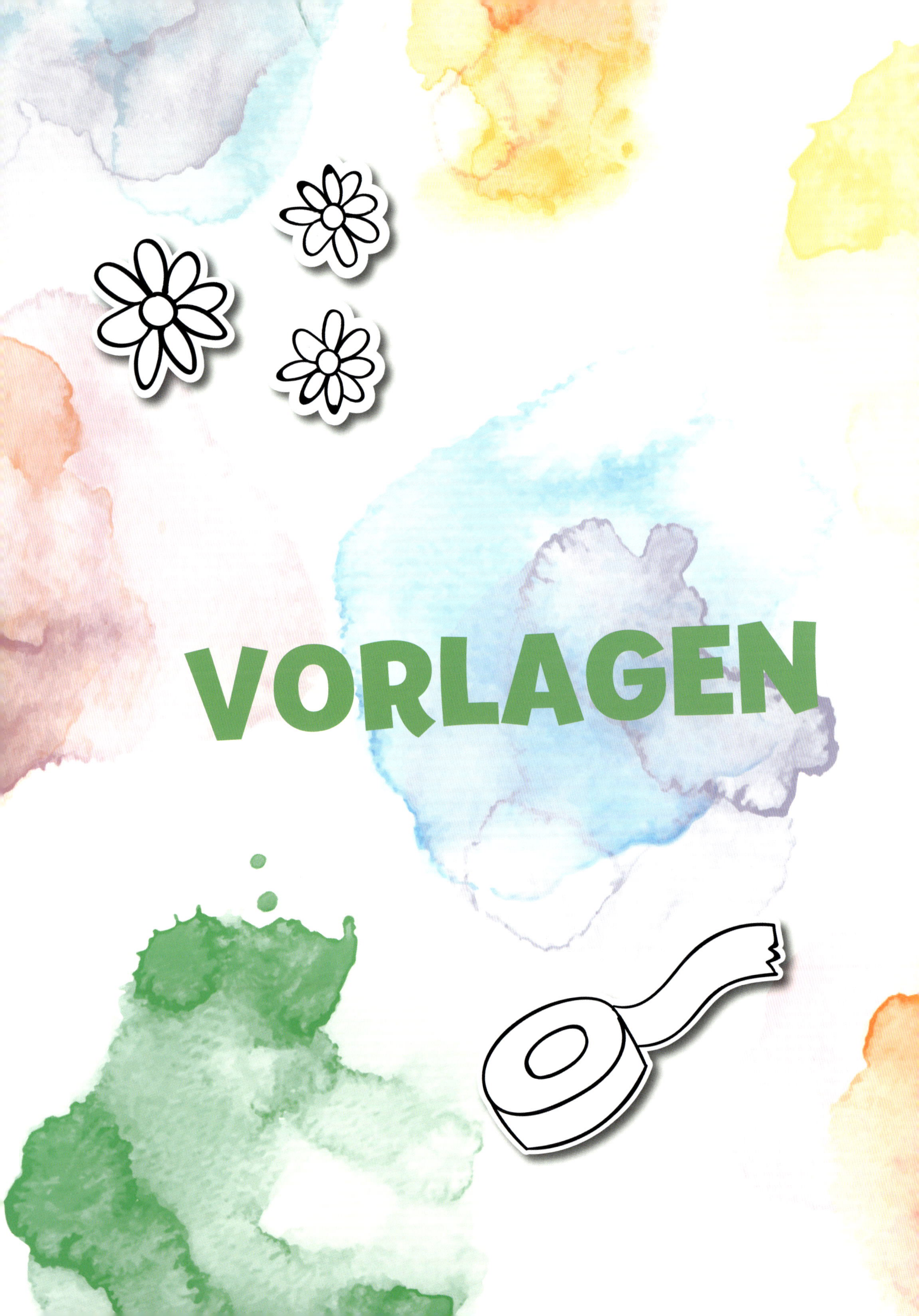

VORLAGEN

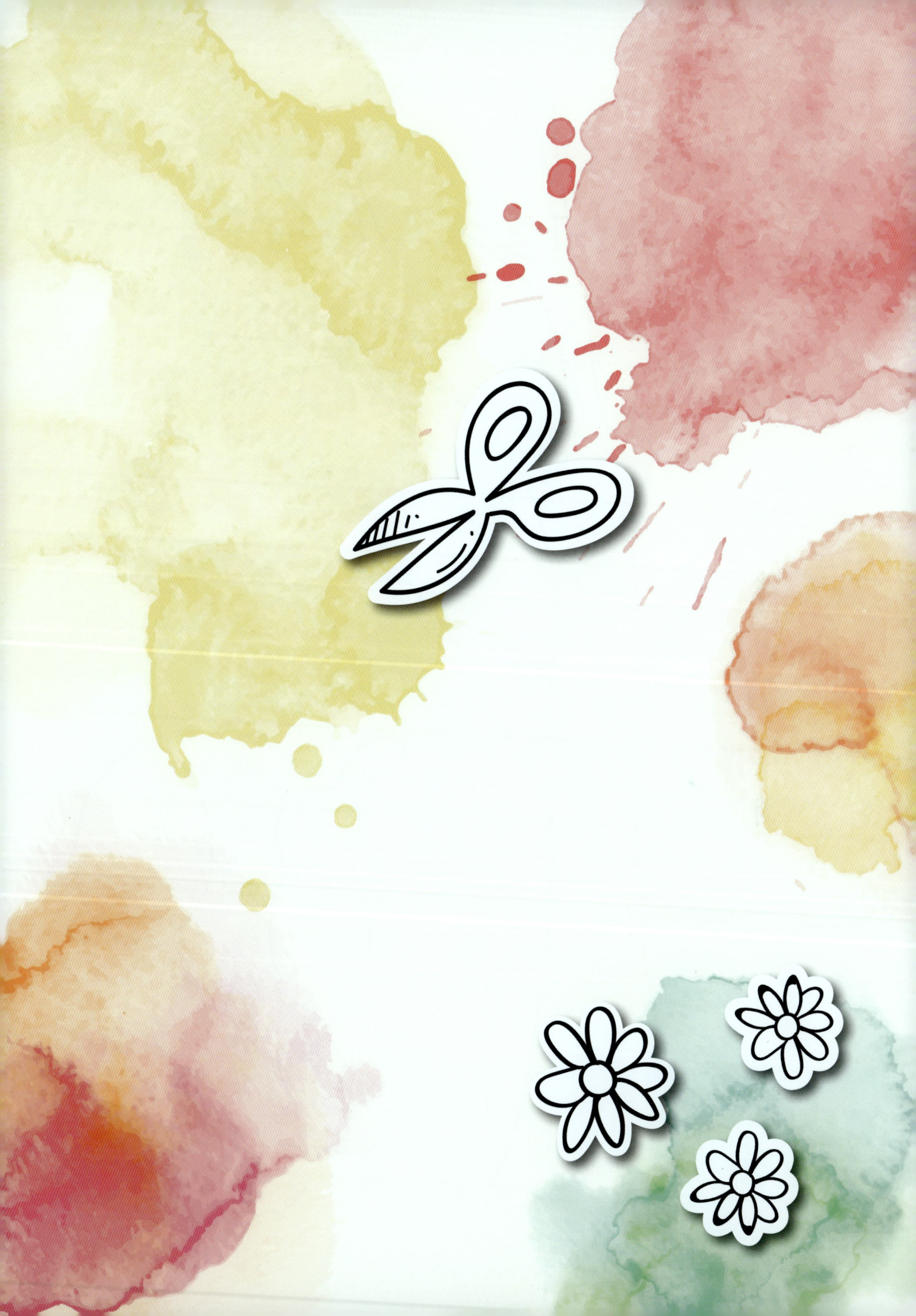

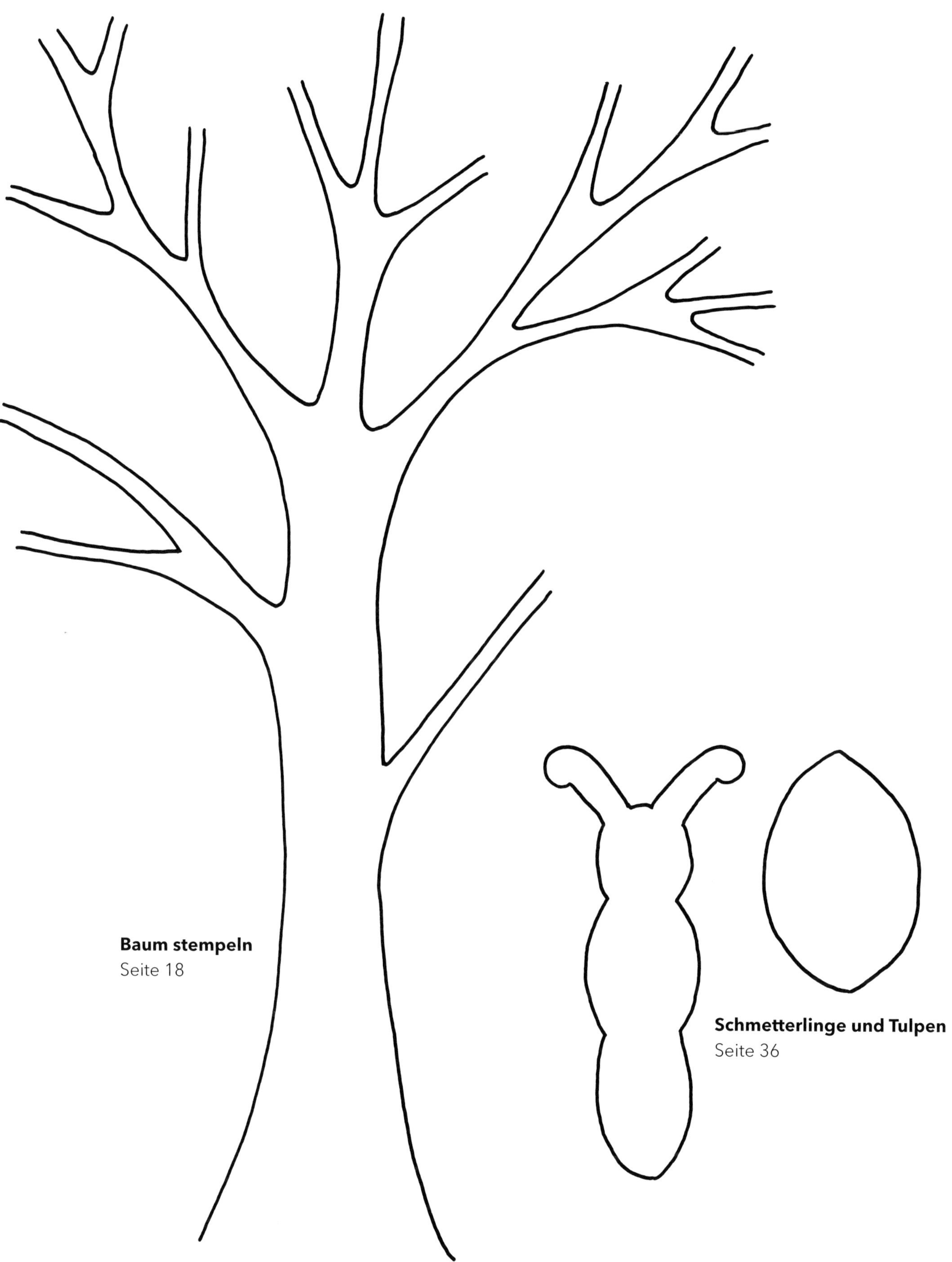

Baum stempeln
Seite 18

Schmetterlinge und Tulpen
Seite 36

Schmetterling mit Kleberkontur
Seite 22

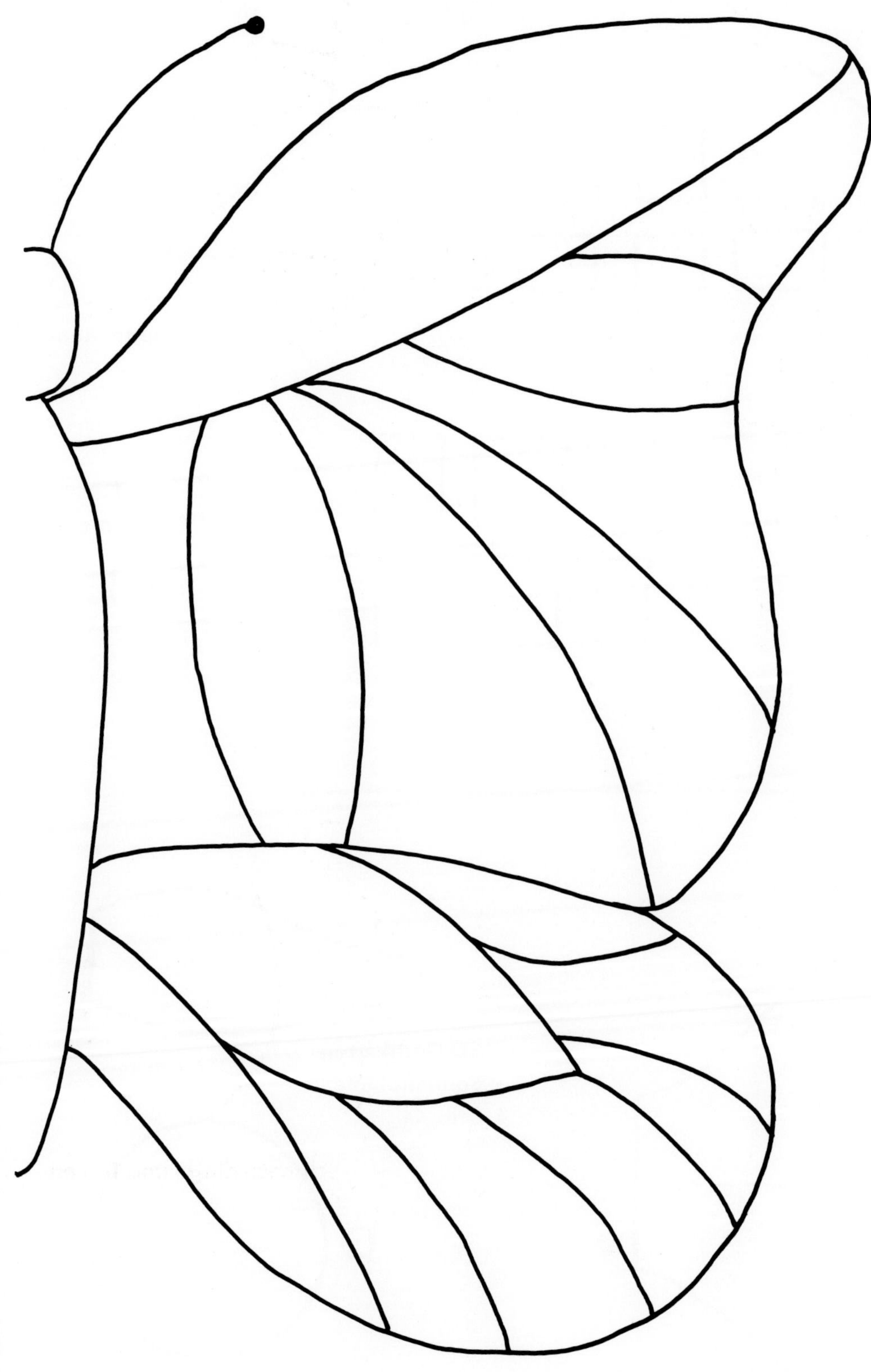

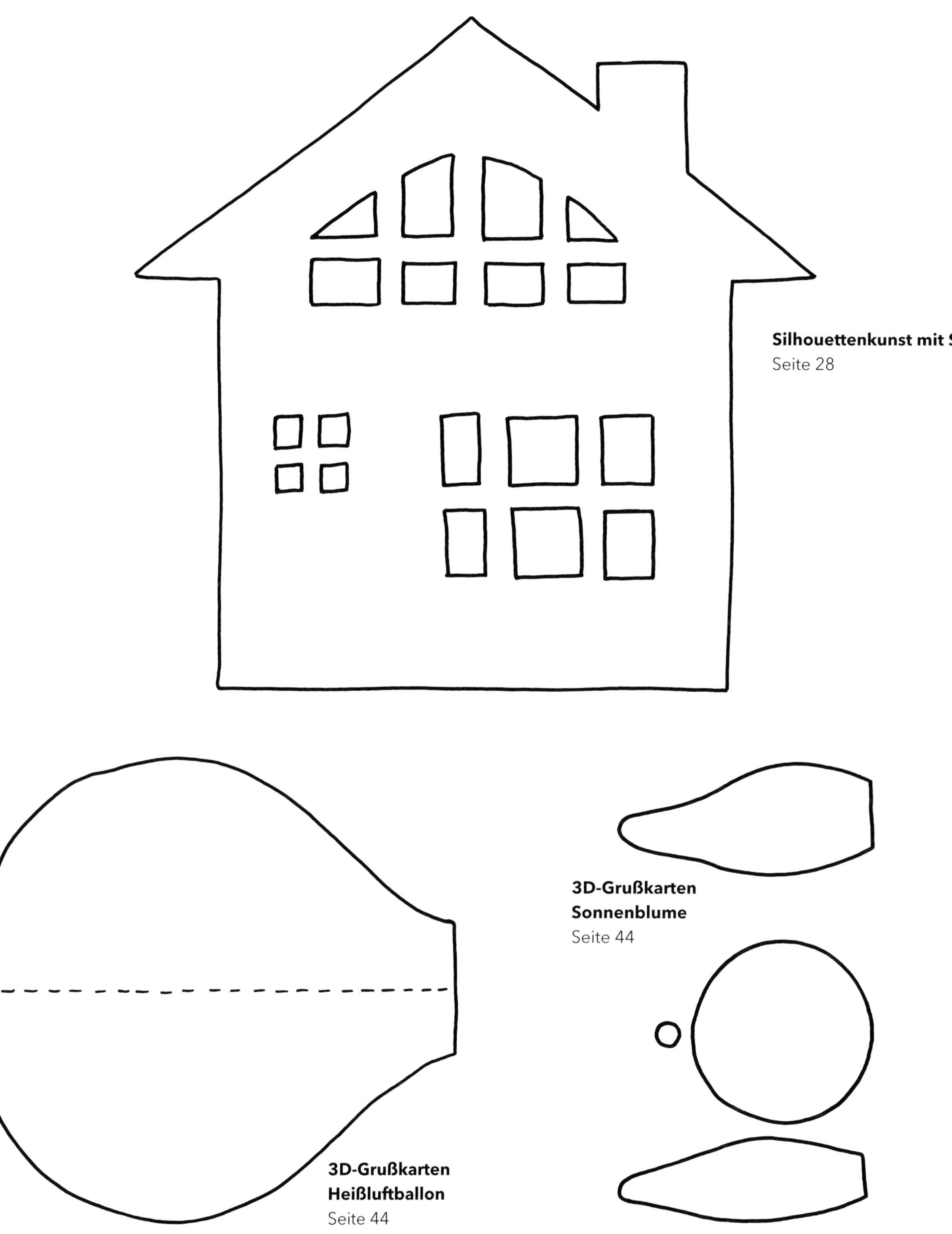

Silhouettenkunst mit S
Seite 28

3D-Grußkarten Sonnenblume
Seite 44

3D-Grußkarten Heißluftballon
Seite 44

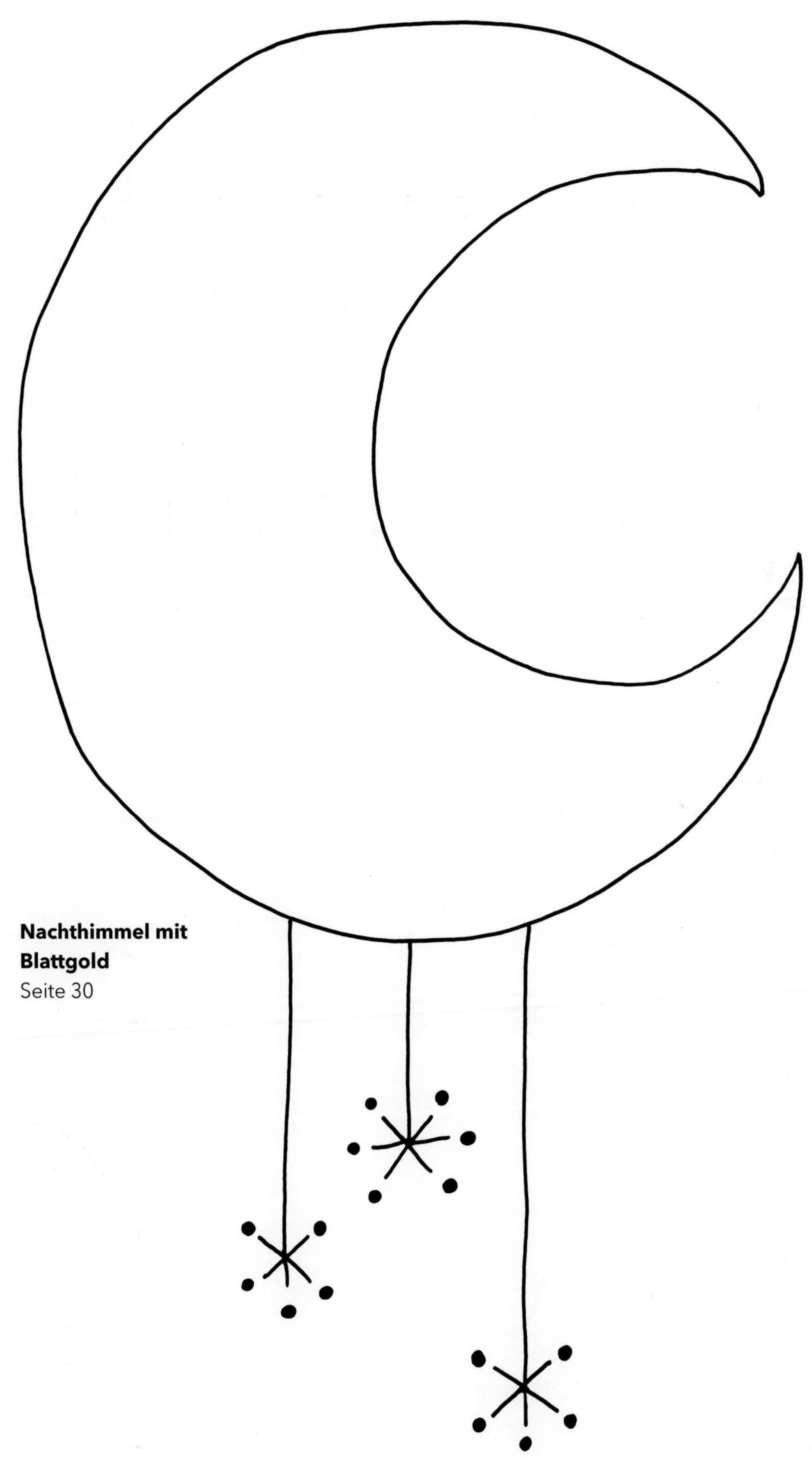

Nachthimmel mit Blattgold
Seite 30

Schnipselblumen
Seite 34

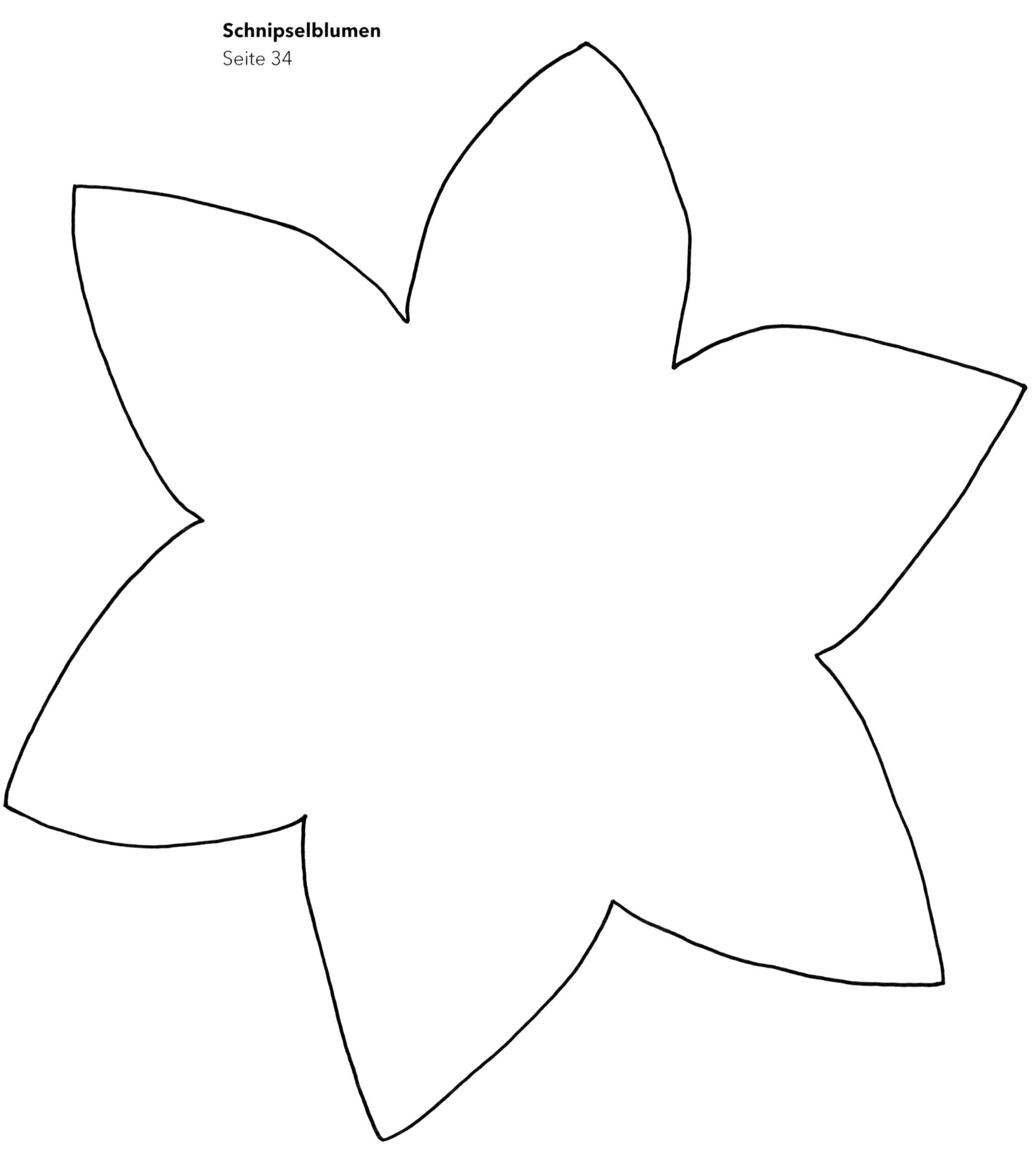

Schnipselblumen
Seite 34

Bunte Papiergirlande
Seite 38

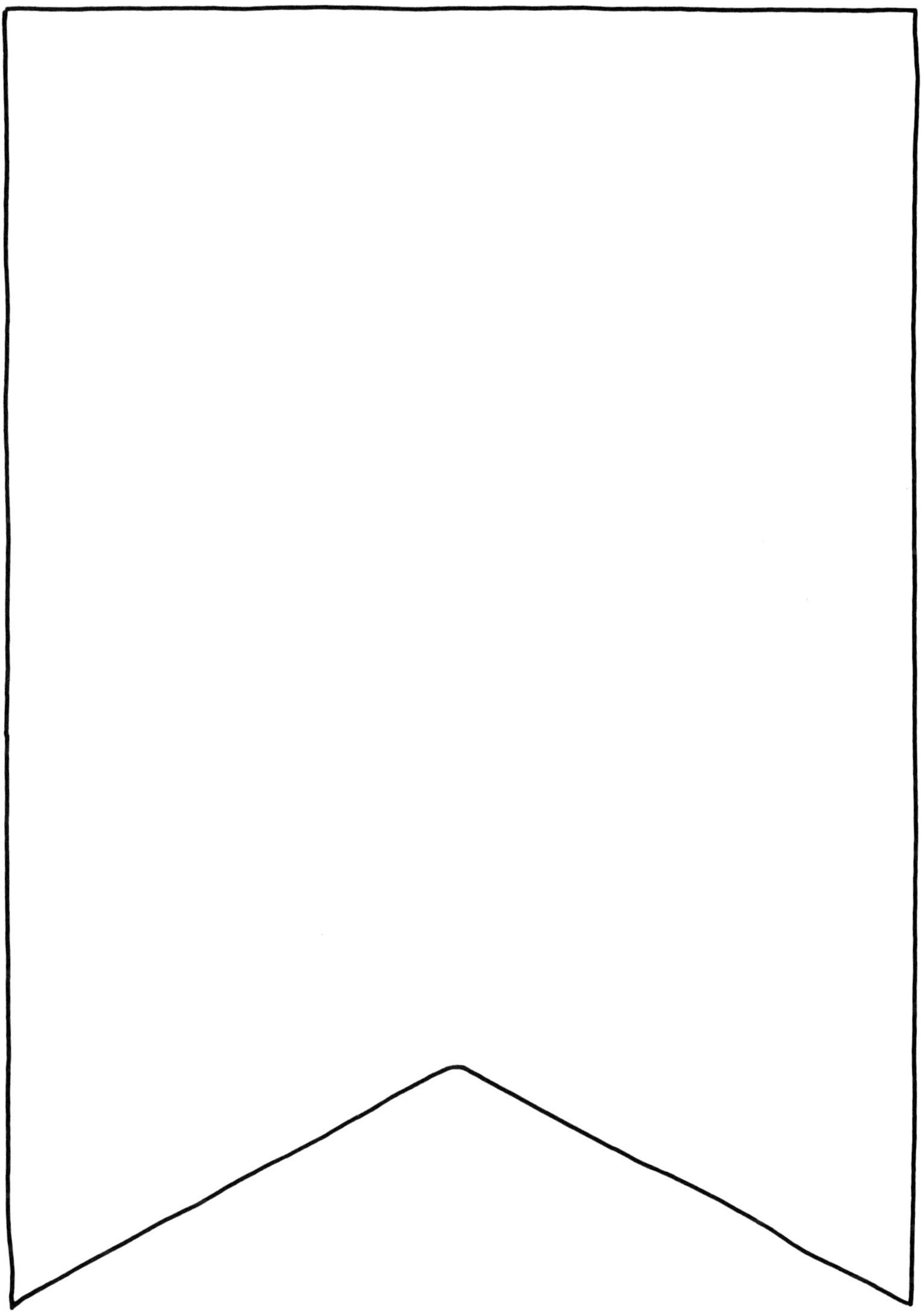

Bunte Papiergirlande

Seite 38

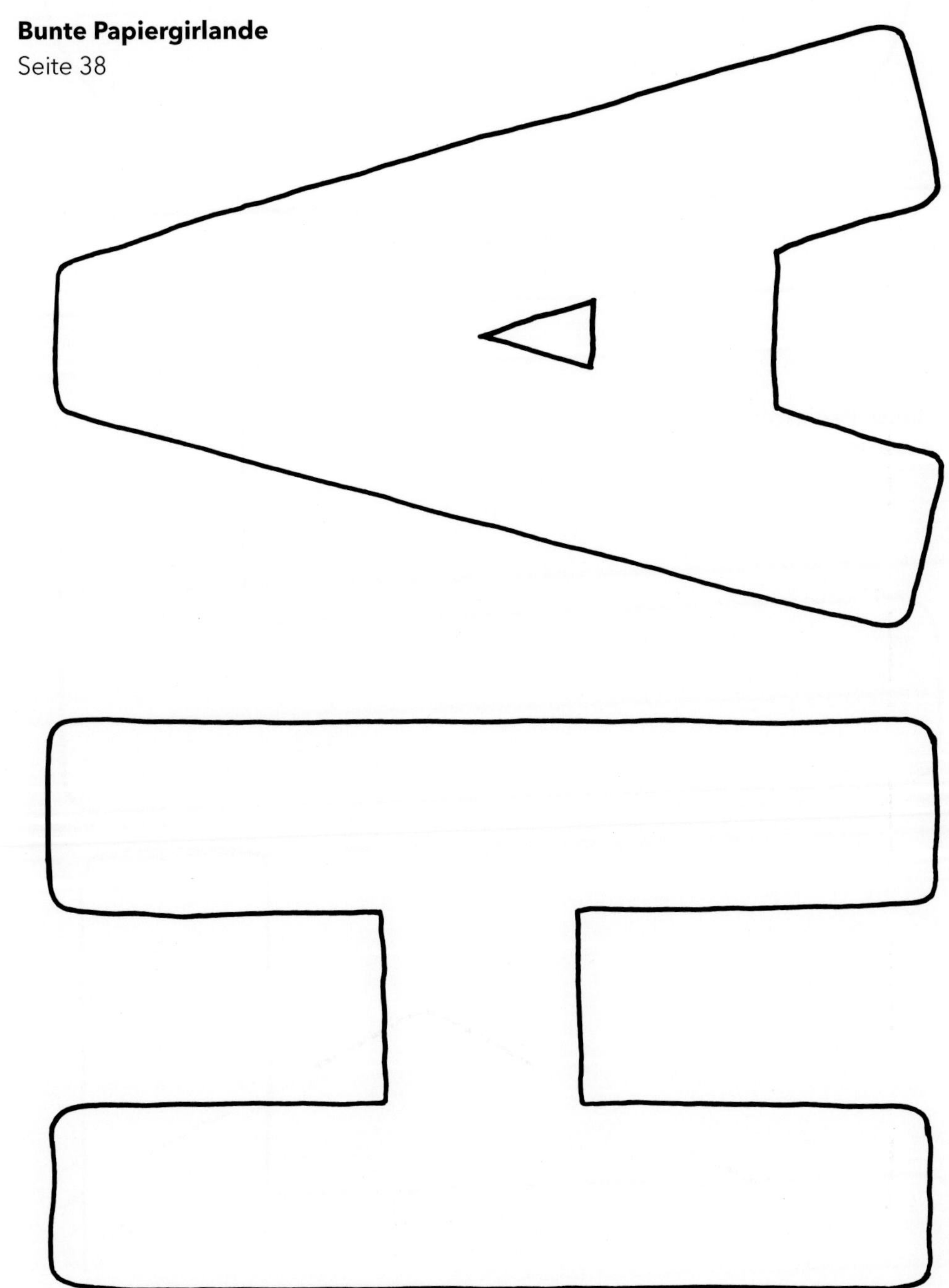

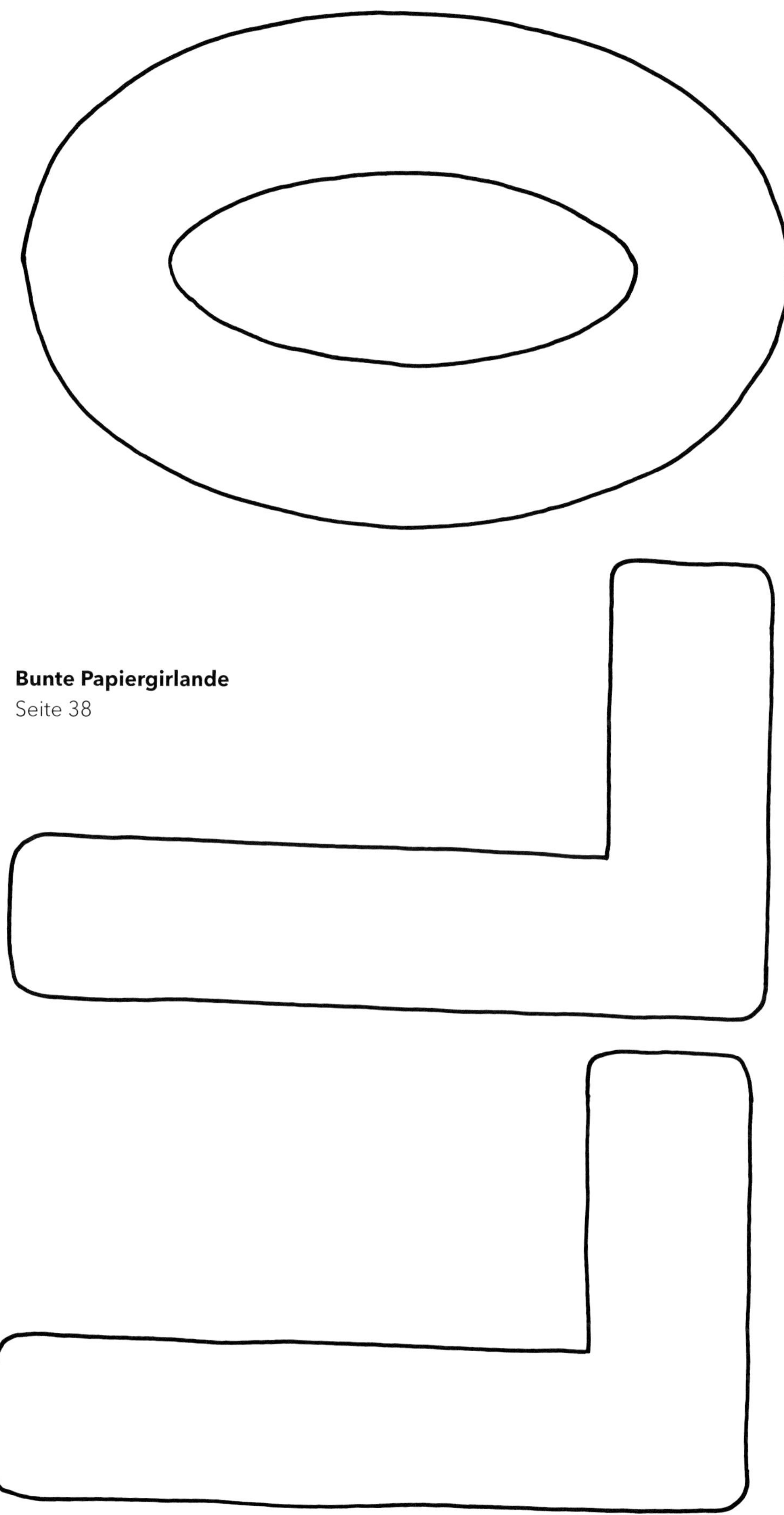

Bunte Papiergirlande

Seite 38

Tiere aus Papierfächern
Faultier
Seite 42

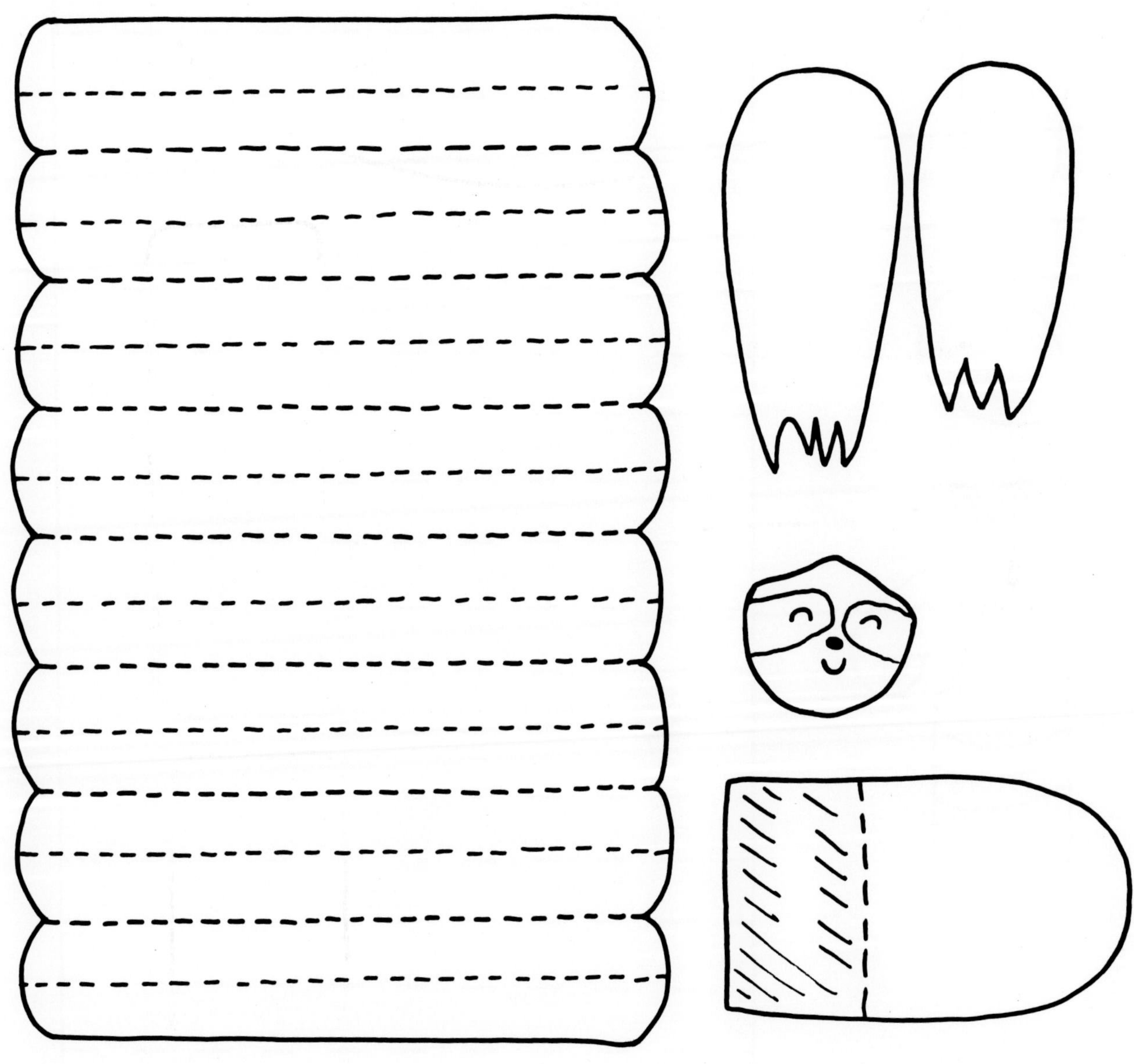

Tiere aus Papierfächern
Lama
Seite 42

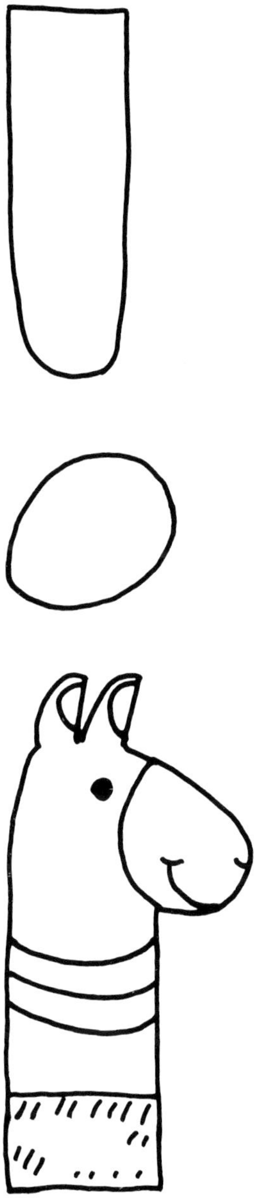

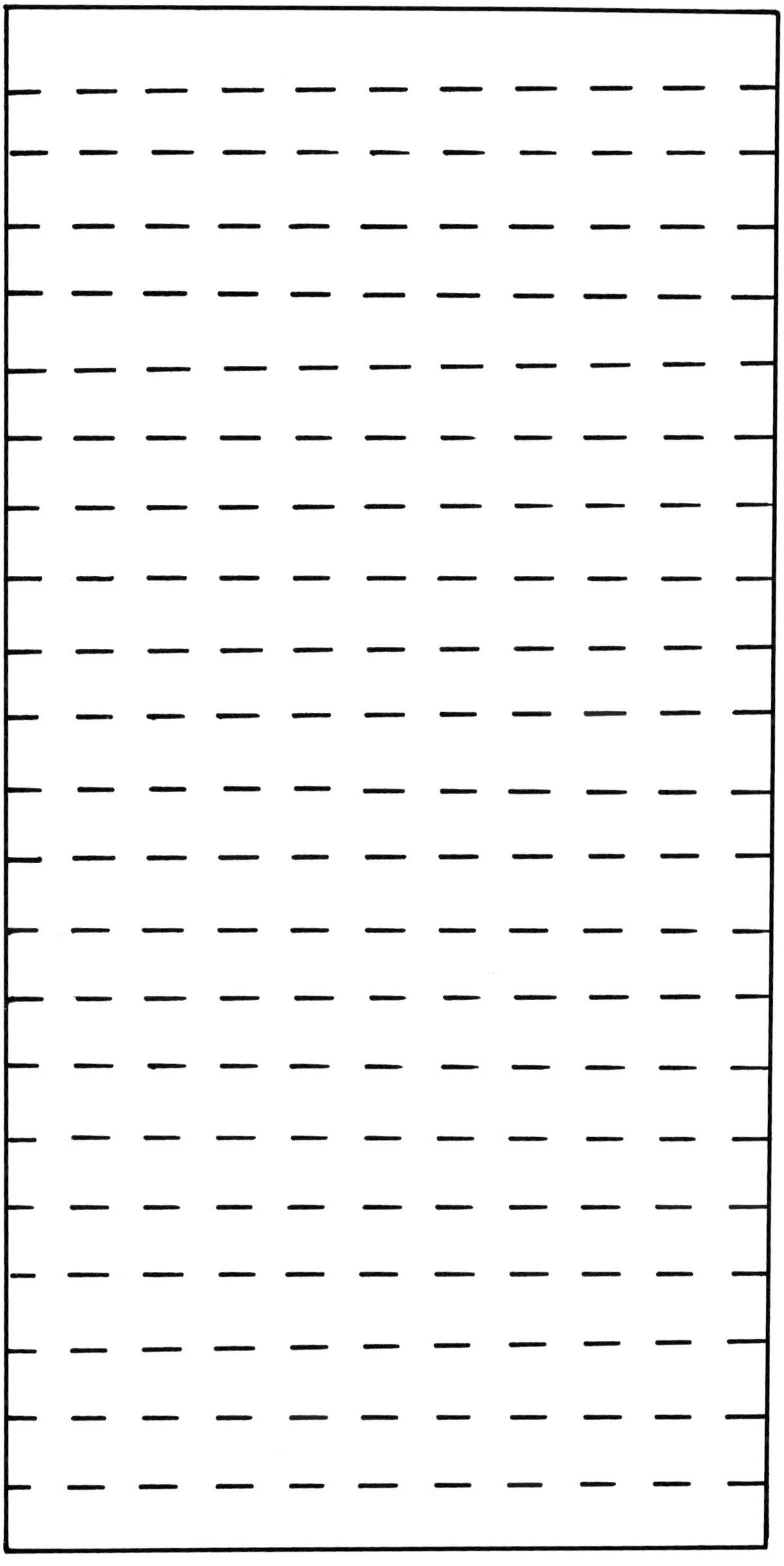

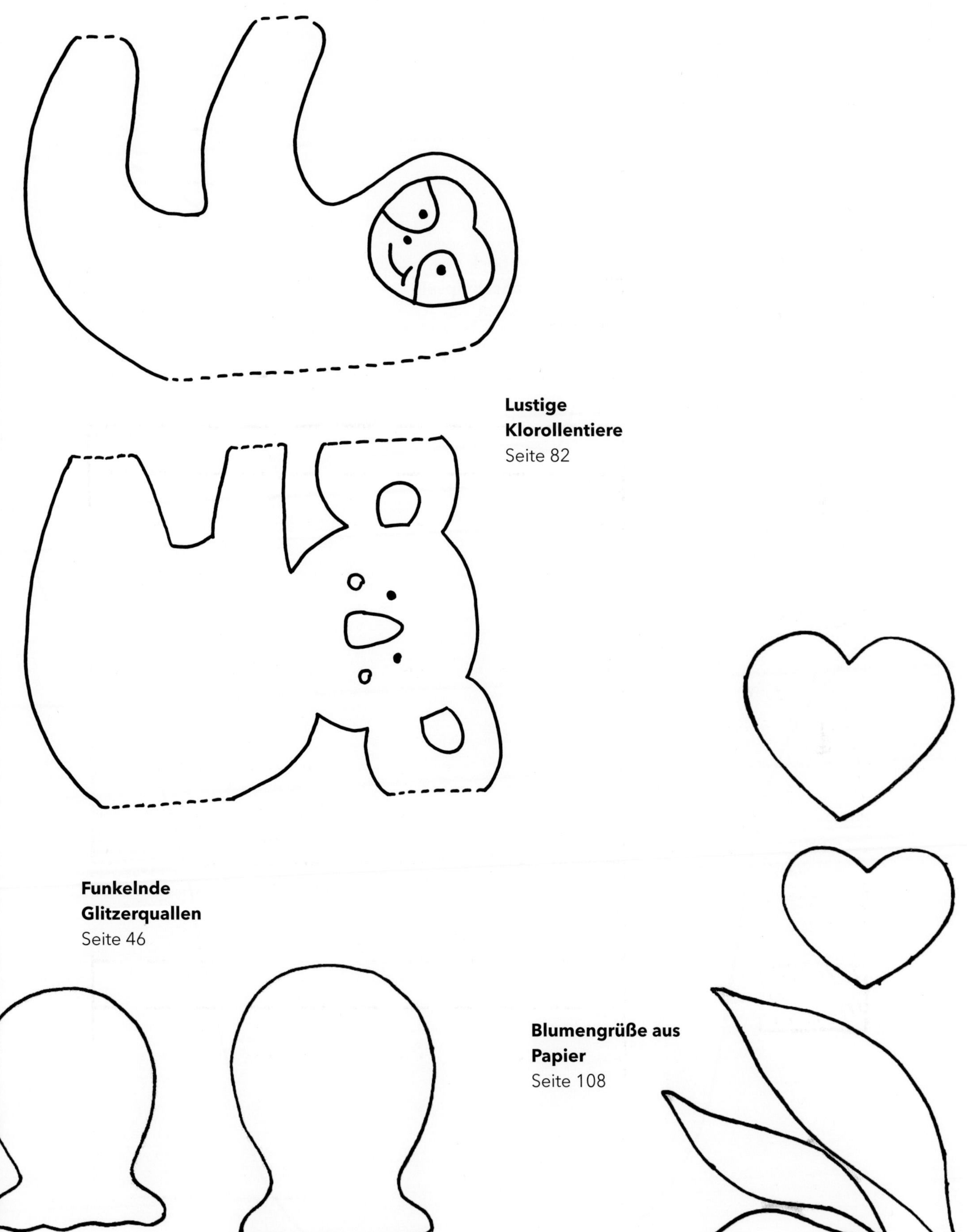

Lustige Klorollentiere
Seite 82

Funkelnde Glitzerquallen
Seite 46

Blumengrüße aus Papier
Seite 108

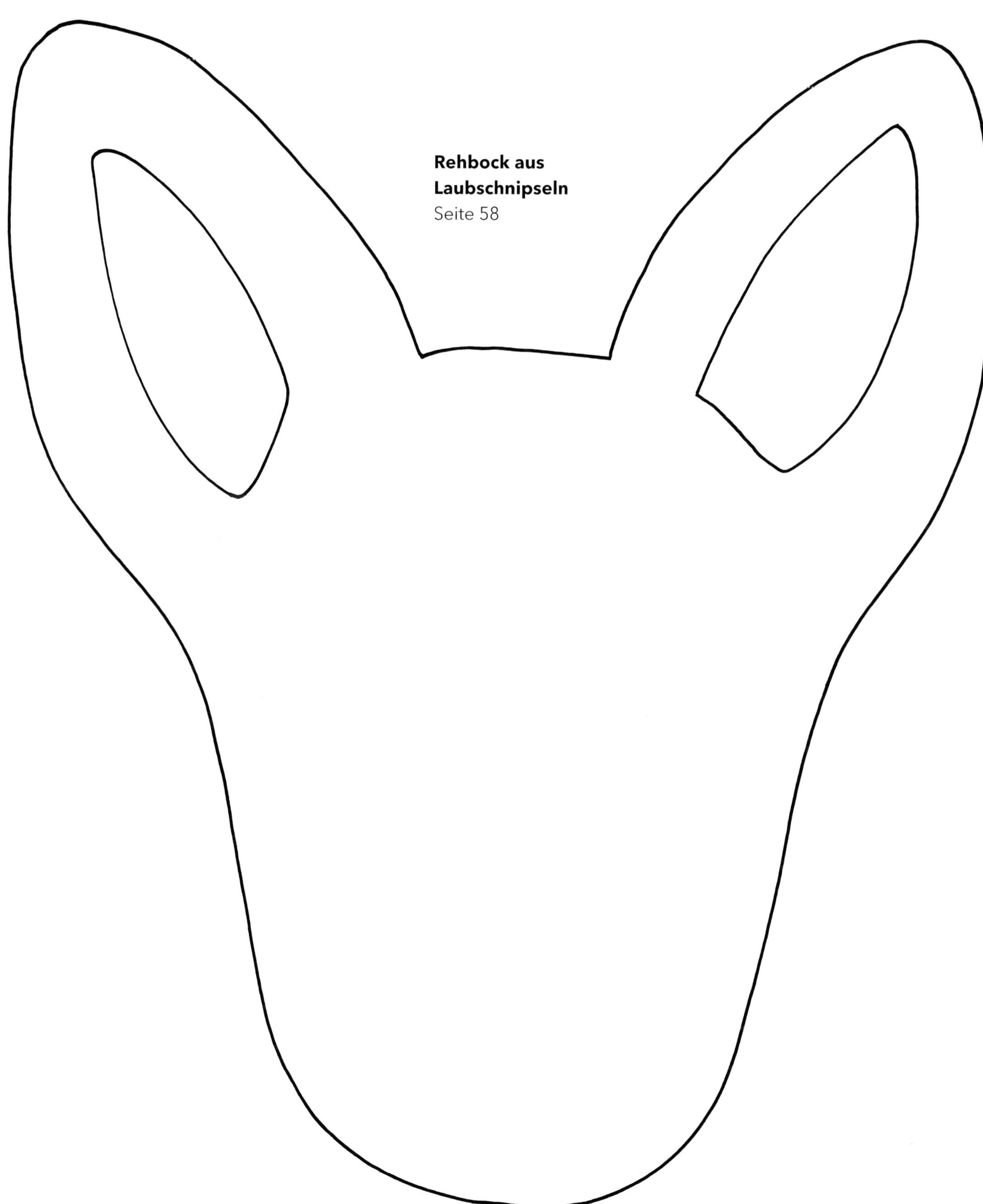

Rehbock aus Laubschnipseln
Seite 58

Eier-Fensterbild

Seite 94

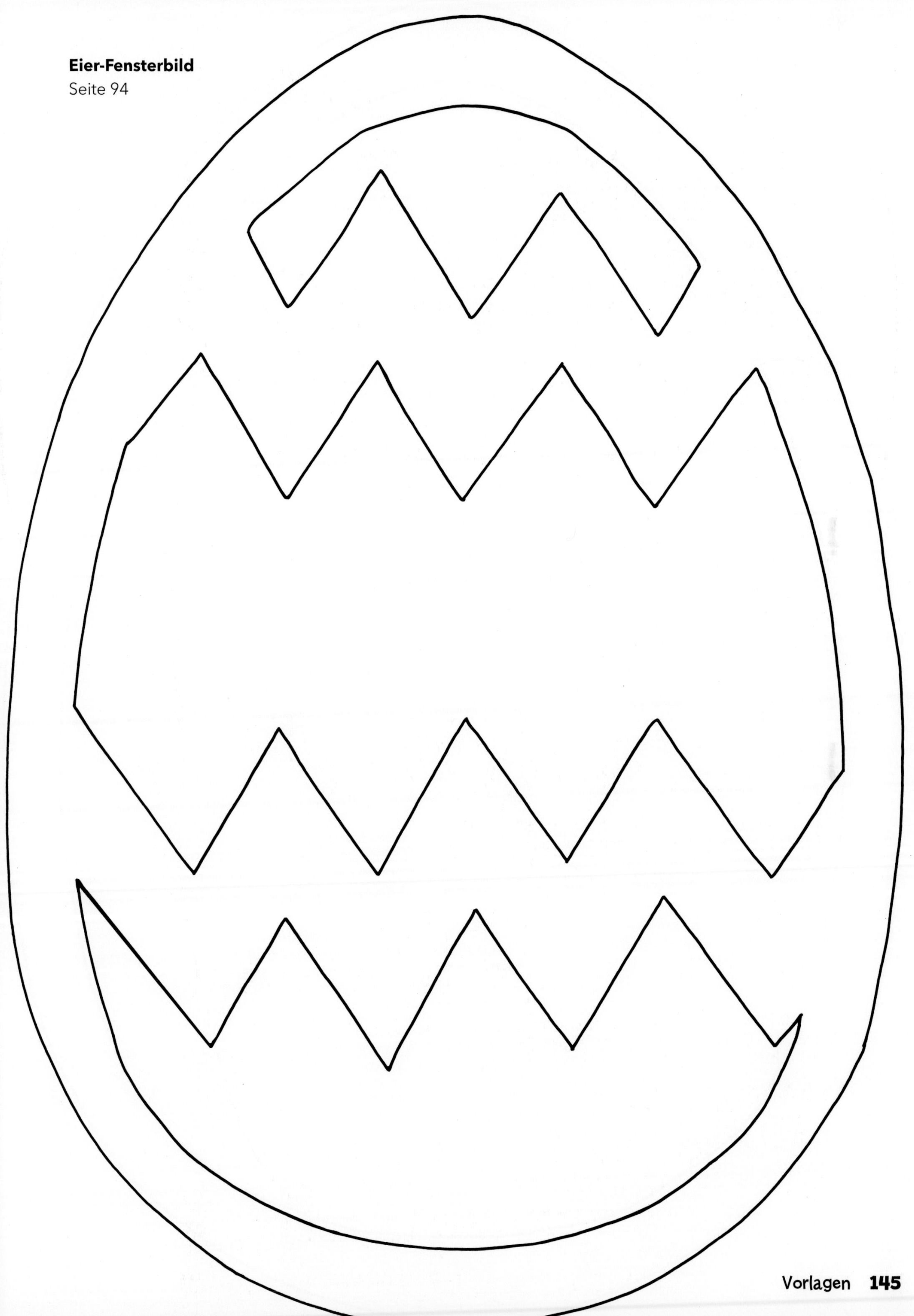

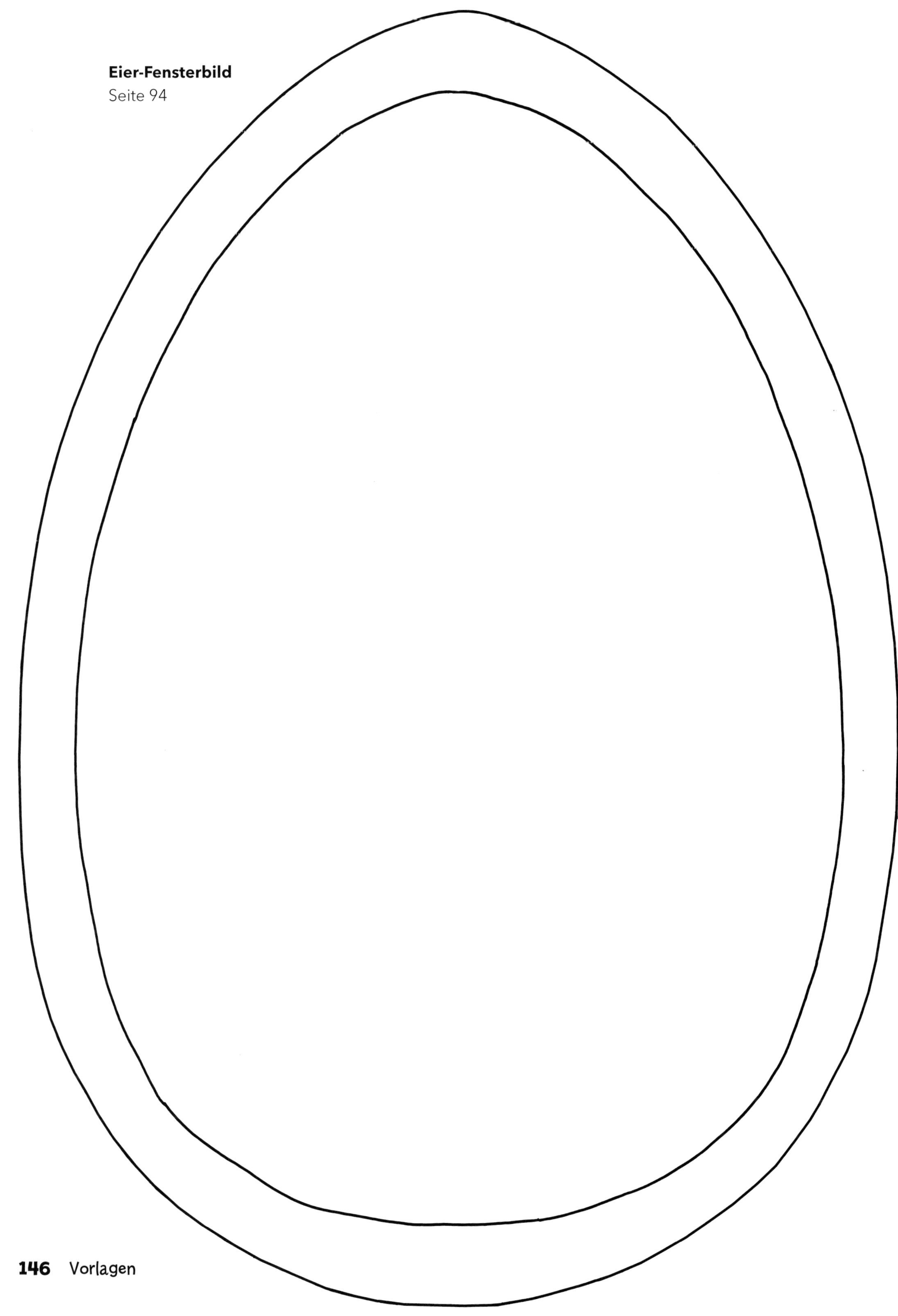

Eier-Fensterbild

Seite 94

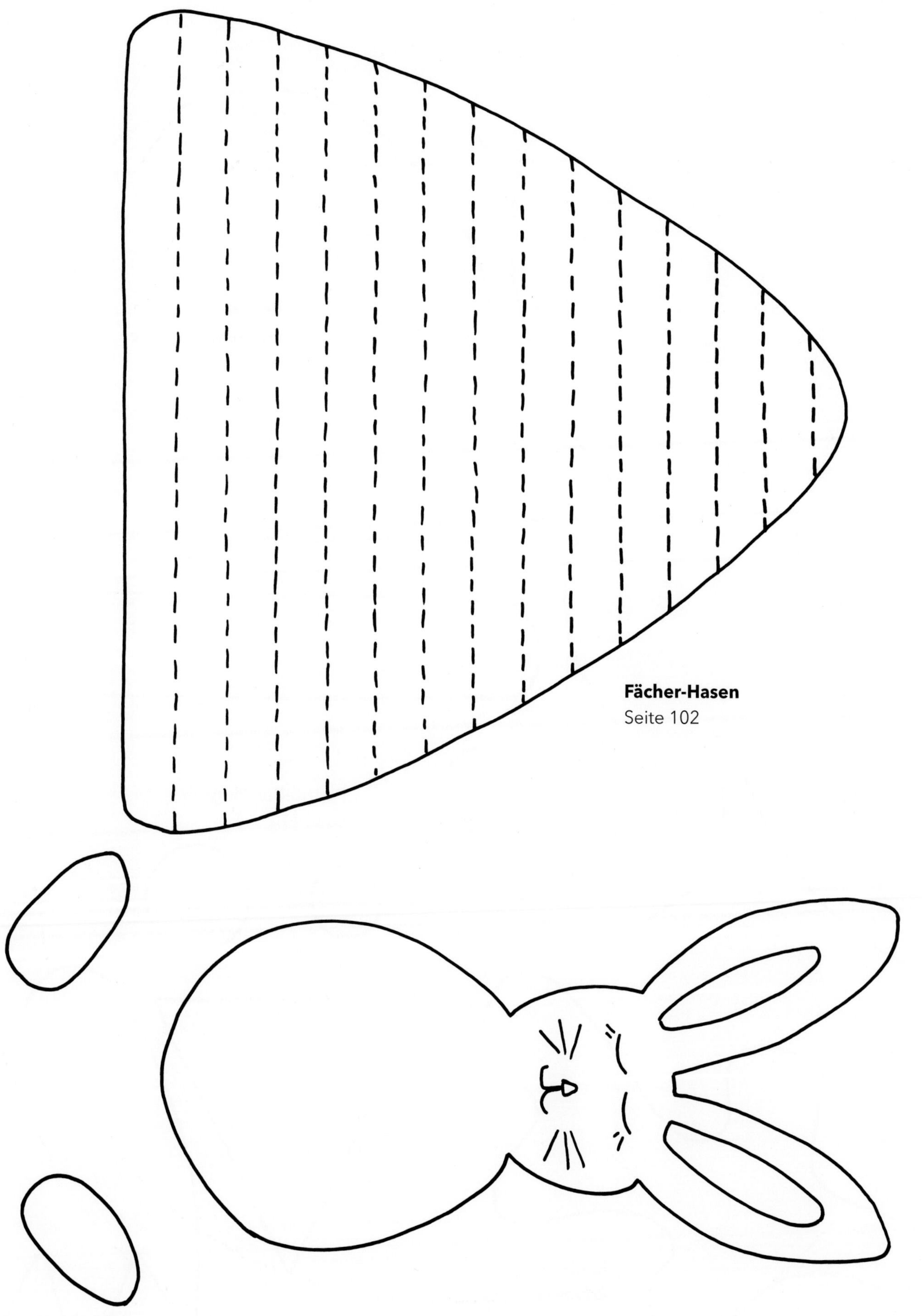

Fächer-Hasen
Seite 102

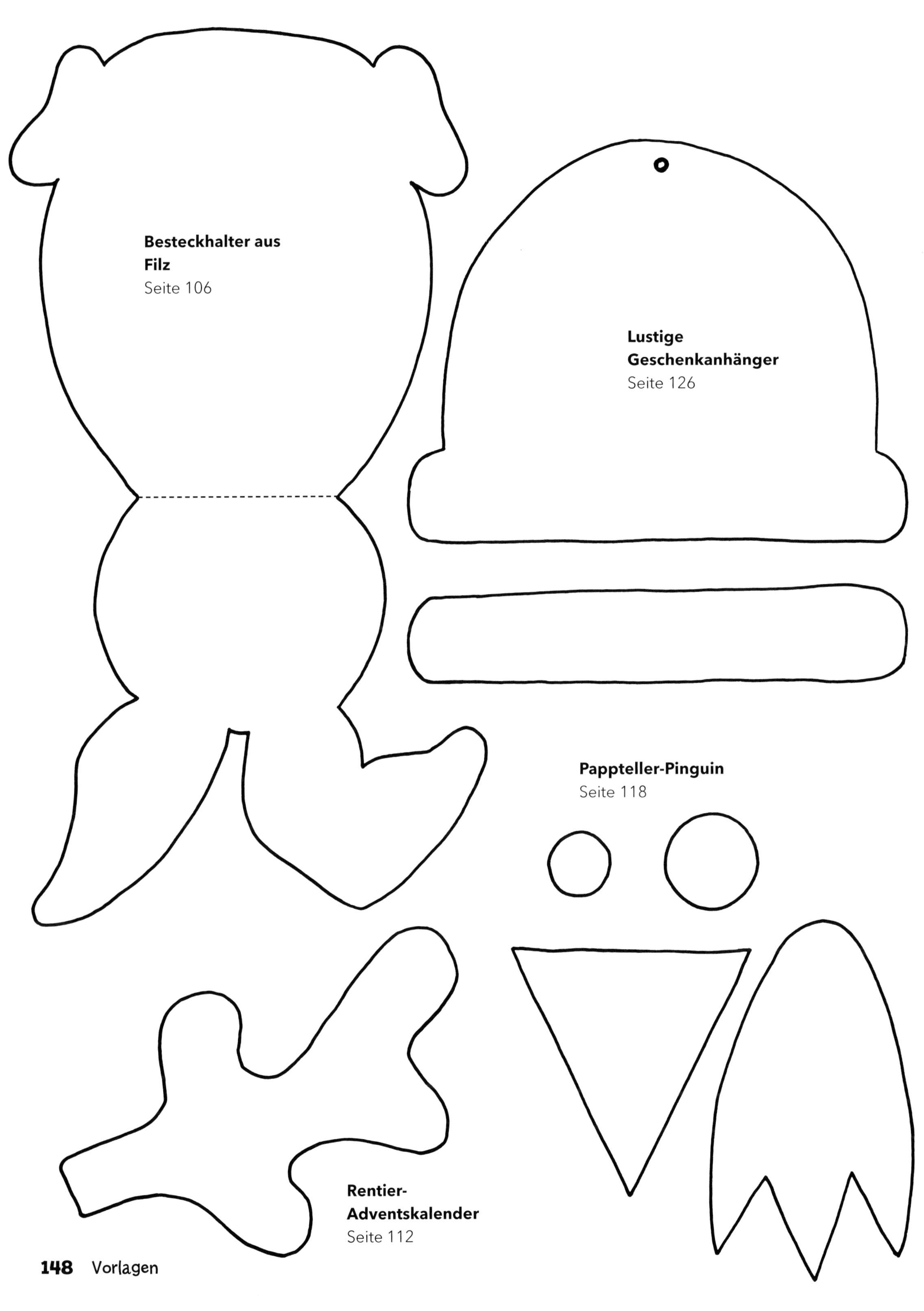

Besteckhalter aus
Filz
Seite 106
Lustige
Geschenkanhänger
Seite 126
Pappteller-Pinguin
Seite 118
Rentier-
Adventskalender
Seite 112

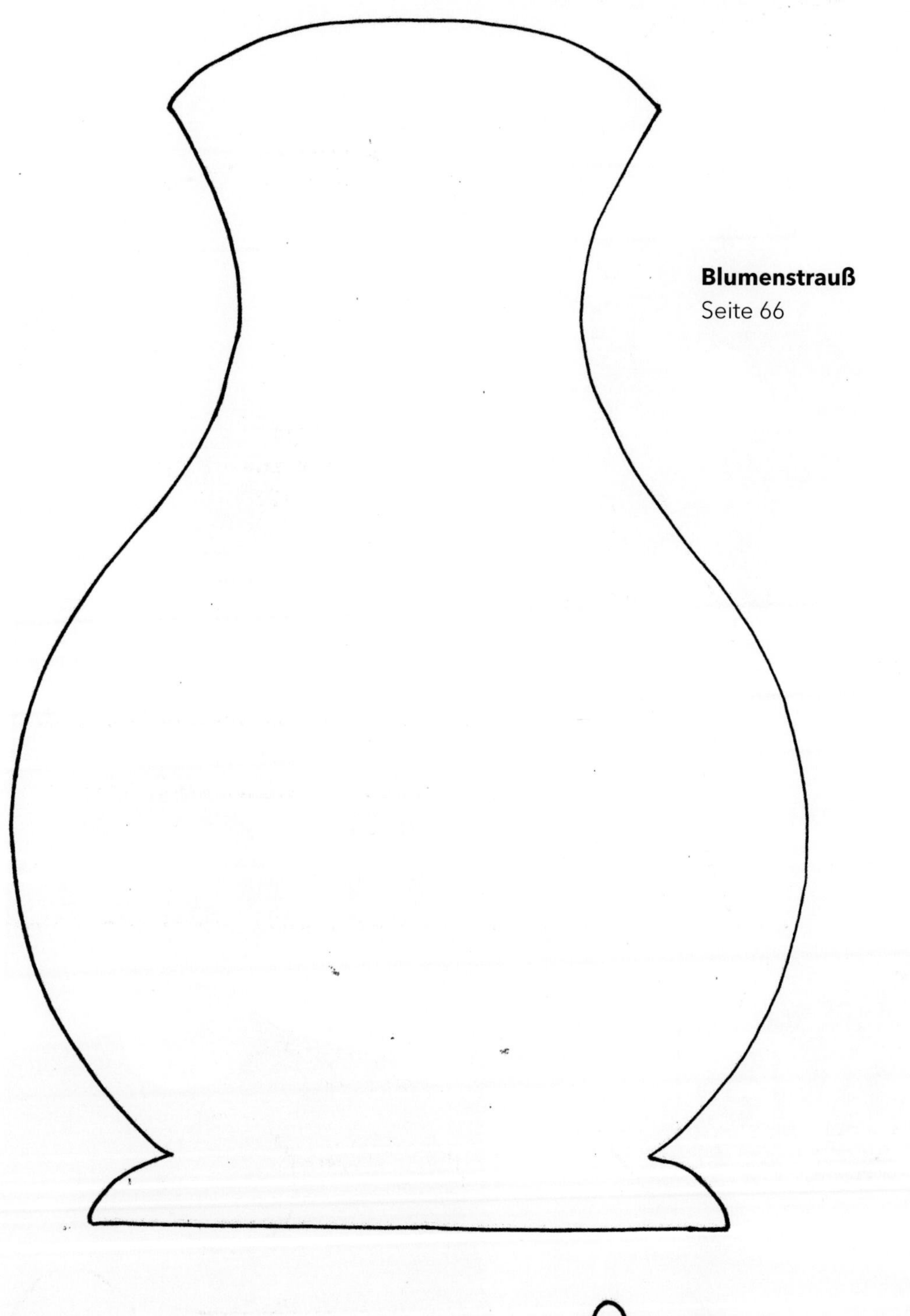

Blumenstrauß
Seite 66

Pappteller-Blumenkranz
Seite 40

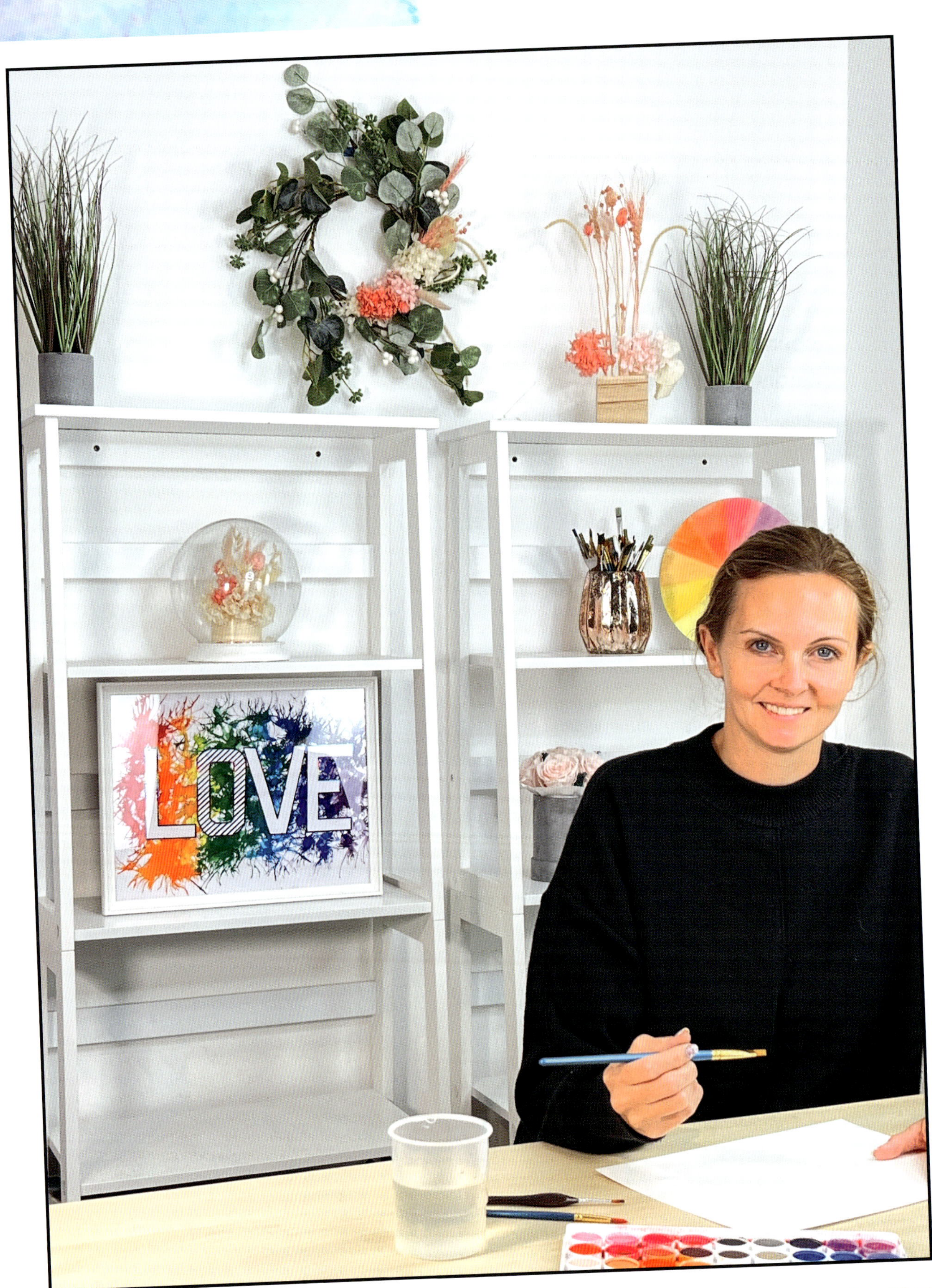
LOVE

Hallo,

ich bin Nele! Zusammen mit meinem Mann und unseren zwei Söhnen leben wir in einem kleinen Dorf in Niedersachsen. Schon seit meiner Kindheit bastele ich leidenschaftlich gerne. Es gibt für mich nichts Schöneres, als mit meiner Kreativität andere zu inspirieren und zu motivieren, selbst kreativ zu werden. Seit mittlerweile drei Jahren zeige ich auf Instagram vor allem einfache DIY-Ideen, die man oft auch schon mit jüngeren Kindern umsetzen kann. Am liebsten arbeite ich mit (Ton-)Papier sowie Wasser- und Acrylfarbe. Diese Materialien kombiniere ich gerne mit Alltagsgegenständen oder auch mit Dingen, die sonst entsorgt werden würden. So kann ich viele Gegenstände und Materialien vor der Mülltonne bewahren und ihnen ein neues Leben als schönes Deko-Objekt einhauchen.

Ich hoffe, dass ich auch euch mit den Ideen in diesem Buch zu mehr fröhlicher Bastelzeit mit der ganzen Familie inspiriert habe und ihr und eure Kinder eine Menge Spaß beim gemeinsamen Gestalten habt. Für noch mehr bunte Bastelideen besucht mich gerne auf meinem Instagram-Kanal **@bunterbasteln** .

Eure Nele

Buchempfehlungen für Dich

Noch mehr Kreativ-Bücher für dich und deine Familie gesucht?

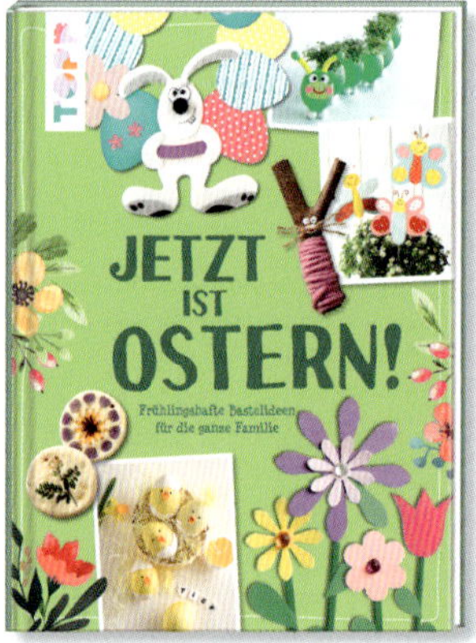

ISBN 978-3-7358-5116-1

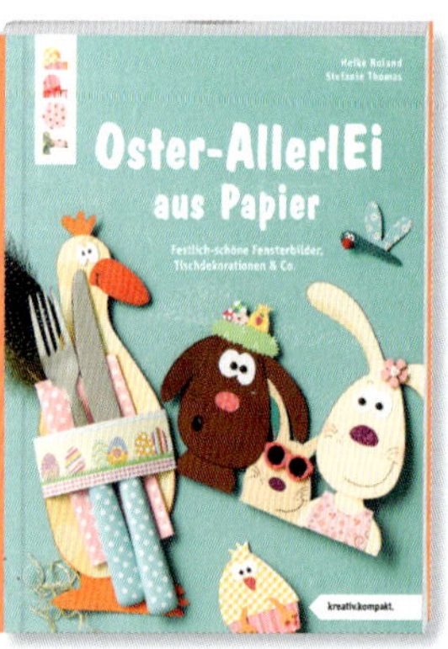

ISBN 978-3-7358-5090-4

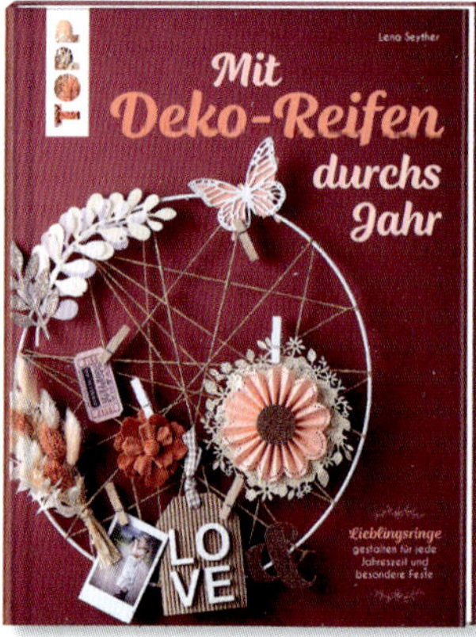

ISBN 978-3-7358-5118-5

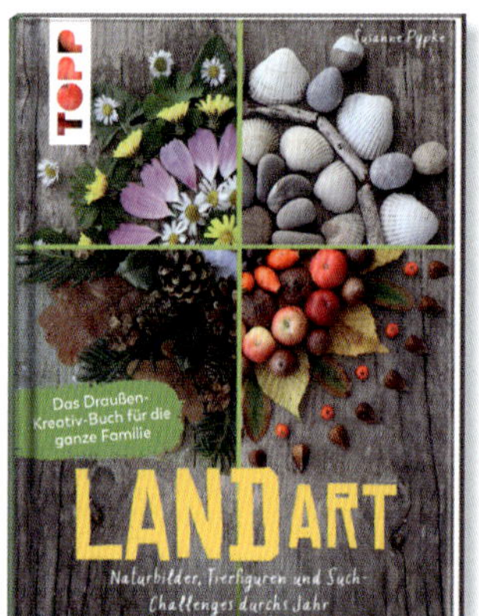

ISBN 978-3-7724-4654-2

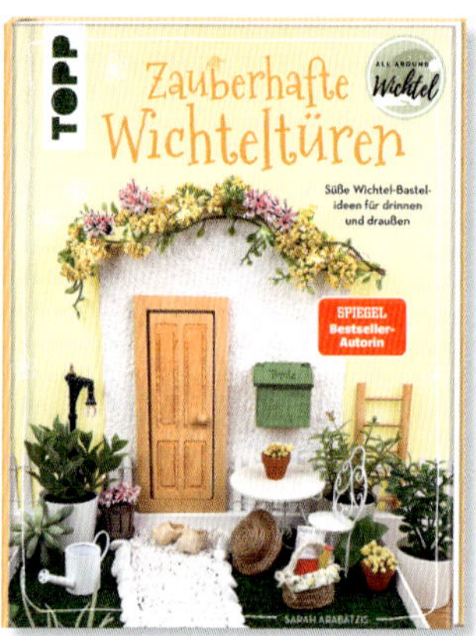

ISBN 978-3-7358-5123-9

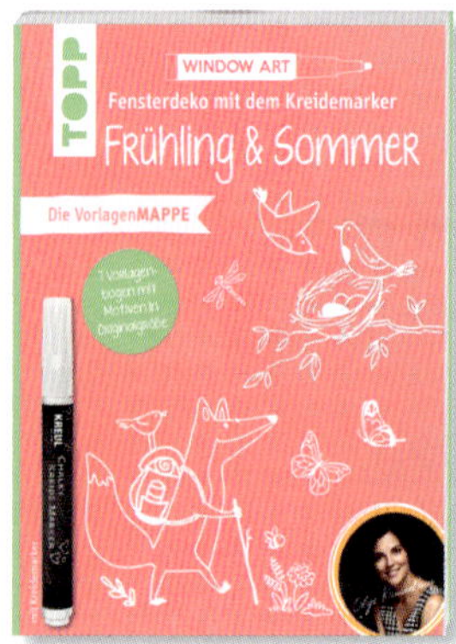

ISBN 978-3-7358-5102-4

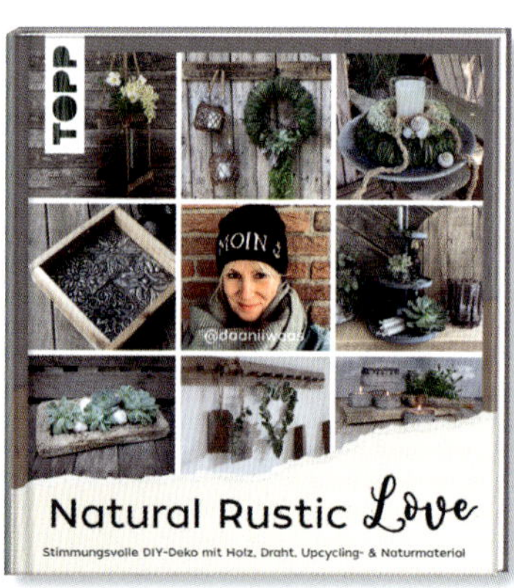

ISBN 978-3-7358-5109-3

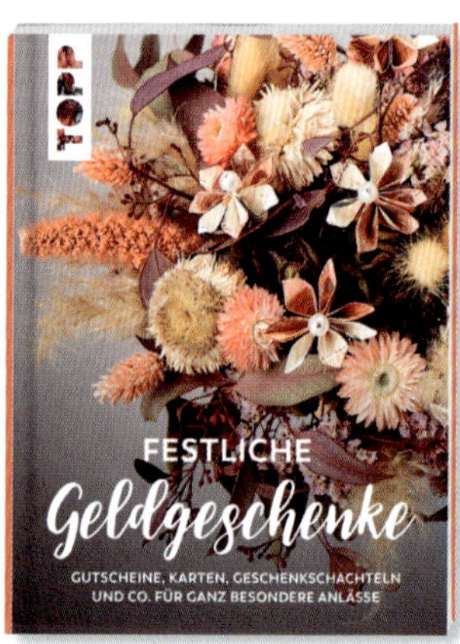

ISBN 978-3-7358-5114-7

Entdecke auch unsere Kreativ-Sets!

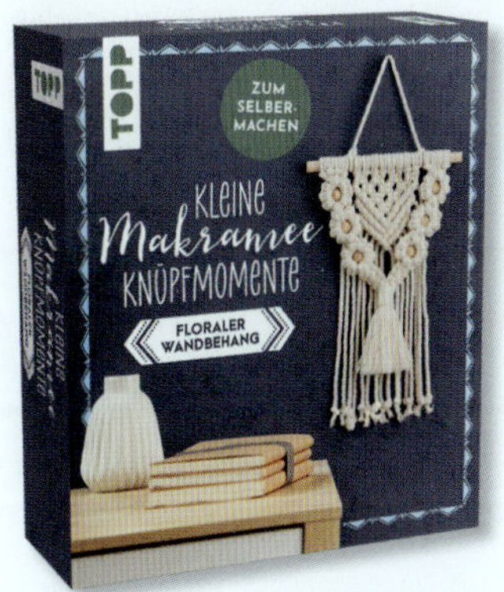

Titelnr. 18421

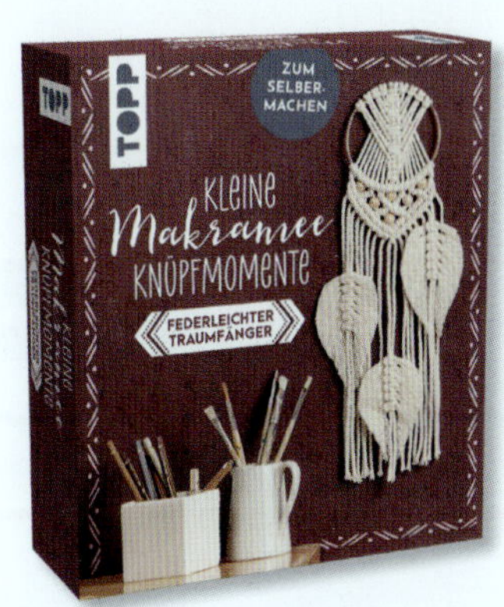

Titelnr. 18422

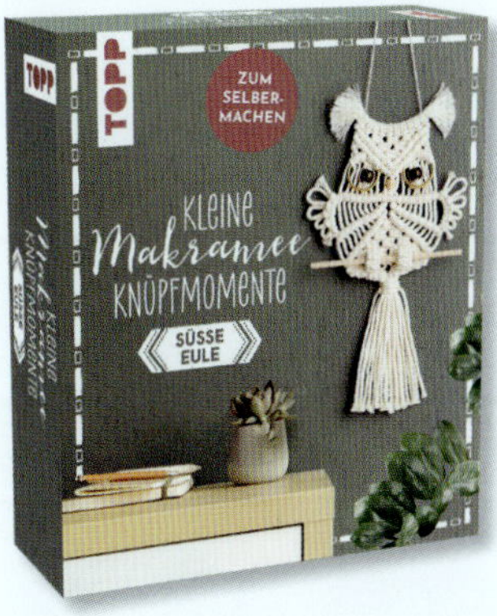

Titelnr. 18423

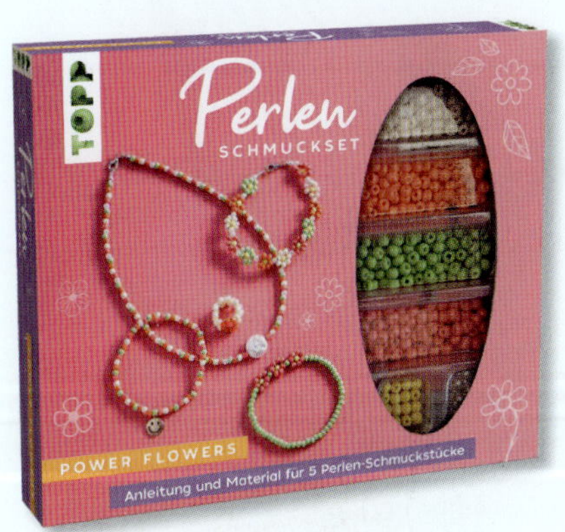

Titelnr. 18435

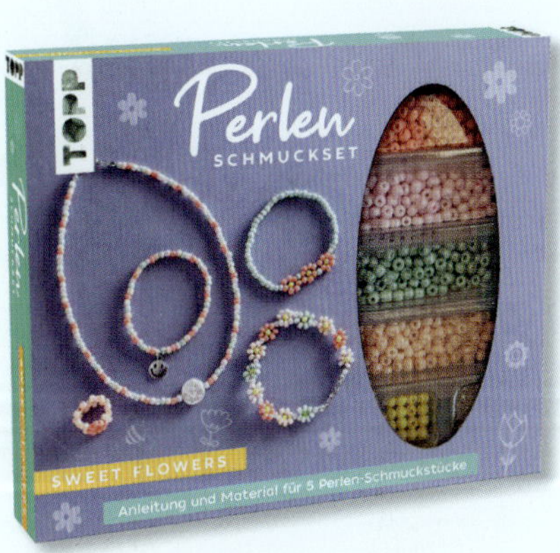

Titelnr. 18436

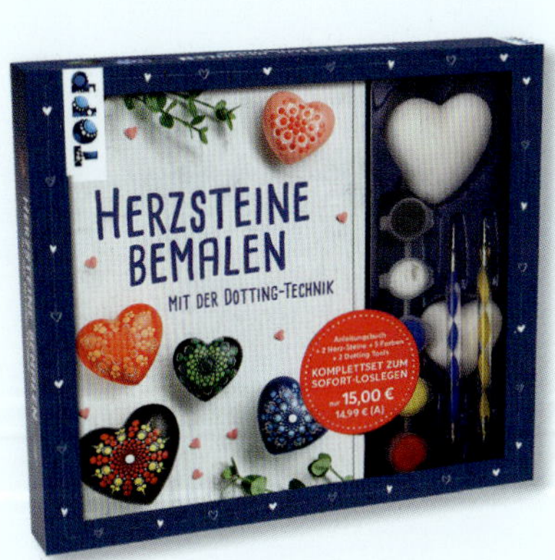

ISBN 978-3-7358-9047-4

Viele weitere Kreativ-Bücher findest du auf www.TOPP-kreativ.de

#TOPPPROJEKT

Die eigene Kreativität zeigen: TOPPprojekt mit anderen Kreativen teilen und Teil der Gemeinschaft werden.

DIY-begeistert und auf Instagram? Dann unbedingt mitmachen! Hier gibt's Tipps und Feedback zu den eigenen Projekten. Außerdem verlosen wir jeden Monat ein Überraschungspaket. Um am Gewinnspiel teilzunehmen, einfach ein Bild vom Kreativ-Projekt aus unseren Büchern mit #TOPPprojekt posten und unserem Account @frechverlag folgen. Mehr Infos auf TOPP-kreativ.de/TOPPprojekt

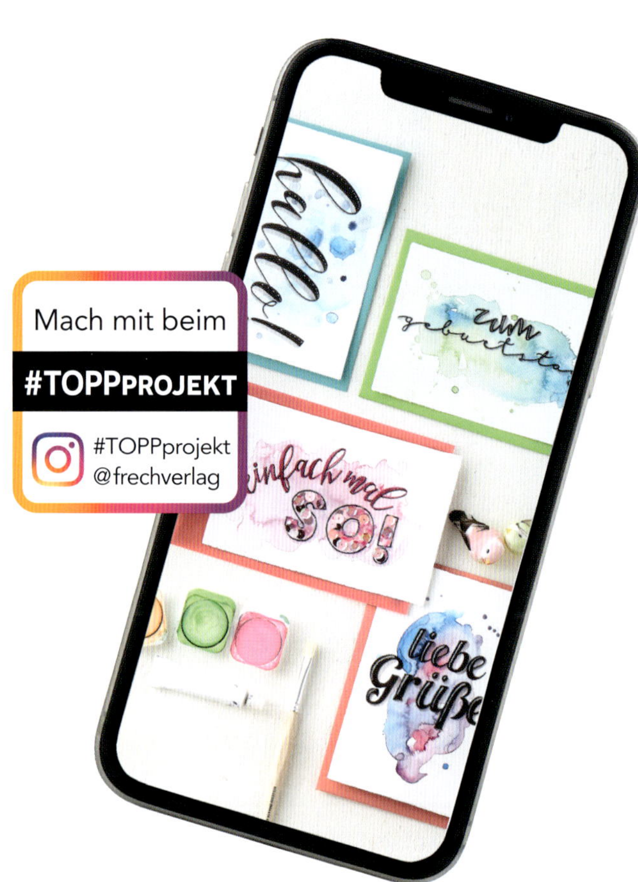

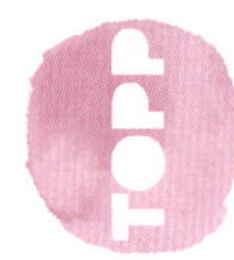

Website
Auf TOPP-kreativ.de kannst du ein riesiges Angebot von über 1.000 Kreativbüchern, Sets & mehr entdecken.

Newsletter
Gleich anmelden unter: TOPP-kreativ.de/newsletter und immer als Erstes von unseren Neuheiten und Sonderaktionen erfahren.

Instagram
@frechverlag

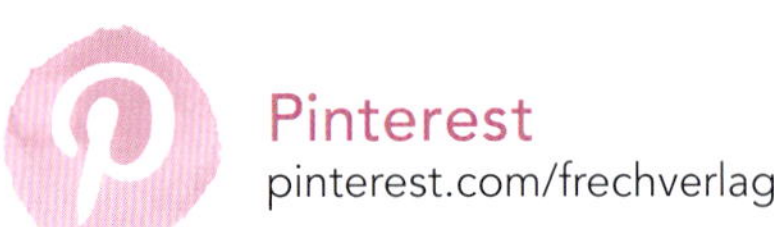

Pinterest
pinterest.com/frechverlag

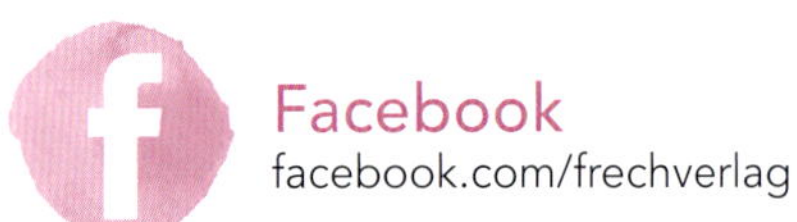

Facebook
facebook.com/frechverlag

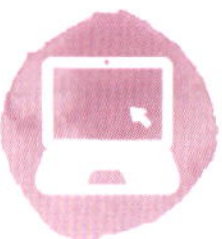

DigiBib
Hier findest du zusätzlich zu vielen unserer Bücher digitale Extras, wie Video-Tutorials, Plotter-Dateien, Vorlagen, Übungsblätter & vieles mehr. Einfach im Impressum deines TOPP-Buchs den Freischalte-Code nachschlagen und exklusive Inhalte freischalten. TOPP-kreativ.de/digibib

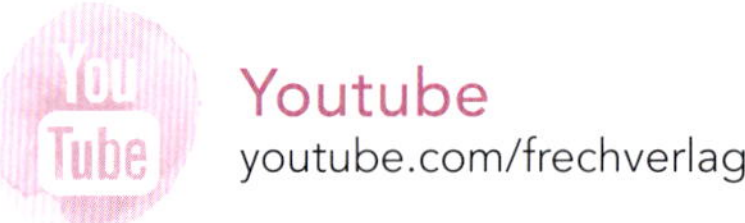

Youtube
youtube.com/frechverlag

Wer wir sind, wie wir arbeiten, was wir lieben ...

Auf Instagram, Facebook und Pinterest findest du mehr über uns und unsere Arbeit und wirst immer schnell und einfach mit den neuesten Infos versorgt.

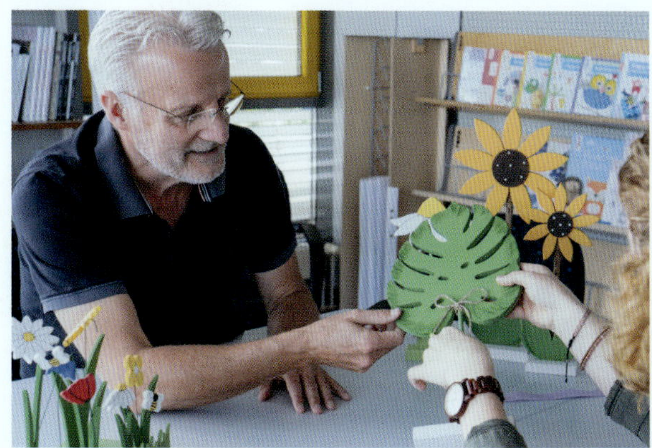

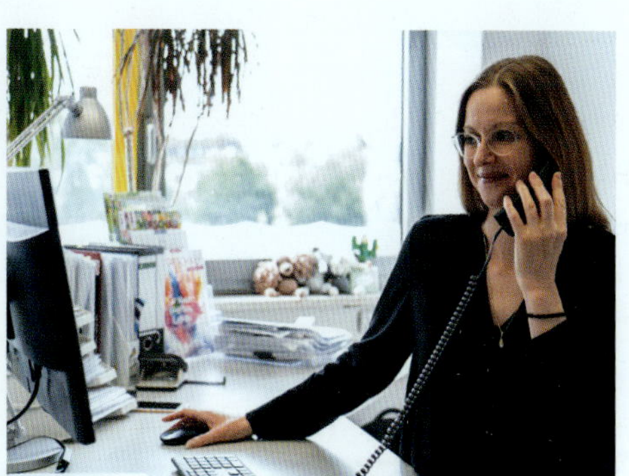

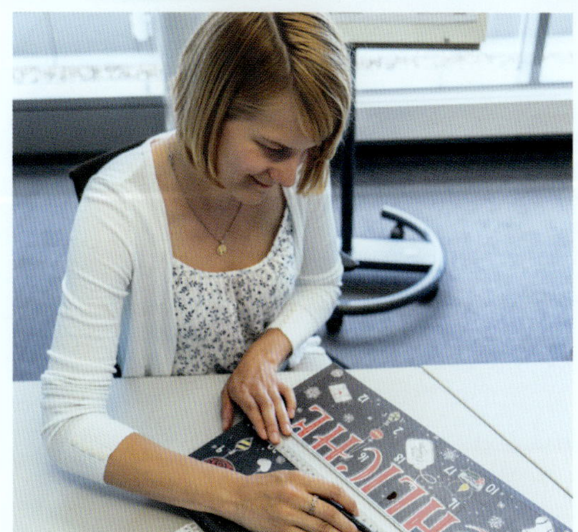

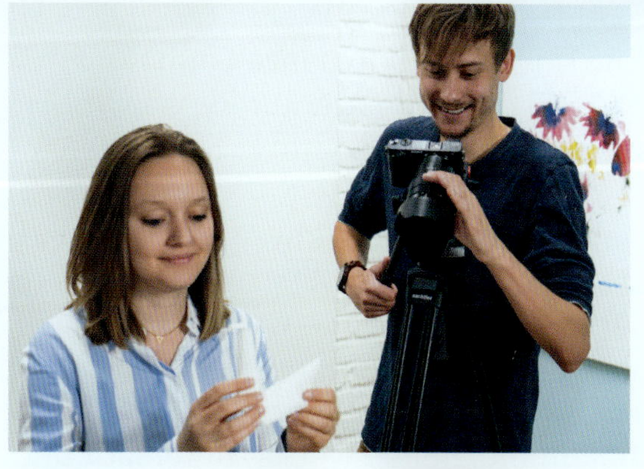

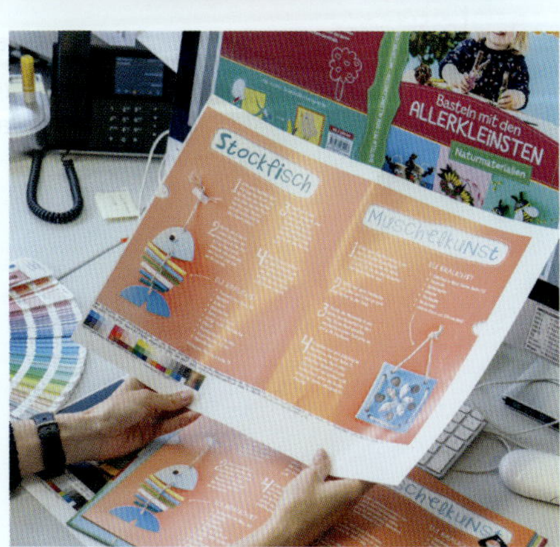

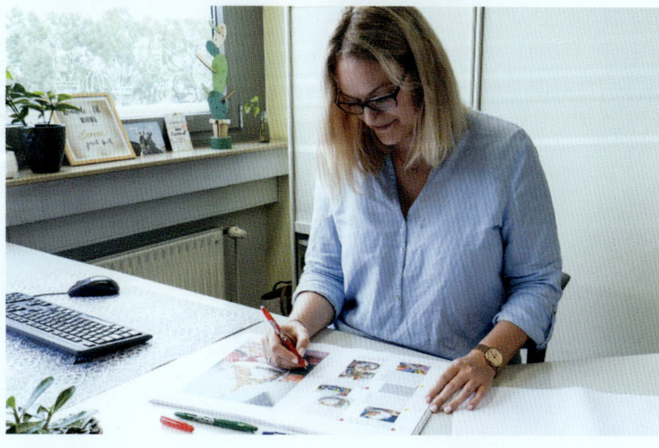

Alle News, alle Infos und alle Links findest du auf www.TOPP-kreativ.de

IMPRESSUM

MODELLE: Nele Hillebrandt
FOTOS: freepik (S. 10/11); Nele Hillebrandt (alle übrigen)
PRODUKTMANAGEMENT UND LEKTORAT: Magdalena Wassen
COVERGESTALTUNG: Tatjana Weiß
GESAMTHERSTELLUNG: Konstanze Laue
LAYOUT UND SATZ: Werbeagentur Rypka GmbH
DRUCK UND BINDUNG: DZS Grafik, Slowenien

1. Auflage 2023

ISBN 978-3-7358-5104-8 · Best.-Nr. 25104

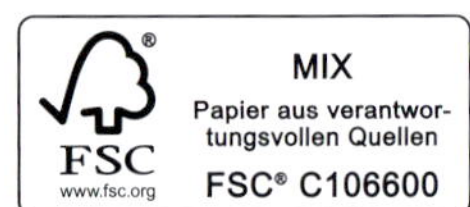

Penguin Random House Verlagsgruppe FSC® N001967

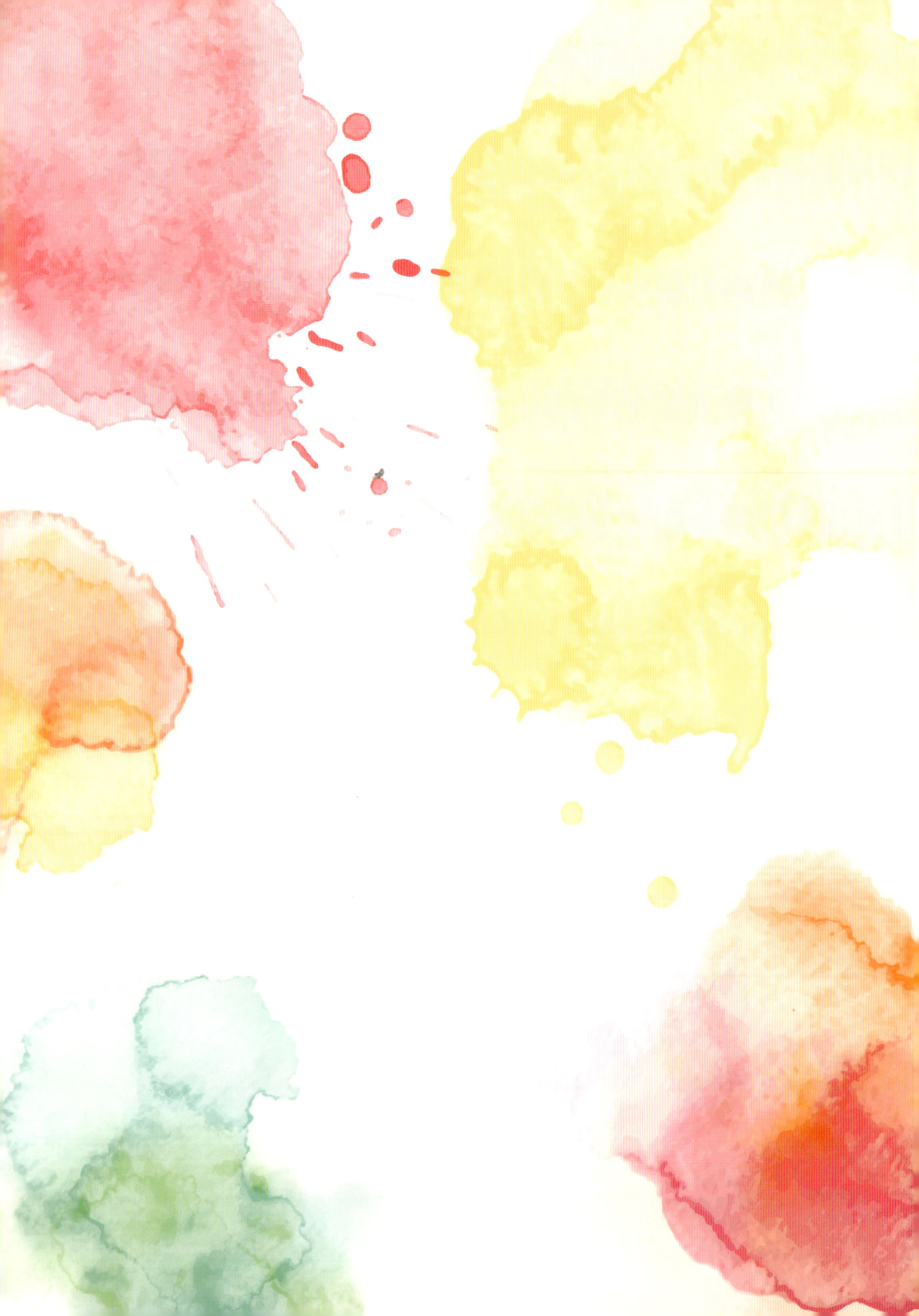